好孩子如何养成

让孩子
学会保护自己

韩珊珊 ◉ 编著

郑州大学出版社

郑州

图书在版编目（CIP）数据

让孩子学会保护自己/韩珊珊编著．—郑州：郑州
大学出版社，2014.1
（好孩子如何养成）
ISBN 978-7-5645-1521-8

Ⅰ.①让…　Ⅱ.①韩…　Ⅲ.①安全教育-儿童
读物　Ⅳ.①X956.49

中国版本图书馆 CIP 数据核字（2013）第 163833 号

郑州大学出版社出版发行
郑州市大学路 40 号　　　　　　邮政编码：450052
出版人：王　锋　　　　　　　　发行部电话：0371-66658405
全国新华书店经销
郑州市金汇彩印有限公司印制
开本：710 mm×1 010 mm　1/16
印张：13
字数：190 千字
版次：2014 年 1 月第 1 版　　　　印次：2014 年 1 月第 1 次印刷

书 号：ISBN 978-7-5645-1521-8　　　定价：28.00 元
本书如有印装质量问题，请向本社调换

内容简介

　　我国已经实行了 30 余年的独生子女政策,大多数家庭中只有一个孩子,父母、祖父母和外祖父母,6 个人照顾 1 个小宝贝,对孩子大都是呵护备至。家长们总是认为,把孩子照顾得无微不至,让他们万事不操心就是爱他们。可是,这种过度照顾往往会养成孩子"有事儿找爸妈"的依赖性,并完全丧失了自我保护意识。试问,这样的孩子连自己都照顾不好,今后又怎能在竞争激烈的社会中生存呢?

　　什么是自我保护能力,又该如何培养孩子的自我保护能力呢? 许多家长为此而困惑。本书就是要对广大家长在孩子成长过程中最常遇到的"危险"、意外和最关心的"自我保护"问题进行有理有据、科学详实的论述。书中没有生涩的说教,而是通过生动、典型的案例给出最实用有效的孩子"自我保护能力"培养方法的指导。可以说,本书就是孩子"自我保护能力"培养道路上的一盏指路灯!

序 言

自我保护，孩子安全的第一道防线

在孩子们的眼中，世界是美好的。这个美好的世界中有温暖舒适的家、慈爱的爸爸妈妈、友善的朋友家人，还有色彩缤纷的花草树木和好玩儿的游乐场，自己能生活在这样的世界上，真是幸福快乐啊！

可是，真实的世界并不是孩子眼中的样子；真实的世界并不都如想象中那么美好。所以，父母们经常为如何让孩子了解这个真实的世界而头疼。他们一方面不想让天真纯洁的孩子过早接触社会中不够美好的一面，想让孩子心中充满温暖的爱；另一方面，他们又希望孩子了解有可能对他们造成伤害的事物，从而保护自己不会因无知而受到伤害。陷入两难的父母们常常苦恼地哀叹。到底怎样做，才能破解这个难题呢？

其实，方法很简单。古人说："授人以鱼，不如授人以渔。"身为父母，应该教会孩子认识生活中存在的危险和伤害，勇敢地去面对它，并掌握正确的自护自救方法。这样，孩子不但能规避很多危险，还能从危险中顺利脱身，进而更加健康、更加强壮地成长。

本书所要讲述的，就是孩子们在生活中经常遇到的一些危险和意外情况，以及相应的应对方法。全书共九章，分别介绍了孩子在日常家庭生活、校园生活、户外活动、出行、突发事件、意外伤害和自然灾害中该如何保护自己的方法。为了使以上实用知识阅读起来不致于枯燥乏味，作者搜集了大量真实的案例，并针对案例提供了简便实用的应对措施，以增加全书的真实性、实用性、指导性。

孩子的童年是美好的，所有父母都不希望自己的孩子童年生活、成长的

1

过程中充满着各种危险，没有任何一对父母希望自己孩子的成长过程变成一部充满惊险刺激的"历险记"。希望天下父母通过阅读本书，能够教孩子学会如何在各种危险中自我保护，从而健康、顺利地长大成才。

帮助孩子学会自我保护，就是给孩子的安全设置了第一道保护线。这道保护线会帮助孩子远离危害，让孩子的童年生活美好灿烂！

最后，我要在此感谢张璟、王学明、于富荣、刘红梅、林道成、刘子嫣、商芬霞、安雷、于富强、王春霞、于凤莲、王勇强、曹烈英、于国锋、刘玫、刘蕊同志，在他们的热情帮助下，本书才得以尽快完成；另外，本书在写作过程中还参考了大量的教育类书籍和论文，吸收了不少他人的研究成果和观点，由于本书体裁所限，不能一一注明出处，诚对各位作者的劳动表示感谢。

作者

2013 年 6 月

自我保护能力测试一

你的孩子知道什么是"自我保护"吗

孩子是否知道什么是"自我保护",是否具有"自我保护"意识,要从孩子是否能够认知危险事物、是否能够有意识地对危险事物进行规避、遇到危险时的应变能力的强弱,以及事后处理问题的能力这四个方面进行评判。

具体到自己的孩子,很多父母可能会困惑,该如何作出判断呢? 有没有直接可量化的标准作为参考呢? 我们一起来看看下面这套测试题吧。

【测试题】

1. 孩子是否非常贪吃爱玩而完全不顾周围环境,即眼中只有吃和玩?

□是　□否

2. 孩子是否只要看见好吃好玩的就执意索要,而不顾一切,并完全不顾及周围场合是否有不安全因素?

□是　□否

3. 陌生人手中拿着食物、玩具送给孩子时,他(她)会接受吗? 如果陌生人没有主动给予,他(她)会主动索要吗?

□是　□否

4. 孩子会在收下陌生人的赠予后,答应跟此人走或十分听此人的话吗?

□是　□否

5. 孩子见到桌上放着的打火机、火柴会拿来玩耍吗?

□是　□否

6. 孩子会在摆放易燃易爆物品的场地玩耍,并摆弄那些易燃易爆的物品吗?

□是　□否

7.过年过节时,孩子会与别的小朋友一起在公共场合燃放鞭炮吗?

□是　□否

8.点鞭炮时,孩子是否会注意将自己的面部扭向一侧,从而躲避鞭炮的爆炸吗?

□是　□否

9.如果燃烧物不慎溅落到孩子的眼睛里,孩子会用手拼命揉搓吗?

□是　□否

10.孩子会对火上烧热的油锅表示好奇,把头伸到油锅上方仔细观察,甚至伸出手摸锅沿吗?

□是　□否

11.过马路时,孩子会不听劝阻,横穿马路吗?

□是　□否

12.过马路之前,孩子会不看红绿灯就直接向前冲吗?

□是　□否

13.孩子会和小伙伴在马路上嬉戏玩耍吗?

□是　□否

14.孩子独自在家时,有人来敲门,他是直接跑过去把门打开,而不先询问对方是谁呢?

□是　□否

15.如果有陌生人敲门,并自称邮递员、水电工、维修工上门服务,孩子会不请父母辨认,就盲目相信并开门吗?

□是　□否

上述测试题,"是"为 0 分,"否"为 1 分,得分为 12 分以上者,可以判定为孩子知道何谓"自我保护",且具有自我保护意识。

自我保护能力测试二

你的孩子知道"在路上"如何保护自己吗

随着经济的发展和人民生活水平的提高,路上的机动车越来越多。孩子在这种车水马龙的街道上独自行走的时候,是否认识红绿灯和斑马线,是否具有基本的交通常识,能否有效保护自己不被机动车伤害,就成了父母们最担心的问题。

下面有关交通安全的测试题,可以判断孩子是否知道如何保护自己,安全地"在路上"。

【测试题】

1. 带孩子上街时,孩子看到车流会挣脱你的手,想跑到近处去观看吗?

□是 □否

2. 你带孩子上超市购物,走在马路上,孩子会在你身边乱窜吗?

□是 □否

3. 孩子看见身旁的人流,会兴致勃勃地钻进人群吗?

□是 □否

4. 在过马路时,孩子会试图挣脱你攥着他的手吗?

□是 □否

5. 孩子在过没有红绿灯的马路时,会不看路况就直接向前冲吗?

□是 □否

6. 过马路时,孩子看到红灯亮了之后,还会不管一切往前冲吗?

□是 □否

7. 交通信号灯的黄灯亮起时,孩子还会继续过马路吗?

□是　□否

8. 孩子过马路时,会不找斑马线,自己乱走吗?

□是　□否

9. 当交通拥挤时,孩子会与其他行人、车辆抢道先行吗?

□是　□否

10. 驾驶汽车载着孩子,遇到堵车或等车时,孩子看到前面的红灯,孩子是否会不安分地在座位上乱动,表示不耐烦,并催促你别等了,快点儿开吗?

□是　□否

11. 孩子坐在行驶的汽车里,在被警告后,是否仍会将头伸出车窗向外张望?

□是　□否

12. 孩子和同伴出去玩时,是否会在马路上一边打斗嬉戏,一边横冲直撞?

□是　□否

13. 孩子会在看到车迎面开来时,仍然拼命往前跑吗?

□是　□否

14. 孩子是否有过试图翻越隔离栅栏过马路的情况?

□是　□否

上述测试题,"是"为 0 分,"否"为 1 分,得分为 11 分以上者,可以判定为孩子知道基本的交通安全知识,并具有"在路上"的自我保护意识。

目 录

第五章　户外活动中的自我保护

第九章　妙解自我保护中的"疑难杂症"

第一章

教会孩子自我保护，父母是第一任老师

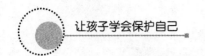

教会孩子自我保护比保护孩子更重要

年幼的孩子就像刚刚从壳中孵出的雏鸟，不但对身边的一切充满好奇，而且对危险也毫无防备意识。对身边的各种危险，他们没有预先防范的意识，只有在危险逼近时，孩子意识到要躲闪的时候，往往已经来不及了。预防这种悲剧发生的最好办法，不是父母给孩子全方位的保护，而是让孩子知道什么是"自我保护"。因为只有知道什么是"自我保护"的孩子，才能具备预测危险状况发生的能力，并做好准备，将危险造成的伤害降到最低。

明明和小刚在幼儿园里是一对好朋友。明明的爸爸妈妈因为经常出差，所以把他交给奶奶照看。奶奶把这唯一的孙子当做珍宝，恨不得时时把他捧在手心，替他做好所有的事情，把他护得严严实实。在上幼儿园之前，奶奶将明明保护得很好，但却从来没有过教会他怎样自我保护。小刚则正好相反，他的父母独自在居住的城市打拼，也没有长辈可以经常帮忙照顾孩子。为了保障孩子的安全，小刚的父母在他很小的时候，就逐步教会了他该如何保障自身安全。

一天午睡之后，幼儿园老师带孩子们去附近的公园做游戏。明明、小刚和另一个小朋友妮妮一起玩球时，不小心砸到了一只蜜蜂，蜜蜂马上展开攻击蜇伤了妮妮。妮妮疼得立即大哭了起来。明明被吓坏了，完全不知道该怎么办，也立即跟着大哭了起来，还跑到刚才蜜蜂采蜜的花丛前，乱挥着球使劲哭喊："坏蜜蜂！坏蜜蜂！打你！叫你咬妮妮！"结果，自己也被受惊吓的蜜蜂蜇伤了，疼得和妮妮一起大哭。

小刚的爸爸曾经教过他，被虫子蜇伤后该如何处理，所以他此时显得比另外两个孩子镇静很多。他首先把还在哭泣叫喊的明明和妮妮拉到远离花丛的地方，防止他们再次被蜜蜂蜇伤；然后大声呼唤老师，同时用他们刚刚喝剩下的冰镇饮料给小明和妮妮进行冰敷，帮助他们减轻疼痛。

在把明明和妮妮送到医院后，老师对随后赶来的家长们表扬了小刚处变不惊、处置有道的行为。

从这件事不难看出，在孩子的生活中，各种突发危险父母无法完全预料到，也不可能帮孩子全部处理掉，因此教会孩子如何保护自己，比保护孩子更加重要。只有教会孩子自我保护，才能真正为他们的安全成长保驾护航。

在教会孩子自我保护的过程中，父母不妨从以下两方面入手：

1. 在日常生活中潜移默化地培养孩子的安全意识

父母照顾自己的孩子、保护自己的孩子是一种本能行为，例如将孩子从装有沸水的水壶旁边拉开；在孩子靠近没有护栏的水池边时，马上追过去将他带开等，但是，请父母们在做完这些后，告诉孩子自己为什么要这样做，危险在哪里，会对孩子自身造成什么样的伤害。这样潜移默化、一点一滴地培养孩子，他的安全意识就会慢慢提高，明白如何才能保护好自己。

2. 身为父母，要以身作则

教育好孩子，最好的办法就是言传身教。身为父母，身体力行给孩子做示范，比说一千遍更有力，例如带着孩子过马路时，要先看红绿灯，一定要在绿灯时走斑马线过马路，同时告诉孩子，这样才是最安全的。

培养孩子的自我保护意识要从点滴做起

现在绝大多数家庭都只有一个孩子，每个孩子都是家里的珍宝，父母们恨不得天天把孩子捧在手心里，不让他们受到一点点伤害。只要在媒体中看到有关伤害儿童的新闻，就会立即对孩子耳提面命一番，要他们注意安全，要保护自己。虽然新闻中报道的各种儿童伤害确实会随时随地出现在孩子们的身边，但更多的安全隐患，与孩子们的日常生活如影随形。所以，父母培养孩子的自我保护意识，要从生活中的点滴细节做起。

丹丹是个好奇心很强的小女孩，她对一切能发光发热的东西都有兴趣。家中偶尔晚上停电，妈妈点燃一根照明用的蜡烛，她就能盯着看很久。妈妈怕她的眼睛受伤，强行把她拉开，她还会一步三回头看着蜡烛上的小火苗而恋恋不舍，就连厨房里，火上烧的油锅"滋滋"响，也能引她跑到锅边踮着脚看。

丹丹的妈妈对此十分苦恼，怕她因此被伤着，可是又不能时时刻刻守在丹丹身边提醒她。终于有一天，妈妈把电磁炉放在厨房的矮桌上，架起平底煎锅煎饼时，丹丹趁妈妈不注意，忽然把小手伸到了"滋滋"作响的煎锅里……当妈妈听到丹丹的痛哭声赶来时，丹丹的手已经被严重烫伤了。

丹丹的故事在生活中并不罕见。很多时候，父母虽然会注意到孩子的一些小问题，但并没有给予相应的重视，殊不知，正是对这些蛛丝马迹迹象的忽视，造成了最后的悲剧。在生活中，父母要善于从蛛丝马迹中发现孩子自我保护意识的缺失，并防微杜渐，才能给孩子最全面的保护。

在没有发现孩子自我保护意识明显缺失的情况下，父母可以从下面两个方面教育孩子：

1. 用问题引导孩子自己思考，加深孩子的自我保护意识

单纯的"填鸭"式教育，很难给孩子留下深刻印象，而引导孩子自己思考并得出结论的教育方式，往往可以给他们留下深刻的印象，例如，递给孩子一块儿小点心，然后问："宝宝，为什么妈妈会给宝宝点心吃，而不给其他小朋友呢？"给孩子一定的思考时间，然后再说："妈妈给宝宝点心，是因为妈妈爱宝宝。可不认识的人给宝宝点心，就不一定了。他们有可能是要先让宝宝高兴，然后拐走宝宝。这样，你就再也见不到爸爸和妈妈了。"借此教育孩子，不要轻易相信陌生人。

2. 帮助孩子认识危险

像丹丹一样，孩子都很喜欢观察火焰，总想伸手摸一摸。碰到这种情况，可以在合适的时机下，让孩子摸一下比较烫手、但不会造成伤害的汤盆，然后问孩子："宝宝，刚才那盆汤烫不烫？宝宝摸了那个，小手疼不疼？"然后再告诉他："刚才那个汤是用火煮出来的，火比汤还烫。宝宝如果用手去摸火，会比摸汤盆更疼！而且，宝宝的小手还会被烧得黑黑的，就不好看了。所以，宝宝不能离火太近，更不能用手去摸火。"为了增强教育的现场感，还可以用一小块肉放在火上烧给孩子看，以加深孩子的印象。

要时刻向孩子灌输"自我保护"意识

幼儿园和小学低年级的孩子，对身边的危险认识不足，甚至常常无视身边的危险。作为父母，在保护孩子安全的同时，还要注意时时给孩子灌输"自我保护"的意识，例如通过游戏、儿歌等方式，让孩子记住一些安全常识，使孩子头脑里时时有注意安全这根"弦"。

玲玲的妈妈是个善良温柔的女性。她希望自己的孩子生活在一个充满爱的环境中，因此玲玲从妈妈那里了解的世界，充满了阳光和爱，

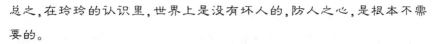

总之，在玲玲的认识里，世界上是没有坏人的，防人之心，是根本不需要的。

7 月的一天，妈妈因为有事，没能及时去幼儿园接已放学的玲玲，等她到了幼儿园，老师说刚才有一对夫妇，自称是玲玲的姨和姨夫，受她之托来接玲玲。她看孩子主动跑过去拉住那对夫妇，以为孩子认识他们，就让他们把孩子接走了。玲玲的妈妈听老师说完后，大惊失色——因为她并没有拜托任何人来接玲玲！玲玲的老师听了玲玲妈妈说的情况，也被吓坏了，俩人立即去附近的派出所报了案。警方根据幼儿园大门处的监控录像提取了自称玲玲姨和姨夫的那对男女的图像资料，根据比对发现，那一对夫妇是被全国通缉的拐卖儿童犯罪团伙的成员。

从那时起，玲玲的妈妈疯一般的四处寻找自己的女儿。5 年后，她终于在警方的帮助下找回了被卖到偏远地区当童养媳的玲玲。可当年那个天真、活泼、健康、快乐的小女孩已经变成了一个浑身伤痕累累，胆小怯懦，精神也有些异常的瘦小的可怜孩子。给玲玲疗伤的医生说，这个孩子身体上的问题经过适当的治疗，1 年左右可以回到同龄孩子的正常水平，但她的精神伤痛能治疗到什么程度，目前还是个未知数。

从玲玲的故事中，我们能感受到孩子如同一张白纸，会记录下父母教给他们的一切。如果没有关于身边存在危险的"记录"，他们就不会有自我保护意识。父母只有时刻提醒孩子，他们的周围可能存在危险，让孩子注意保护自己，这样才能做到有备无患，更好地保证孩子的安全，而且，这样做不但能保证孩子的安全，还能促进孩子敏锐性、警觉性的提高，使他们变得更加聪明、机灵，从而促进他们心智的发展。

自我保护，预防为主。在给孩子灌输"自我保护"意识时，父母们要注意以下三个问题：

1. 灌输"自我保护"意识，首重攻心

给孩子灌输"自我保护"意识的目的，是要让孩子时刻记住保护自己。想要达到这个目的，就不能只在孩子耳边不停地絮叨，这样做不但达不到目的，还可能引发孩子的逆反心理。最好的处理方式，是根据每个孩子不同的心理和生理特点，从他们各自的兴趣点出发，或做游戏、或唱儿歌，把安全知识融入其中，让孩子在玩耍的同时树立起牢固的自我保护意识，学会如何保护自己。

2. 不要纸上谈兵, 少讲理论多做演练

很多父母给孩子灌输"自我保护"意识的时候, 都是采取说教的办法, 例如, 你应该这样, 你不能那样等。这种做法对抽象思维能力还不强的孩子来说, 根本起不到应有的作用, 孩子根本掌握不了其中的要领, 更无法做到举一反三和自行变通, 遇事时还是没法有效保护自己。最好的办法, 是父母停止说教, 亲身示范给孩子看或者带着孩子一起做情景演练, 让孩子身临其境, 入目入心而难忘。

3. 寻找合适的切入点, 增强孩子的"自我保护"意识

《韩非子·喻老》:"千丈之堤, 以蝼蚁之穴溃。"可见自身的缺陷往往比外力的破坏更可怕。给孩子灌输"自我保护"意识的最佳切入点, 就是孩子自身的一些小缺点, 例如有的孩子十分喜欢美味的小零食, 并且认为给他零食的人不会是坏人, 这就使一些会给孩子造成伤害的人有了可乘之机。父母可以跟孩子说:"宝宝, 给你零食的人不一定就是好人、喜欢你。你要是接受零食跟他玩儿, 爸爸妈妈或者老师没看到, 你被坏人抱走了可怎么办呀? 所以, 宝宝要注意安全, 不能随便接受不认识的人给的零食, 不要跟他玩呦!"

日常生活中注重培养孩子的基本生存能力

绝大多数父母都明白, 培养孩子的自我保护能力, 是一个循序渐进的过程, 但同时他们也很困惑, 在培养孩子自我保护能力时, 应该从哪里入手呢? 根据学龄前和小学低年级孩子的心理特点和行为模式, 从培养他们的基本生存能力入手, 是个不错的选择。因为这个时期的孩子模仿能力非常强, 各种基本生存所需的能力, 父母示范几次他们就能学会, 比如刷牙, 洗脸, 叠被, 收拾房间, 记忆陌生地址, 记忆人名、电话, 乘公交车, 等等。通过培养孩子的基本生存能力, 能使孩子懂得一些生活常识, 树立他们独立认真、勤劳勇敢的生活作风和讲礼貌, 善于动脑筋, 不怕吃苦的优良品德, 为他们进一步自我保护能力的养成奠定基础。

3 岁的甜甜是个精力充沛的娃娃。妈妈整理好的房间, 她半小时就能把房间弄得乱七八糟, 而且, 每当妈妈要求她整理弄乱的房间时, 她就哭闹不止, 不肯整理。妈妈只得跟在甜甜身后不停地收拾房间, 还要小心蹦蹦跳跳、四处乱窜的甜甜别被地上、茶几上、床上的"暗器"伤着

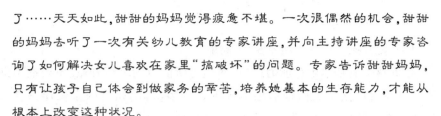

了……天天如此，甜甜的妈妈觉得疲惫不堪。一次很偶然的机会，甜甜的妈妈去听了一次有关幼儿教育的专家讲座，并向主持讲座的专家咨询了如何解决女儿喜欢在家里"搞破坏"的问题。专家告诉甜甜妈妈，只有让孩子自己体会到做家务的辛苦，培养她基本的生存能力，才能从根本上改变这种状况。

回家后，甜甜妈妈立即按照专家的指导，故意把房间弄得比较凌乱，把甜甜平时画画的小书桌弄得很乱，还把她的图画笔和玩具也放到了和平时不一样的位置。甜甜从幼儿园回来后，发现自己的东西都不在原处了，就很不高兴，跑到妈妈面前问："妈妈，我找不到我的玩具和画笔了，您知道它们在哪儿吗？"妈妈告诉她："甜甜，对不起，刚才妈妈用了一下，然后就随手放一边了，现在妈妈也不知道它们在哪儿了。"甜甜听妈妈这样说，小脸一下子变成要哭的表情，带着哭音说："我想给玩具画像，找不到了，这可怎么办呀？"看到甜甜要哭了，妈妈赶快把她搂到了怀里，一边轻轻摇着她一边说："甜甜，我们把屋子收拾干净，东西不随便乱丢，就不会出现这样的问题了。甜甜今天和妈妈一起一边收拾屋子一边找玩具和画笔，好吗？"甜甜为了快点儿找到玩具和画笔，答应了妈妈的建议。

母女俩先是重点整理了甜甜的小书桌，然后边收拾房间边找甜甜的玩具和画笔。当玩具和画笔最终回到甜甜手里的时候，小姑娘终于露出了笑容。妈妈趁热打铁地跟甜甜说："甜甜，你看，房间干净整齐，东西就会很容易找到。这样是不是很方便？"让孩子进一步体会房间干净整齐的好处。

从那之后，甜甜再也不会随处乱丢东西而把房间弄得凌乱不堪了，而且，每当屋子显得凌乱时，她还会尽可能地帮助妈妈整理，一边整理一边还说："保持房间整齐，才会更方便。"

像甜甜这样喜欢随处乱丢东西、弄乱房间还不肯整理的孩子很多。如果对他们的这些行为不加以约束，时间久了，孩子就会变得懒惰。懒惰，是助长麻痹大意、淡漠隐患的根源。孩子一旦出现了这些问题，自我保护能力就不可能强，因此必须要帮助孩子戒除懒惰的习性。让孩子戒除懒惰最好的办法，就是让他们自己尝到勤劳的甜头。这样才能培养出孩子们基本的生存自理能力，再一步一步塑造他们认真、仔细、敏感、谨慎的个性，为进一步锻炼他们的自我保护能力奠定深厚基础。

在培养孩子的基本生存能力上，父母需要注意这两个问题：

1. 不要让孩子去干力所不及的事情

培养孩子的基本生存能力，要从他们力所能及的事情开始，不要揠苗助长，一开始就让孩子去做他们根本做不到的事情，例如有些家长让只会数数，不会算术的孩子去买东西，孩子连加减法都不会，如何搞清找零这种"复杂"的事情？这种做法不妥当，而且孩子很可能因为做事受挫而失去积极性，连力所能及的简单事情也不愿意去尝试了。所以，培养孩子的基本生存能力，一定要从孩子力所能及的事情开始。

2. 在培养的过程中，要让孩子感到快乐

有些父母脾气急躁，总是习惯用强迫、呵斥的方式强迫孩子按照自己的意愿做事。比如孩子正在兴致勃勃地画画，却偏偏要求他去刷牙；正在聚精会神地看书，却强迫性地把他拉到客人面前表演儿歌。幼小的孩子自然没有能力反抗父母，但长期违心地遵从，会对孩子的性格形成造成负面影响，久而久之，孩子就有可能变得执拗、乖僻、嚣张。如果孩子根本不肯配合，培养能力自然也就无从谈起了。如果培养过程让孩子感到快乐，能力还怕培养不起来吗？

培养孩子遇事应变的能力

应变可能出自本能，也可能是经过大量思考后作出的决策。低龄孩子还没有丰富的生活经验和成熟的思维能力，所以他们的应变大多出自本能。这样的应变能力不足以让孩子应付生活中各种突发的事件，因此，父母需要在平时不断给孩子传授各种生活常识，并引导孩子思考，提高他们的思维能力。只有这样，孩子的应变能力才能得到综合提高，做到灵活变通、顺利化解突发事件可能带来的伤害。

3岁的晶晶是个很乖的小姑娘，每次和爸爸一起出去，爸爸没法牵着她的时候，她都会用小手紧紧拉着爸爸的衣服，不让自己走丢。

春天的一个周末，晶晶跟爸爸去花鸟市场买花，在爸爸挑选花草的时候，她被边上一个卖小兔子的摊位吸引了，于是她松开了拉着爸爸衣服的小手，跑过去看小兔子。当她看够了站起来准备去找爸爸的时候，发现原来站在旁边摊位挑花草的爸爸已经不见了！吓坏了的晶晶立即大哭了起来："爸爸！爸爸你在哪儿啊？晶晶害怕！"她的哭声马上引来了周围人们的围观。所幸的是，当时市场管理部门的安保员刚好巡逻经过这里，他们把晶晶带回了办公室，仔细询问了她是跟谁来的，刚才在干什么，然后立即开始在市场中广播，请晶晶的爸爸来市场管理部的办公室接女儿。不一会儿，晶晶的爸爸气喘吁吁跑到了办公室。他一把抱起晶晶说："宝贝啊，你吓死爸爸了！"

原来，粗心的爸爸并没发觉晶晶跑到一边去看小兔子，挑好花草付了钱后，就抱着花盆往停车场走去，快走到停车场大门时才发现，女儿不见了！他吓坏了，赶快跑回来找女儿，一进市场大门就听到了广播寻人启事，然后就直接跑到了办公室。办公室里的人听他说完，都觉得这个爸爸实在是太"马大哈"了，劝他以后一定要小心，并告诉晶晶，以后再遇到类似的事情，可以求助巡逻的叔叔，帮她找爸爸妈妈。

3岁的晶晶还处在幼儿阶段，遇到与父母走失这样的突发状况时，自己根本无法冷静处置，一般这个年龄的孩子采取的处理方式，通常只是像晶晶那样出于本能大哭不止、大声呼唤亲人等，但更糟糕的是，独自一人的孩子还可能遭遇被撞、被摔、被人流踩踏、被坏人拐走等更加危险的情况。所以，平时必须对孩子加以训练，通过启发、引导等方式，训练他们运用观察力和判断力，作出灵活应变，积极采取自我保护的方式进行自救。

培养孩子的应变能力，需要注意以下两点：

1.训练孩子的应变能力，需要量力而行

有些父母认为教育孩子从难从严才能收到好效果，于是在训练孩子应变能力时苦心孤诣，给孩子设置一个对其年龄段而言过于巨大的麻烦或障碍，期待孩子能突发急智化解危机。他们这种做法，完全忽略了孩子的心理特点、知识水平和思维方式，非但得不到预期效果，还有可能使孩子的心理或生理受到伤害，日后对待类似训练心存畏惧，不愿配合。

2.训练的关键不是告诉孩子实际的方法，而是启发

很多父母在教导孩子时，都恨不得将自己所知所能全部灌输给孩子，在教他们如何应变时也不例外。父母们认为只要不断向孩子讲述应变的方法，孩子就能提高应变能力，在遇到突发事件时应付自如。实际上，方法是死的，孩子即使学会了也不一定在遇事时可以运用自如，只有启发孩子学会思考，他们才能在遇事时灵活变通，应变自如。启发孩子思考的方法没有一定之规,父母可以随时利用身边的人或事对孩子进行启发式教育,例如下雨时,妈妈可以问孩子:"宝宝,大雨天没带伞该怎么办呀?"孩子的本能反应会使他回答:"找妈妈!"此时可以反问孩子:"妈妈不是伞,没法帮宝宝挡住雨水。宝宝想想,有什么东西像伞可以用呢?"孩子开动脑筋:"大树、帽子、衣服。"这样的启发引导,可以逐步教会孩子在遭遇危险时积极思考,灵活应对。

第二章

告诉孩子"家"也有危险

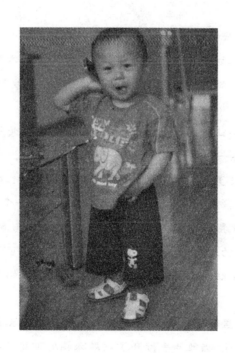

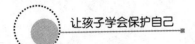

不能挂在冰箱门上"荡秋千"

爱玩好动是小孩子的天性,在他们的眼中,一切事物都是可以用来玩儿的。无论是可以拉开随意摇摆的冰箱门,还是会自动弹开的微波炉门,在他们眼中统统都是玩具。这样,危险就不请自到了。

5岁的淘淘人如其名,是个淘气得没边儿的淘小子。他对什么都好奇,什么都想拿来玩。对于他来说,家里的一切都是玩具,家里的所有地方都是他的冒险乐园,每天只要他一睁开眼睛,"淘淘大冒险"就开始了。

面对如此活泼好动的孩子,他的爸爸妈妈非常担心,既担心孩子弄伤自己,又担心他动了不该动的东西,造成比受伤更大的危险。为此,妈妈把"危险集中地"的厨房设为了淘淘的禁区,告诉淘淘绝对不能到厨房去乱摸乱动。

可是,越是不让淘淘玩,淘淘就越好奇。妈妈越是不让去的地方,淘淘越是想进去一探究竟!终于,一个周末的上午,爸爸去加班不在家,妈妈突然接到了一个很久没联系的老朋友的电话,就拿着电话到卧室里跟朋友聊天,却忘了锁上厨房的门。面对这样一个"千载难逢"的机会,淘淘毫不犹豫地"哧溜"一下子钻进了厨房。淘淘在厨房首先看见了摆在柜子里的刀具,他在电视里见过刀具伤人的画面,知道这些明晃晃的东西不能动。于是,他选择了远离刀具,开始了厨房"探险"行动。

淘淘在厨房里转了一圈,觉得这个"禁地"也不过如此,没有任何好玩儿的东西。但是,当他随手打开了双层冰箱的下层门时,这个观点被彻底颠覆了!淘淘发现,把身体挂在这个门上玩"荡荡"非常合适!他把自己牢牢地挂在冰箱门上,然后借助冰箱门一开一关的力量在上面荡了起来。玩了一会儿,他觉得这样"荡荡"不过瘾——要是挂在上层的门玩儿,一定更过瘾!于是,他搬来一只小矮凳,踩着它打开了冰箱上层的门,轻轻一跳抓住了门把手,然后故技重施,玩起了"荡荡"。就在他玩得开心时,乐极生悲——冰箱被淘淘晃得失去了平衡,向前倾倒了。万幸他家厨房比较狭窄,冰箱倒了一半,就被对面的料理台挡住

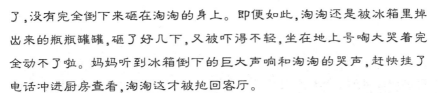

了，没有完全倒下来砸在淘淘的身上。即便如此，淘淘还是被冰箱里掉出来的瓶瓶罐罐，砸了好几下，又被吓得不轻，坐在地上号啕大哭着完全动不了啦。妈妈听到冰箱倒下的巨大声响和淘淘的哭声，赶快挂了电话冲进厨房查看，淘淘这才被抱回客厅。

妈妈问明原因后又心疼又生气，非常严肃地问淘淘："以后还敢不敢不听妈妈的话，溜进厨房啦？冰箱可以用来荡秋千吗？"淘淘擦着眼泪抽泣着说："不敢了，再也不敢了，妈妈，我的屁股好疼啊……"

在孩子的眼中，一切事物都是新奇有趣的，都是可以当做游戏道具的，尤其在孩子的天性中，本就存在好奇和逆反的成分，越是不知道有什么就越想知道，越是父母不让做的事，他们就越想做！淘淘就是如此，父母不让去厨房，于是他就千方百计想进去看看。一旦有机会进去，就会将"探险"进行到底，把厨房里一切可用的器具"改造"成玩具，例如冰箱。所以，堵不如疏，与其禁止孩子进入厨房、碰触冰箱，引起他们更大的好奇心，甚至造成生命危险，还不如通过正确的引导，让孩子不再对冰箱充满好奇。

在方法上，父母们不妨参考下面的几种建议：

1. 带着孩子彻底了解冰箱，让他不再对冰箱好奇

平时清理冰箱卫生或除霜时，父母可以领着孩子一起做，边做边向孩子详细讲解冰箱的作用，平时会把什么放在冰箱里面储存等，让孩子彻底了解冰箱的作用，不再对其产生好奇。

2. 让孩子了解在冰箱门上"荡秋千"的危险

如果孩子在冰箱门上荡来荡去很容易将冰箱坠得失去平衡，倾倒时很容易砸伤孩子，造成危险。父母可以利用孩子的玩具模拟这个过程给孩子看，让他们了解这样做的危险性。

远离会"咬人"的高压锅

高压锅是现在很多家庭必备的炊具。但是，高压锅在烹饪时内部的压力和温度都很高，因此存在一定的安全隐患。这种隐患对孩子的威胁尤其严重，家有幼儿的父母们一定要加以重视。

马上要上小学的小光一直觉得家里的高压锅是一件很神奇的炊具。把它放在火上不用很长时间，它就会像鲸鱼一样喷出一根白色的

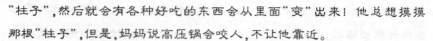

"柱子",然后就会有各种好吃的东西会从里面"变"出来！他总想摸摸那根"柱子"，但是，妈妈说高压锅会咬人，不让他靠近。

一天，妈妈正在厨房用高压锅炖红烧肉，边看火边切菜，小光则在厨房门口边闻着红烧肉的香味边流口水，边看妈妈切菜。这时，客厅的电话突然响了起来，妈妈便转身去客厅接电话了。小光见妈妈走了，便偷偷地溜进了厨房，盯着正在泄压、喷着白色"柱子"的高压锅仔细观察。小光看着高压锅上飞速旋转的小东西和那一股不停注外喷着的白色气柱，他实在克制不住自己的好奇，就伸出小手摸了一下儿那根"柱子"。

那根白色的"柱子"，是高压锅泄压时喷出的白色水蒸汽，温度极高，小光的手瞬间就被烫伤了。他因为剧烈的疼痛，立时大哭了起来。妈妈听到小光的哭声，赶紧放下电话跑进厨房，看到儿子烫起来水泡的小手，再想想他平时总喜欢盯着高压锅泄气时的喷气柱看，心里就明白了八九分。她带小光去上药，小光上药时边哭边说："妈妈，那个锅里面的白气咬我了……"妈妈明白小光是被高压锅喷出的热气灼伤了，于是告诉小光，那个东西不能随便乱碰，尤其是锅正在煮东西的时候。

从此，小光就记住了一条厨房中的禁忌：不能乱碰"咬人"的高压锅。

正在使用当中的锅具都有相当高的温度，像小光这样用手去碰触，会很容易被烫伤，尤其是高压锅，因为它的工作原理，就是依靠锅内部较大的压力和温度促进食物快速熟透，所以加压后会迅速产生很高的温度和很大的压力，孩子如果此时去碰触，不但有被烫伤的危险，甚至会因高压锅爆炸引发更大的伤害，造成不可挽回的后果。

让孩子远离"咬人"的高压锅，避开危险，可以尝试使用以下方法：

1. 帮助孩子彻底了解高压锅

孩子渴望接触某种事物的出发点，往往是好奇。父母在孩子对高压锅表示出好奇的时候，可以将他抱到离高压锅较远的安全地带，然后用孩子听得懂的语言，详细给他讲解高压锅的工作原理，重点说明高压锅为什么会喷"白柱"。孩子明白了工作原理，不再好奇，自然就不会时时想去和高压锅"亲密接触"了。

2. 让孩子了解可能发生的伤害

通过给孩子看烫伤照片，告诉他靠近高压锅就会遭到类似的伤害；在孩子喝热水或接触较热的东西，表示自己被烫着不舒服的时候，家长可以趁机告诉他如果离正在煮东西的高压锅太近，可能会受到更大的伤害，会比现在的痛苦感觉重得多，帮助孩子深切感受碰触正在煮东西中高压锅会带来的伤害。

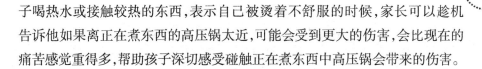

不要在厨房里"探险"

厨房对孩子来说，是一座充满诱惑的"探险乐园"。每次父母进去，一阵儿"叮叮当当"之后就会有好吃的饭菜端出来；走进去之后，就能看见会出水的"管子"、会冒火的"桌子"等等好玩的东西……孩子们眼中的这些神奇之物，其实是父母眼中存在危险的水龙头、煤气灶、管道、天然气开关，等等。为了孩子的安全，大多数父母会告诫孩子不要进入厨房，认为这样就能够保证孩子的安全，殊不知，越是这样越会激发他们进去探险的欲望，他们会寻找机会偷偷溜进厨房"探险"，想方设法去拧动厨房里的各种开关。孩子不会熟练使用厨房里的一应器具，一旦天然气等开关被打开又没有被及时闭合复原，就有可能发生危险，因此，父母要告诉孩子厨房存在潜在危险的道理，让他们深深牢记，有效防止危险的发生。

4 岁的莹莹一直觉得厨房是个神奇的地方，每次妈妈进去之后，一阵儿"叮叮当当"的声音之后，就会有美味的饭菜端出来。她觉得那里简直就是个魔法屋，炒菜时油锅的噼啪声、水开时的咕咕叫声、蒸笼锅盖的起伏声、水流的哗哗声、冰箱的轰鸣声、水槽的流水声，还有管道里的水流声等，都对她有莫名的吸引力！她非常想进入厨房去一探究竟，可是妈妈说那里很危险，不许她进去。

终于，机会来了！

那天莹莹的妈妈做饭时不小心切伤了手，伤口很深，当时血流不止。这样的伤她自己无法处理，就赶快用毛巾裹好伤口，跑去了设在小区里面的社区医院，并留下莹莹独自在家。由于太匆忙，她忘了锁厨房的门。莹莹发现厨房门没有锁，就探头探脑地溜了进去。进去之后，她看见迎面的"桌子"上摆着一个长方形的"盒子"，上面有几个开关，平时妈妈把锅、盆放在"盒子"上，再拧几个开关，不一会儿就有好吃的饭菜会被端上桌了。她走过去拧动了一个开关，燃气的火"扑哧"烧起来，一股难闻的气味熏得莹莹倒退了几步。她想关了这个难闻的"盒子"，可是又不知道该怎么关，便又扭头去拨弄水龙头，看着水"哗哗"地从水龙头里流出来，莹莹开心极了，随着流水声高兴地拍手唱起了儿歌。水"哗哗"流着，渐渐从水槽里溢出来，旁边的火渐渐微弱，莹莹还想继续"探险"，忽然听到电话响，她就跑到客厅去接电话，把厨房里的炉灶和水龙头彻底忘到了脑后。

幸好，没过多久莹莹的爸爸就回来了，他一开门就闻到房间里有很重的煤气味，于是赶快冲进厨房关闭了燃气和水龙头，并开窗通风。爸爸在抱起莹莹时，她已经有些意识不清了。惊慌失措的爸爸赶快把莹莹送到了医院，经过医生紧急抢救，莹莹才转危为安。

莹莹因为对厨房的功用和里面发出的各种声音好奇，而萌发了进去探查一番的想法。对孩子而言，探查的最好方式就是亲自去触摸、去感受。这是孩子认知事物时，由表面走进内部的既定规律。在家长无暇带领他们去触摸、感受时，大多数孩子都是乐于自己去寻找答案的，这是孩子的天性，也正是这种天性，把孩子一步步带入了危险深处。厨房是水、火、电的密集地，也是家中危险的区域。让人揪心的是，很多孩子都意识不到这一点，最终引发了悲剧。所以父母应该注意告诫孩子：厨房里是有很多潜在危险的地方，要小心。

为此，父母应注意以下问题：

1. 让孩子明白，厨房并不神秘

很多孩子千方百计地想溜进厨房"探险"，原因都是平日父母不让他们进去，并且一再强调那里很危险。可越是这样，里面的各种声音就越是会引起孩子的好奇心，觉得里面像魔法城堡一样神秘莫测，引人一探究竟，最终，这种禁止反而成了孩子去厨房"探险"的原动力。为此，父母可以在平时领着孩子进厨房"参观"，详细地向孩子解释厨房里各种器具的使用方法，以此打消孩子对厨房的"神秘感"。

2. 不要让厨房成为"隐患集中营"

由于工作繁忙，身体劳累，很多父母都习惯把用过的碗、油锅等扔在水池中，积攒起来一起收拾；至于灶台打火机螺丝钉松了、冰箱坏了这样的问题，更是要放置一边，等休息时一起处理；还有平时水龙头不拧紧，窗户不关严……这些邋里邋遢、大而化之的生活习惯，必然给厨房留下诸多隐患，孩子不小心进去后就很容易造成危险。

不能在窗台、阳台上练习登山

学龄前和小学低年级的孩子对身边事物的认知程度有限，他们正处在最天真好动、喜欢探索的年龄段，时时刻刻都想去探究这个世界的奥秘，危险也就如影随形，例如，很多孩子都喜欢趴在阳台或者窗台上，通过这里去探知外面未知的世界。为了能看得更远、更清楚，有些孩子甚至会把椅子拉到窗台或阳台边，站上去再向下看。这样的举动非常危险，一旦孩子不小心失足，就会坠楼而死伤。

3岁半的团团是个活泼好动、好奇心很强的孩子。他小脑袋里装着无数个为什么，对所有新奇事物都充满了兴趣。一天傍晚，天空中布满了色彩斑斓的火烧云。团团看着天空中的云彩被"染"成深紫、浅紫、嫩黄、火红等颜色，惊艳之余又开始想为什么。他跑去问妈妈："妈妈，妈妈，为什么天上的云彩变成彩色的了？云彩不是白色的吗？"正忙着张罗晚饭的妈妈实在无暇给他解释，就随口说了一句："妈妈也不知道，团团可以自己去问问云彩呀！"但她没想到，团团真的跑去阳台，想把头探出去，问问云彩为什么变成彩色的了。但是，他实在太小了，努力地踮着脚，也只能让鼻尖碰到阳台的窗框。

看着天色慢慢变黑，云彩们就快"回家"了，团团急得在阳台团团转。这个聪明的孩子脑袋里突然灵光一闪！他跑到客厅，拉了一把椅子到阳台，然后站到椅子上，再把上半身探出阳台窗外，想去问云彩怎么给自己"染"的色。随着他的身体移到窗外的部分越来越多，突然，他失去了平衡，一声尖叫摔了下去……

妈妈闻声跑过来时，看见团团正躺在地上哇哇大哭。吓坏了的妈妈赶快冲下楼，抱起他送去了医院。万幸，团团家住在一层，他摔得还不严重，仅仅是摔断了锁骨和左小腿的胫骨，其他都是不同程度的擦伤。但从此以后，团团再也不敢到阳台上去了，胆子也变得很小，对新鲜事物不再那么敢于探索了。

团团的经历，实属万幸。试想，如果他家不是住在一层而是高层，那将会是怎样的后果？团团不但活泼好动，也很聪明，只是，他还太小，没有足够的自我保护意识，自我保护的能力也不足。不慎坠楼这样的意外，足以给他幼小的心灵造成不可磨灭的阴影,让他不敢再做类似的探险行为,不敢再接触新鲜事物、探究他不知道的世界。这样的结果,对孩子的成长,无疑是非常不利的。所以,想要避免这样的情况发生,培养孩子的自我保护意识和能力,就显得尤为重要了,因此,家长们应该就阳台的问题注意以下几点:

1. 和孩子一起玩耍不要忘形

很多父母在陪孩子玩耍时,会因为太过高兴而忘乎所以,忽视了一些细节,例如带着孩子跑到阳台、厨房等危险的地方,甚至在玩儿捉迷藏的时候教孩子藏在阳台上。这些不经意的举动,往往会给孩子阳台是非常安全,可以任他玩耍的错误暗示,而最终酿成悲剧的发生。

2. 随时检查阳台,消除安全隐患

父母要养成随时检查包括阳台在内的家中所有窗子是否关严、锁好的习惯。因为只有这样做,才能为孩子清除安全隐患,确保孩子的安全。

3. 时刻提醒孩子,阳台是危险地带

阳台的危险性,父母应该在真正发生危险前就告诉孩子,并时时提醒他们,不要一个人去阳台,而且绝对不能趴在阳台的窗户上,将身体探出窗外。具体的方法,父母可以根据自己孩子的性格特点加以变通,例如问孩子:"宝贝,你知道阳台在哪里吗?""你说阳台都应该用来做什么?"还可以让孩子观察邻居的阳台都用来做什么,然后让孩子自己进行总结,让孩子牢记阳台并不是他们的游乐场所。

窗帘不能当"围巾"

五颜六色的窗帘,对年幼的孩子总是有着莫名的吸引力,加上学龄前和小学低年级孩子,正是模仿意愿和模仿能力最强的阶段,他们往往喜欢把色彩鲜艳、纹饰美丽的窗帘当做围巾,用它包在头上或缠绕在脖子上,觉得这样很漂亮,殊不知,这样做,一旦不慎,就会造成孩子呼吸不畅,甚至引发悲剧。

5岁的君君非常喜欢动画片上的角色机器猫,她的衣服、床单上全都是机器猫的图案,用的水杯、文具盒也都是机器猫的造型,为此,疼爱她的妈妈特地把她房间的窗帘也换成了机器猫图案的窗帘,希望自己心爱的女儿，每晚都能在她最喜欢的机器猫的陪伴下入睡。

口袋里总能掏出神奇物件的机器猫，给了君君很多的想象；印满机器猫的窗帘，也让君君发现了好玩的地方——拉着窗帘荡秋千；攀着窗帘爬高高；将窗帘缠在头上当斗篷……真是有趣极了！危险，就这样降临了。

一天下午，妈妈在洗衣服，君君独自在房间里玩儿。她先是把窗帘缠在手上，想要荡秋千，荡了几下后，她觉得只把窗帘缠在手上不够牢固，就将窗帘又在脖子上缠了几圈。当她缠好，觉得这样足够安全了之后，就开始用手攀着窗边的暖气管子开始向上爬，想爬得高些，然后继续荡秋千。突然，她手一滑，掉了下来，手上缠的窗帘也掉了，只剩下缠在脖子上的窗帘越拉越紧。君君马上感到呼吸困难，想抬起手去解脖子上的窗帘，却发现手根本就抬不起来……还好，在君君奋力挣扎的时候，抱着洗好的衣服去阳台晾晒的妈妈，刚好经过她的房间门口，看到这种情况，赶紧扔下衣服，冲过去把她救了下来，才避免了一场不幸的发生。

发生在君君身上的事情，在生活中并不十分罕见，有的孩子没能及时被发现，结果酿成了悲剧……像君君这个年龄的孩子，如果父母不时时提醒，他们很难意识到某件事物中潜在的危险。一旦危险发生，就可能导致无法挽回的后果。因为并不是每个孩子都能像君君一样幸运，每个妈妈都能像君君妈妈一样得到"亡羊补牢"的机会，因此，父母在平时一定要告诫孩子，窗帘不是围巾，绝对不能缠在头、颈上当玩具。

为此，父母们还应该注意以下几点：

1. 窗帘不用时，最好让孩子够不到

由窗帘引发的不幸，大多数都是因为孩子没有意识到危险，把窗帘当做游戏道具造成的，因此，窗帘不用时，父母最好将它用绳子捆束住，然后折叠向上，放到孩子够不到的地方。这样，孩子无法将它当做游戏道具，就能有效避免因窗帘引发的诸多危险。

2. 让孩子了解用窗帘当"围巾"的危险

让孩子明白，脖子是很脆弱的地方，脖子里有气管，气管直接影响到我们的呼吸。如果把窗帘当"围巾"，一旦缠紧脖子阻碍了呼吸，就会发生呼吸困难等情况，时间过长，人甚至会因此而失去生命。所以，绝对不能把窗帘

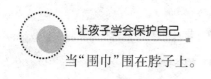

当"围巾"围在脖子上。

不能用手去摸旋转的电扇

幼小的孩子对未知的世界充满好奇，他们渴望去探知不了解的新奇事物，最喜欢用的方式就是用眼睛观察、用手触摸等。可是，有些物品是存在危险而不能轻易碰触的。父母如果没有在事前告诉孩子这些物品的危险所在，孩子自己是根本认识不到的，等到危险发生，则悔之晚矣。

夏天来了，鹏鹏一家人都很怕热，早早就把电风扇搬出来使用了。好奇的鹏鹏，对这个一转起来就能"刮风"的东西感兴趣极了！只要电扇开始工作，他就会目不转睛地盯着看。爸爸觉得这样很危险，每当他靠近电扇时，就会把他抱得远一些，并告诫他电风扇很危险，不要靠得太近。

可是，爸爸的告诫并没有熄灭鹏鹏对电风扇的"热情"，只要没有人看着，他还是会跑到离电风扇很近的地方，睁大眼睛仔细观察着电风扇那高速旋转、"沙沙"作响的扇叶。他觉得电风扇的扇叶很像他在幼儿园手工课上做的风车，但是比风车更大、更漂亮。

一天，鹏鹏在幼儿园和好朋友小强玩风车大赛，两个人为了让风车转得更快，就举着风车在幼儿园的院子里不停地奔跑，不一会儿就满头大汗，热得直喘粗气。这时，鹏鹏想到家里的电风扇，神秘地对小强说自己家里有一个很大很大的风车，不但转得非常快，还会转出风来，可凉快了！小强听了，就要求去看"大风车"。鹏鹏觉得家里有"大风车"也很骄傲，就一副神气的样子领着小强去看"大风车"。

在鹏鹏家，小强看到了那个神奇的大风车，果然像鹏鹏说的那样，很漂亮还能转出凉快的风。小强想伸手去摸，鹏鹏看见了，想到爸爸曾经说过的话，拦住小强，一副小大人的样子告诉小强："风扇很危险，不要靠得太近，更不要把手指头伸进去。"小强把手指头收了回来，不过，他心里却想，鹏鹏真小气，碰都不让碰。鹏鹏一点儿没有觉察到小强的小心思，转身去厨房拿零食给小强吃。小强则趁这个时候伸手摸电风扇的扇叶，心里还美滋滋地想着：叫你小气，不给摸，我一样能摸到。瞬间，悲剧就发生了！

飞速旋转的扇叶一下儿就打在了小强的手上,瞬间他白嫩的小手上就出现了一道大口子,血"哗"的一下儿就冒了出来!小强"哇"地一声痛哭不止。哭声惊醒了正在楼上午睡的爷爷,他出来一看,小强的伤势挺吓人的,立刻就将小强送到了区卫生所。还好伤势不重,医生给小强包扎好伤口,并开了些消炎药。小强年纪小,伤口恢复得很快。之后,小强看到电风扇就远远地躲开,他永远也忘不了受伤时的疼痛。

故事里的鹏鹏是个听话的乖孩子,他好心地想制止好朋友接触危险物品,结果,反而激起了小强的逆反心理,最终弄伤了手指。为了避免这种情况的发生,父母除了告诉孩子电风扇的危险,还要告诉孩子接受他人善意的忠告,远离危险,保护自身安全。

为此,父母还要做到以下两点:

1. 将危险性讲清楚

将电风扇可能造成的危险对孩子讲清楚,但注意讲述时不要使用过于夸张的语言,否则,矫枉过正,让孩子从此对电风扇怀有不必要的恐惧,也是得不偿失的,例如,可以告诉孩子"宝宝,电风扇转动的时候不要碰,不然会碰伤你的小手,会很疼的"。但不要使用"宝宝,电风扇转动时不要把手伸进去,不然就会削掉你的手指头,你就变成残疾了"这样带有恫吓性质的威胁性语言,以免给孩子的心理造成伤害。

2. 让孩子远离电风扇

家里有年幼的孩子时,父母最好将电风扇放置在孩子接触不到的较高、较安全稳妥的位置。如果条件允许,也可以选择吊扇,让孩子彻底够不到,自然也就杜绝了危险发生的可能。

不穿爸爸妈妈的大"船"鞋

越是幼小的孩子,越是渴望快快长大,他们恨不得今晚睡着,第二天早上一睁开眼睛自己就已经是个大人了。当然,这个违背自然规律的愿望,是无法实现的。为了满足自己这个无法实现的愿望,孩子们便通过穿父母的衣服和鞋子,将自己装扮成大人的游戏来寻求心理上的安慰。很多父母也觉得自己的孩子这样装扮成"小大人"很可爱,因而不加制止,就从客观上埋下了纵容隐患的种子。

4岁的菲菲是个喜欢打扮的小姑娘,她喜欢带有蝴蝶结装饰的红色衣饰。妈妈为了让她高兴,便在夏天到来的时候,买了一双带有蝴蝶结的红色凉鞋给她。菲菲非常喜欢,穿得时候总是小心翼翼,生怕弄脏了。

6月里的一天,早晨起来天空中就淅淅沥沥地下着雨。菲菲想出门找小朋友去玩,又怕小区里面湿滑泥泞的小路弄脏自己漂亮的凉鞋……该怎么办呢?菲菲愁得不停在家里的玄关处转圈。突然,她看到了鞋柜里爸爸的皮鞋,那双鞋那么大,就像游乐园里的小木船一样!菲菲想到,要是把这双小"船"穿到自己的脚上,然后再出去,就一定不会弄脏自己漂亮的红凉鞋了!而且,爸爸穿这种"船"鞋出门时,总是看起来很帅的,自己穿,一定也好看!于是,她就这样穿着一大一小两双鞋出门了。走出小区后,菲菲检查两双鞋子,发现爸爸的大"船"鞋上满是泥水,而自己的小红鞋在里面干干净净,菲菲得意极了,开始在路上蹦蹦跳跳地往前走。谁知一个没注意,就踩进了路中间的一个小水洼里,被绊得一头栽倒在小水洼里,摔了个"嘴啃泥",小脸也被地上的石子划破了。菲菲觉得脸上好疼,伸出小手一摸,发现已经出血了,只好放弃原本的计划,哭着回家去找妈妈。

回到家之后,妈妈帮菲菲清洗了伤口,换掉了脏衣服,然后问她是怎么摔倒的。在听完菲菲一五一十地讲述后,妈妈又气又心疼地说:"菲菲啊,爸爸的鞋子那么大,你穿着它还要蹦蹦跳跳地走路,怎么能不摔跤呢?你看,漂亮的小脸都划破了,多疼呀!"

渴望模仿成人的穿着和举动,是孩子天性的一部分。他们觉得自己这样就会变得更大一些,离父母更近一些。就像故事里的菲菲,她穿爸爸的鞋子,不单是为了保护自己心爱的小红鞋不被弄脏,同时还是因为她觉得爸爸穿这种鞋子很帅,所以觉得自己穿这样的鞋子也会很好看。可是,小小的孩子穿上与他们身体不成比例的大鞋子之后,由于不合脚,往往无法自由行走,遇到紧急情况,更不能快速应对,最终导致发生意外,使他们受到伤害。

为了防止发生这样的情况,父母应该做到以下几点:

1. "堵"不如"疏"

很多父母明白孩子穿大人的鞋子会产生意外伤害,因此便直接用命令的方式禁止孩子去穿大人的鞋子和衣服。可是,越是这样孩子会越想穿,因此，与其禁止，还不如向孩子讲明这样做可能会给他造成的伤害，让孩子自觉不去穿戴父母的衣饰，例如，在和孩子一起看电视时，电视中有人摔倒时，可以告诉孩子："宝宝，你穿爸爸妈妈的鞋子，就很容易像这个人那样被摔倒，可疼了！所以，宝宝不能穿爸爸妈妈的鞋子，知道吗?"

2. 告诉孩子，合适的才是美丽的

很多孩子喜欢穿戴父母的衣饰，是因为他们认为父母的装扮很好看，因而渴望模仿，因此，帮孩子树立正确的审美观，也是防止他们穿父母大鞋子的方法之一，例如给孩子购买一些带有他喜爱图案的童装，在他穿着时赞美好看，并用羡慕又无奈的语气说："比妈妈（爸爸）的衣服好看多了，可惜我穿不了……"之类的话，让孩子产生自豪感，不再渴望穿戴父母的衣饰。

不要把手指伸进电源插座

孩子喜欢在家里"探险"是天性使然。他们对家里犄角旮旯里"藏"着的东西，总是有着浓厚的兴趣，例如放在沙发脚边、床脚、墙壁上、门边的电插座和电源线，在他们眼中，这些并排长了几个"鼻孔"的怪物就像从童话里走出的怪兽，让人总是忍不住地想上前去摸摸它、拽拽它，只要弄不明白这件东西的功用，他们就会不停地"研究"下去，很多危险就这样产生了——有的孩子在"研究"时，不慎把手指伸进了电源插座的插孔，最终导致因触电发生危险，甚至危及生命。所以，父母一定要告诫孩子，不要把手指伸进电源插座。

4 岁的佳佳是个动画迷。每天下午电视台的动画时间，都是她和妈妈最高兴的时段——她高兴是因为有好看的动画片可以看；妈妈高兴是因为佳佳每天这时候最安静，她可以踏实地做些家务，不用担心因为没有看好佳佳而导致她被家中的危险伤害。

这天下午，妈妈像往常一样，给佳佳打开电视就去做家务了。佳佳看着动画片里的宠物小精灵用手指放电打败敌人，觉得太神奇了！于是，她情不自禁地跑到电视机前东瞅瞅西瞧瞧，然后踮起脚尖看后面，想搞清楚它们为什么总在这个箱子里激烈战斗，而不到外面更宽敞的草地上来打斗？这样，她不就可以和小精灵们做朋友了么？最后，她发现电视后面长着一条长长的"尾巴"。"尾巴"的尾端还长着一个带"犄角"的方块，那两个犄角插在一个长方形盒子的洞洞里。她想，宠物小精灵一定是从这个长方形的盒子里出来的！为了能把可爱的宠物小精灵叫出来和自己一起玩儿，她开始用力扯动电视机的"尾巴"，也就是电视机的电源线。她觉得，把这个扯出来，宠物小精灵就能出来了。佳佳把吃奶的劲都用上了，把电插座扯得"啪啪"直响，不时还泛出电火光，可还是没法把电源线扯出来……

于是，佳佳又想，如果我也把手指放进那个长方形的盒子里，会不会就能把宠物小精灵叫出来呢？想到这里，她开始慢慢把手指向电源插座探去。在她的手指刚刚碰到插座上的孔时，她的妈妈恰巧从厨房出来，看到了这一幕，她被吓坏了，立时尖叫了一声："佳佳！"佳佳听到妈妈叫她，手一抖，离开了插座。即使这样，她还是被轻微地电了一下。她对妈妈说："妈妈，我刚才浑身麻麻的，难受！"妈妈赶紧跑过去，把她抱离了电源插座。从那以后，她再也不把家里的电源插座放在女儿够得到的地方了。

喜爱动画片的佳佳想和动画片里的人物有更多接触，想和他们做生活中的朋友，于是为了把他们从电视里拉到现实世界，她追根探源找到了电源插座，试图通过拔出电视机电源线的方法，让动画片里的小主人们从电视里跑出来，和自己一同玩耍。佳佳的这种行为，实际上是她这个年龄段的孩子通过自己简单而直接的思维方式，来理解生活中很多事物的典型表现。在这种复杂的事物而简单化的理解方式下，蕴藏着诸多危险因素。父母平时应该从孩子平日最常见的事物入手，将这些危险的电器设备固定在安全的位置，决不能暴露在孩子的眼皮底下，一定要告诫孩子电源线、电插座碰不得，绝对不能把手指插进电插座的"鼻孔"里！

为此，身为父母，还要注意以下问题：

1. 事关电器，不能让孩子"自理"

有些父母出于训练孩子生活能力的目的，或恰巧手头有事走不开，让孩子帮自己取东西，这其中也包括电源插座一类的电器设备。有时候，一些父母甚至会让孩子自己把电器的电源线插头插进插座中。这些看似平常的举动，一旦麻痹大意，就会造成危险，酿成不可挽回的悲剧。

2. 电源插座随手收好

有些年轻父母习惯把用过的东西随手乱丢，包括电源插座这类的东西，也是随意乱扔,例如唱完卡拉OK、玩过游戏机后,就把电器、电源插座随意扔在地下、沙发上等孩子很容易够到的地方,完全不收拾。孩子一旦发现这些东西,就会拿来把玩,久而久之,会认为这些东西都是没有危险的,一旦他们拿着通了电的电源插座玩耍,后果就将不堪想象,因此,父母应该养成使用后,立即将电源插座上的电源线收好缠紧,并将电源插座归放在不易被孩子踩到、拿到的隐蔽之处的习惯。

3.给孩子讲一讲"电"的知识

父母可以在平时给孩子讲解一些有关"电"的知识,让孩子明白电在人们的日常生活中不可或缺,但也存在很大的危险性,把手指伸进电源插座,是非常危险的,会危及人的生命安全。

雷雨天不要碰电器

很多父母都认为,雷雨天气里,孩子只要待在屋子里就彻底安全了,但事实并非如此。实际上,即使孩子待在屋子里,雷电依然可以通过电线、管道、金属导体等途径进入屋中,待在室内的孩子如果正在打电话、看电视、听收音机、使用电脑、在浴室冲凉、在厨房水管旁接水或站在没有关闭、与户外相通的门窗前,都会有被雷击的可能,因此,一定要告诫孩子,雷雨天气里,要远离电器。

5岁的波波在家里玩耍,陪着他的奶奶临时去楼下邻居家里借一套毛衣针,让他自己先待一会儿。奶奶刚走一会儿,外面突然阴云密布,几分钟内就下起了瓢泼大雨,还伴着阵阵电闪雷鸣。波波害怕极了,他先是把家里所有的灯都打开,抱着自己的超人图案小绒毯蜷缩在客厅的沙发里,希望超人能保护他。可是,即使这样他还是害怕。突然,波波想起,妈妈把他喜欢的超人系列动画片都存储在电脑里面了,还教过他想看的时候怎么打开电脑,提取出动画片播放。他想,播放动画片,无所不能的超人一定可以帮他赶走吓人的雷声和大雨!

想到这里,波波迅速跑到了父母的房间,打开电脑找到动画片播放。在他津津有味地看着超人打败坏蛋时,一记闷雷通过他父母卧室开着的窗子劈了进来,在电脑的显示器上炸开了花,显示器登时火光四射,波波被吓得大哭了起来。在他哭泣不止、惊魂未定时,另一记更重的雷又从窗子闯进了屋里，引爆了他父母房间里的壁挂式液晶电视机，还在墙上留下了雷劈过的痕迹。

被吓坏的波波一下子钻到了他父母的大床下，直到他妈妈下班，才把他"救"出来。

独自在家的波波被雷电吓得胆战心惊，本想借着动画里面的超人英雄壮胆，结果却因此招来了雷电袭击，差点儿酿成大祸。波波的行为，是孩子应对雷电常有的表现。他们对雷电的认识不足，不知道雷电其实是一种来自高空的电能，他们用来壮胆的电灯、电视、电脑都有可能将雷电引到家中，使自己遭到雷击。孩子遭受雷击后，不但会受到雷电灼伤的伤害，还会引发呼吸衰竭，严重者甚至会因窒息导致死亡。为了避免发生这样的不幸，父母应该教给孩子一些必要的雷电知识和在雷电中自我保护的常识。

要保证孩子在雷电天气中的安全，还应做到：

1. 让孩子了解雷电会造成的伤害

孩子只有在了解了雷电的危险性之后，才会意识到危险的存在，从而牢固树立起自我保护的意识，因此，父母要在平时告诉孩子一些雷电知识，并在不会吓着孩子的基础上，给他们看一些因在雷电天气中使用电器，引发肢体伤害的图片，对孩子进行直观的教育，帮助他们远离雷电，学会在雷电中保护自己。

2. 教会孩子如何在雷电天气中保护自己

父母应叮嘱孩子，雷雨天气时，在室内不要跑到窗台边打开窗户往外看，不要使用电器设备，不要看电视，不要上网打游戏，不要淋浴洗澡，不要晾衣服收衣服，不要打手机、接电话，不要在金属物件旁玩耍，不要去摸厨房里的水管和煤气管道，等等。

红红的蚊香头不能碰

颜色鲜艳、外形美丽的东西，对孩子总有着莫名的吸引力，例如鲜艳的花朵、闪亮的装饰等。这些东西中，绝大多数都是无害的，让孩子去碰触感知也没有坏处。但是，有些东西本身具有一定的温度或毒性，例如红红的蚊香头，就不适合孩子碰触感知了。对这类东西，父母要加以注意，谨防孩子受到伤害。

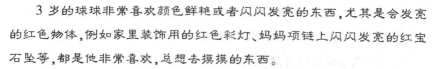

3岁的球球非常喜欢颜色鲜艳或者闪闪发亮的东西,尤其是会发亮的红色物体,例如家里装饰用的红色彩灯、妈妈项链上闪闪发亮的红宝石坠等,都是他非常喜欢、总想去摸摸的东西。

夏天里,球球穿着红色的小纱裙和红色的小凉鞋,衬得白白嫩嫩的肌肤非常美丽。但是,讨厌的蚊子在球球身上叮了很多红色的包包,又疼又痒,让爱漂亮的球球和心疼她的妈妈都非常苦恼。后来,妈妈买来了儿童专用的无毒蚊香,每天晚上都会点上帮球球驱蚊。球球觉得,关上灯后,红红的蚊香头在夜里一闪一闪非常漂亮,引得她总想用手去摸摸。可是,每次她想去摸蚊香头的时候,妈妈都会告诉她"危险,不要碰"。妈妈越是不让她碰,球球就越想碰!终于,有一次,球球趁妈妈在洗澡的时候,自己爬下床,偷偷去碰蚊香头。"啊"的一声,妈妈来不及擦头发,跑过来一看,球球的小手上赫然一个蚊香头烫伤的大红点,周围也红肿一片。

后来的好长一段时间里,球球都会离蚊香远远的。

像球球这样幼小的孩子,还意识不到一些看似美丽的物体可能带来的伤害。身为父母,此时就有责任教会孩子如何避免危险,让孩子远离伤害。

具体方法,父母可以参考以下建议:

让孩子感受危险,仅凭单纯的说教,无法给年龄过于幼小的孩子留下深刻印象。父母可以在不会导致孩子受伤的前提下,引导孩子用手指去接近点燃的蚊香头,在孩子表示感觉不适时迅速离开,然后教导孩子:"宝宝你看,我们还没有碰到红红的蚊香头,手指就已经不舒服了。要是真的碰上去,会很疼的!所以,我们不要去碰呦!"

电暖气片不能摸

电暖气是很多家庭冬天必备的御寒物品,它不但可以提高室温,还可以烘干一些小件衣物,实在是非常实用的家电产品。有些父母怕孩子冻着,在寒冷的冬季经常抱着孩子坐在离电暖气很近的地方取暖,让孩子对电暖气有了"是提供温暖的好东西"的认知。但是,他们往往忽略了电暖气片表面炽热的温度,已经足以对孩子造成伤害的潜在危险,因而忘记提醒孩子要和电暖气保持距离,才不至于伤害自己。

冬天到了，怕冷的小曼穿上了厚厚的棉衣，可是，她的小手总还是凉凉的。心疼女儿的爸爸看孩子这么怕冷，就准备买一个小型电暖气回来，让小曼可以随时烤烤小手。

电暖气买回来那天，爸爸插上电源不一会儿，电暖气片的周围就慢慢暖和了起来。小曼把小手放在离电暖气片比较近的地方，马上就觉得好暖和、好舒服。于是，她又靠近了一点，更暖和了！小曼觉得，这种感觉简直像到了春天一样。她还想继续靠近，却被看到她举动的爸爸拦住了。爸爸对她说："小曼，不要靠得太近，更不要去摸电暖片，这会很危险的。"小曼似懂非懂地点了点头，没有再靠近电暖气片。

随着天气越来越冷，小曼每天大部分时间都坐在电暖气片边玩耍，连看最喜欢的动画片时，宁愿坐得离电视远些，也不愿离开电暖器片。有一次，小曼看动画片看得入迷，忘了爸爸的提醒，手不自觉地伸向电暖气片。当手碰到电暖气片的时候，她的小手马上被高温的电暖气片烫出了一道明显的红印，疼得"哇"的一声大哭了起来。

从那以后，小曼虽然仍然怕冷，仍然喜欢待在电暖气片边上，却再也不敢离电暖气片太近了。因为她明白了，电暖气片虽然暖和，但靠得太近，也会让她受伤。

小曼被烫伤这样的事情，在生活中并不少见。幼小的孩子在寒冷季节中，会本能地接近让他觉得温暖、舒适的物品，哪怕父母事先提醒过，危险也无法完全避免，因此，父母在使用电暖气之前，要事先教会孩子如何保护自己。将危险扼杀在萌芽之中，在具体方法上，可以参考以下建议：

1. 让孩子切身感受危险

在孩子初次接触电暖气时，先将电暖气加热好，然后领着孩子站在离电暖气较近的地方，以孩子不受伤为前提，拉着他的小手慢慢靠近加热好的电暖气片，在孩子感到"烫、不舒服"时离开，并教育孩子："宝宝，感觉到了吗？电暖气片离得远些会觉得很暖和，很舒服。可是，离得太近就会很烫，会让宝宝受伤。所以，宝宝一定要离电暖气片远一些呦！"

2. 让孩子远离危险

很多父母怕孩子在寒冷的冬天冻着，便安排孩子坐在电暖气片旁边看电视、看书或玩游戏。孩子一旦专注于他们正在做的事情，就很有可能忘记危险，慢慢靠近热源，最终造成危险，因此，在孩子做某项他非常喜爱的活动时,父母最好将其安排在离电暖气片较远的地方,避免孩子受伤。

楼梯不是玩蹦蹦跳的好地点

低龄的孩子正处在活泼好动的年龄段,父母带他们出门时,一遇到登山、爬楼梯的机会,他们就会挣脱父母牵引他们的手,独自沿着台阶上下蹦跳,玩得不亦乐乎。但是,这个年龄段的孩子体力有限、身体弱小,腿部关节也还在发育中,而这样的一蹦一跳,稍有不慎,孩子就会发生踩空摔倒的意外事故,轻则皮开肉绽,重则伤筋动骨,更有甚者,还出现过孩子磕到头部,危及生命的事故!因此,父母一定要叮嘱孩子,千万不要在楼梯上玩蹦蹦跳。

4岁的成成刚刚学会从1数到100,大家都说他真聪明,成成也非常得意。为了得到更多表扬,他会找寻一切可以数数的机会,数数给身边的人听,例如上下楼梯时,他会边一阶一阶地跳上或跳下,边数着自己跳了多少阶。渐渐的他爱上了这种在台阶上边数数边蹦跳的感觉。他对妈妈说,每当这样蹦跳的时候,他就觉得自己像是一个身上长了翅膀,能数很多数的天使,仿佛下一刻就能腾空而起、自由飞翔。可是,他的妈妈觉得这样做很危险,所以每次刚刚对妈妈说喜欢在楼梯上蹦蹦跳的时候,都会告诫他:"要是爸爸妈妈不在身边,刚刚千万不能这样做呀!"刚刚每次都会点头应允,可每次见到台阶时,就会忘到脑后,不管爸爸妈妈是否跟在身边,都会跑过去,边数数边跳个痛快。

这天,刚刚去离家不远的儿童运动场和小朋友们踢球。因为他来得太早了,其他小朋友都还没有到,等人等得百无聊赖的刚刚就又开始了他最喜欢的数数跳楼梯游戏。运动场的楼梯本就比家里楼道的楼梯高,刚刚边跳边数数,还不时分心张望小朋友是不是来了。刚刚一心二用的后果,就使身体失去平衡,一个不小心从楼梯上摔了下来。

刚刚的手擦破了,头磕了一个大包,脚也扭了,连吓带疼,他一下子号啕大哭了起来。好在和他们同住一栋楼的邻居也带着孩子在儿童运动场里面玩,赶快打电话叫来了救护车,又叫来了刚刚的爸爸。爸爸跟着救护车一起把他送进了医院。医生处理了刚刚的外伤后,说怀疑他被摔成了轻度脑震荡,还需住院观察一段时间。

从数数到在楼梯上蹦蹦跳,无不是刚刚无拘无束孩子天性的体现。但是,他对妈妈不厌其烦的耳提面命不当回事,体现出来他这个年龄的孩子喜欢我行我素且对很多潜在危险不加防备的特点。这些因素叠加在一起,再加上年幼的孩子身体发育不够完全,肢体的稳定性和协调性都还不健全,也很难维持长时间精神集中。这种情况下,一心多用在楼梯上蹦蹦跳怎么会不发生危险?

所以,父母们除了提醒爱玩闹的孩子在楼梯上不要乱蹦乱跳之外,还应注意以下问题:

1. 培养独立能力要适时

学龄前和小学低年级的孩子,身体的平衡能力和协调性都还发育不健全,自制力也不够强,他们如果在没人看护的情况下,自己在楼梯上蹦蹦跳跳,一旦思想"开小差",就很容易跌倒受伤,因此,父母想训练孩子的独立能力,最好也不要通过让孩子自己爬楼梯的方法来进行,以免发生危险。

2. 教会孩子不可一心多用

有的父母带着孩子爬楼梯时,喜欢边爬边和孩子说话或讲故事,有的父母还会让孩子帮自己提东西。这样做,久而久之,就会让孩子养成走楼梯或走路时一心二用的坏习惯。由于这个年龄段的孩子神经系统发育还不健全,一旦一心二用,注意力不集中,神经系统难以协调整个身体的反应,就可能造成危险,因此,在孩子的身体协调性发育成熟前,父母一定要教导孩子不可一心多用。

小·玩具不能放在嘴里

孩子们都喜欢玩具,所有的父母也都乐于给孩子或买或做有趣、新奇的玩具,来满足孩子们天真、可爱的童心。让人头疼的是,很多孩子都有玩玩具的时候往嘴里塞的坏习惯,但凡小气球、陀螺、拼图、积木、小型布绒玩具等,这些玩具在孩子眼中,都是"美食"。父母一个不留神,这些玩具就会被孩子送进嘴里。这是十分危险的,一旦这些玩具被孩子不小心吞进去,就有可能呛入其食道、喉咙内,因堵塞、呼吸不畅而引起窒息死亡。所以孩子在玩玩具时,尤其在用手摆弄小型玩具部件时,父母千万不要走开或转移视线,一定要看牢孩子,谨防他们将小型玩具放入口中引起事故。

两岁的龙龙是个胖乎乎的小男孩,一张圆圆的小脸白里透红,像个大苹果一样,十分惹人疼爱。他最喜欢跟在妈妈身后当"小尾巴",妈妈走到哪里,他就跟到哪里,不停地伸手要妈妈抱。龙龙的妈妈每天在家里有很多家务要做,不能时时抱着他。于是,为了安抚他,妈妈给他准备了很多小玩具。妈妈每当要做家务,没法陪着龙龙时,就把小玩具都拿出来,然后把小小的龙龙和小小的玩具都放在客厅的大沙发上,让他自己玩儿。龙龙非常喜欢玩具中的一个泥娃娃,每次妈妈把玩具给他,他都抱着这个泥娃娃不撒手。

这天,妈妈要去厨房准备晚餐,就又把龙龙和小玩具一起放在了沙发上。龙龙抱着小泥人,先是跟它说话,以后唱歌给它听,见小泥人一直不理自己,龙龙都闷了:"坏泥人!叫你不理我!"生气的龙龙一口咬了上去。松开口之后,龙龙见这样泥人还是不喊疼,更加生气了,于是,更用力又咬了一口,一下子把小泥人的脖子咬断了。龙龙看到泥人变成了2块,非常好奇地捡起了小泥人的脑袋,用舌头舔了一下,发觉味道咸咸的,很好吃。嗯!他决定继续咬。咬着咬着,龙龙觉得自己的喉咙被哽住了,很难受,他完全透不过气了!

难受的龙龙拼命挣扎,从沙发上摔倒在地板上。妈妈闻声赶来,见龙龙紧闭着眼躺在地上,不停喘息并抽搐着,不一会儿就晕过去了……

由于龙龙好奇心的驱使,他会把手抓到的一切塞进口中啃咬,越是颜色鲜艳好看的,他越是要抓来塞进嘴里,根本不管那东西是否能吃。龙龙的妈妈一时疏忽,最终导致了危险的发生。所以,在孩子太小,不具备分辨能力时,父母一定要不厌其烦地叮嘱孩子,玩具不能吃,不可以塞进嘴里,同时,还要在孩子玩玩具时严加看管,不要置之度外。

为此,负责的父母还要注意这些问题:

1. 不给孩子太小的玩具

有的父母喜欢给孩子买体积很小的玩具,认为这样的玩具适合孩子的小手抓握,方便他们把玩具攥在手里,触摸之外还可以利用视觉、嗅觉全面观察、感知,更容易引起他们玩耍的兴趣。可是,他们忽视了这样的玩具另一"功能"是能方便孩子直接塞进嘴里,吞食下去。要是给孩子玩此类的玩具时,家长一定要时刻陪伴在孩子身边,以防发生意外。

2. 教会孩子分辨食物和玩具

有的父母不太注意居室整洁，房间里总是很凌乱。孩子的房间里，衣服、玩具、零食杂乱无章地混放在一起。对于年龄过小，分辨能力不强的孩子来说，外形大小近似的卡通造型玩具和卡通造型零食，根本没有明显区别。他们很容易就会见什么抓什么，拿什么吃什么，最终造成危险。针对这种情况，父母平时可帮助还没有完全自理能力的孩子，将食物和玩具分门别类收拾好，并做上孩子能看懂的明显标识，让孩子可以一目了然。

叼着棒棒糖不能跑跑跳跳

色彩缤纷、味道甜美的棒棒糖是很多孩子都喜欢的零食，尤其是正在长牙的孩子，棒棒糖除美味之外还满足了他们渴望含咬食物，缓解长牙时期牙床不适的需求，因此非常受这一时期幼儿的青睐。父母为了满足孩子的这一需求，常给孩子买很多棒棒糖，放在孩子触手可及的地方，让他们自己随吃随取，因此，平时走在居民小区里或者儿童游乐场所中，常可以见到叼着棒棒糖跑来跑去的孩子。

孩子们这样做是非常危险的，因为棒棒糖的糖球里面粘着一根木棍或塑料棍，当孩子快速跑动时，一旦因猝不及防将棒棒糖的柄撞在墙上，或因摔倒撞在地面上，木柄就会在撞击下急速猛烈地插入喉咙，而引起孩子意外伤亡。所以，父母们要叮嘱自己的孩子吃棒棒糖时，不要跑来跑去，谨防发生危险。

5 岁半的圆圆非常喜欢颜色漂亮、滋味甘甜，还带有水果香味的水果口味棒棒糖。他经常缠着妈妈不停索要棒棒糖。他的妈妈疼爱儿子，只得给他不停地买。最后，妈妈也烦了，干脆一次买上一大袋水果口味的棒棒糖，放在圆圆自己能够得着的食品柜最底层，告诉他想吃的时候自己去取。

一天傍晚，圆圆拿了几只棒棒糖，趁着妈妈做饭无暇看顾他的时候，跑出去找小伙伴们玩。一群孩子美滋滋地吃着棒棒糖，快乐地在小区的绿地里跑来跑去。傍晚时分的自然光线已经减弱，小区里的照明设备却还没有开启，圆圆因为没有看见草地里面隐藏的石头，一下儿碰到石头就被绊倒了。他嘴里含着的棒棒糖已经没剩多少糖了，上端的木柄已经露出来了,当木柄撞到地上时,巨大的冲力将木柄急速向前推,一下子就穿透了圆圆的左腿,血"哗"地流了下来,圆圆立刻大哭了起来。

棒棒糖圆滚滚的造型颇得孩子喜爱,有些时候,孩子们还会把它当做一种社交媒介,通过和小朋友们分享美味的棒棒糖来增进友谊,加之这种糖果口感香甜,非常适合孩子的口味,所以使得孩子们一吃就上瘾,并且也戒不掉。然而,美味的棒棒糖也成了威胁孩子安全的凶器。很多父母都乐于给孩子提供这种美味的甜蜜享受,却忽略了它所具有的杀伤力,因此,父母在给孩子吃棒棒糖时,一定不要忘记提醒孩子,不要叼着棒棒糖跑动。

除此之外,父母还应注意以下问题:

1. 不要用棒棒糖当做逗孩子的道具

因为孩子喜欢棒棒糖,有的父母就将棒棒糖作为吸引孩子的道具来使用,例如父母手里拿着棒棒糖,向孩子发出类似"宝宝,过来,来拿呀"一类的口令。这样做,时间长了就会给孩子传递出"棒棒糖既可以吃又可以玩"的错误信息,孩子就会留下手里拿着或嘴里含着棒棒糖时,可以同时走路或跑跳的错误概念,最后造成危险。

2. 在孩子情绪兴奋时,不要给他棒棒糖

有的父母在孩子表现乖巧或开心激动时,会给他发棒棒糖作为奖励或助兴的零食。本就兴奋的孩子拿到棒棒糖后,常常会为表达激动而忍不住手舞足蹈。这种时候一旦疏忽大意,助兴的棒棒糖就会引发事故,给孩子带来伤害,变成败兴的祸根。

和宠物不能"亲密无间"

现在很多家庭都养了宠物。通常孩子见了和自己一样活泼可爱的小动物,也会喜爱非常,主动与其发生亲密接触——搂抱、亲吻、挨挨蹭蹭、分享食物都属平常,有些孩子甚至会把宠物当成兄弟姐妹,要求和宠物一起睡觉,而实际上,这些接触都潜藏着危险。因为宠物身上寄居着无数细菌和微生物,孩子与宠物们接触得过于亲密,这些东西就有可能落入孩子的眼睛、头发、皮肤,引发人畜共患的疾病,如皮肤炎、口蹄疫、禽流感等。

5 岁的兔兔是个很有爱心的小姑娘,去年冬天,她和妈妈一起救了一只受伤的流浪小狗。小狗伤好后,和兔兔非常亲,兔兔的妈妈也觉得家里只有她一个孩子,非常孤独,于是就将小狗送去宠物医院做了详细检查,确认它没有问题后正式办了相关手续,当做宠物留在家里,给兔兔做伴。

有了这个好伙伴,兔兔高兴极了!她每天和小狗一起游戏、一起分享零食,甚至晚上都睡在同一个被窝里。他们两个最喜欢的游戏,就是兔兔向小狗用不同的频率拍手,小狗根据指令蹲坐、翻滚、蹦跳,玩得兴起时,兔兔会抱着小狗一通乱亲,小狗也会快乐地用舌头舔兔兔的小脸。但不久妈妈发现兔兔身上长了很多小红点点,兔兔也向妈妈说这些小红点很痒,弄得她很难受……

妈妈带兔兔去医院检查,医生经过检查,发现兔兔感染了疥螨。这是一种人畜共患,通常由动物传染给人的皮肤疾病。通常宠物医院给动物做常规检查时不会检查这项,兔兔妈妈虽然事先给小狗做了检查,还是发生了这样的问题。医生肯定了给身为独生子女的孩子养只宠物的正面意义,但同时严肃提醒兔兔的妈妈,不要让孩子和宠物过于亲密无间。

小猫、小狗等动物具有温顺可爱、乖巧、善解人意、依赖主人、活泼真诚、忠实于主人等等近似于人的正面情感。这些情感会让孩子觉得温暖、安全,兼之孩子与小动物通过表情、动作、声音等方式来沟通时,会让他们觉得比与成人沟通更加容易,因而两者之间很容易建立感情。孩子的心性纯真善良,他们会把自己的宠物当做朋友,与之倾心相交。所以,孩子们会希望自己与宠物之间亲密无间,能够和宠物如亲人般生活在一起,给它以人的待遇,和它搂抱亲昵,甚至同卧同起。孩子想问题单纯,完全不会去考虑宠物是否清洁无菌,结果最后导致人畜间相互传染,好得连病都一起得了,因此,父母要教育孩子,与宠物亲密要讲卫生条件,行为要有分寸等。

除此之外,父母还需注意以下问题:

1. 教育孩子与宠物接触时要有分寸

有些父母本身爱心充沛,将家中的宠物当成孩子来疼爱,和宠物同吃同睡,同时认为在孩子面前这样做,可以培养孩子的爱心。但是,这样做会给孩子留下错误的概念,使得孩子在与宠物亲近时毫无顾忌,过分亲密,给孩子的健康留下隐患。所以,父母在教育孩子对宠物有爱心时,也要有分寸。

2. 培养与孩子的亲密关系

有些父母因工作繁忙等原因，平时不太注意与孩子之间的互动，与孩子关系不够亲密，冷落了孩子。一旦孩子行为出现错误，又马上横加指责、态度冷硬，使孩子的情感需求得不到满足，最终只得将家中宠物当作知心伙伴，与之行为亲密过分。

3. 教会孩子合理亲近宠物

孩子与宠物亲近，能够培养他的亲和力，并非一无是处。作为父母不能一味阻止，应当给予适当鼓励。只是，在亲近过程中，父母应该教会孩子，与宠物亲密是有条件的，不能随时搂抱着宠物亲吻、挨蹭，同时，父母还要注意做好宠物的清洁卫生工作，如经常给宠物清洗，自己抚摸过宠物的手不要接触孩子的身体；孩子抱或摸过宠物后要及时洗手等，才能有效防止引发传染病，保障孩子的健康。

水、火不是玩具

学龄前和小学低年级的孩子，看到让他感到新奇的事物，都会忍不住想要仔细研究，最常用的方法便是用手去触摸感知，结果常常因此造成危险，例如去公园的湖泊边玩耍时，发现水里面能看到自己的影子，就会想伸手去抓，控制不好平衡就会一头栽下去溺水死亡；还有火，年龄幼小的孩子，通常会对颜色美丽、富有跳跃感、还带有温度的火焰非常好奇。这种好奇到达一定程度之后，他们即使有一定的危险意识，仍旧会想要用手去抓住火苗，去完整地感受火，最终结果可能是造成烧伤，因此，父母必须时时提醒孩子，水、火不是玩具，要与之保持距离。

7岁的囡囡是个小美食家，尤其喜欢吃火锅，她觉得那么多丰富的肉类、蔬菜用好喝的汤涮熟，再蘸上口味多样的调料，实在是太香了！于是，为了满足这个"小馋猫"的口腹之欲，疼爱她的妈妈经常在家里做各种口味的火锅给她打牙祭。最近，妈妈还特意托朋友辗转求得了传统的炭火铜锅，准备让女儿体会一下原汁原味的老北京火锅。

这天，妈妈一早起来就跑到菜市场去买了现买现杀的三黄鸡，回家来炖了浓浓的一锅鸡汤，准备晚上用它做火锅的汤底。囡囡盯着那锅汤，馋得口水都快流出来了。到了晚上，妈妈怕在房间里吃炭火锅会使室内一氧化碳含量偏高造成危险,便向邻居借了一张老式的折叠桌摆在自家门口,准备和囡囡吃露天火锅。

妈妈点好炭锅放到桌上之后,吩咐囡囡自己乖乖坐着不要乱动火锅,然后就进屋去厨房里准备最后上桌的几盘青菜去了。锅中的鸡汤很快"咕咕"地冒着热气,闻着鸡汤的香气,囡囡兴奋地坐立不安,时不时用捞取食物的长柄漏勺搅动锅里的汤汁,又好奇地低头仔细观察火锅下方的灶膛,想看看里面"噼啪"作响、冒着火的木炭长什么样子。锅里的水花越开越大,囡囡看着锅底翻出的越来越多的水泡泡,带着鸡油黄澄澄的色泽,觉得真是太好看了!漂亮的汤汁引起了囡囡更大的好奇心,她想看看火锅中间那个长长的烟囱里面到底有什么,于是她用尽吃奶的力气爬上了在她看来很高的椅子,用手撑着桌子探头去看火锅中间的烟囱。结果本就不太稳的桌子被她压得向一侧倾倒,火锅也因此而打翻了。滚烫的汤汁一股脑地泼在了囡囡身上,灶膛里燃烧的木炭滚出来也掉到了她的身上。等妈妈发现赶过来,囡囡的一双小手已经全被烫成了深红色,衣服也烧了几个大洞。大家赶快把她送到了医院,医生仔细检查过后,诊断囡囡的双手和身上一些地方全都是中度烧伤,需要植皮,术后至少需要1年才能彻底康复,而且康复后也会留下疤痕,需要等长大后再做修复整容手术。

囡囡被没有见过的炭火铜锅以及锅中鸡汤的香味吸引,萌发了想要去接近、触摸的冲动,因为当时身边没有成人及时制止,最终给她带来了伤害。她这个年龄的孩子,在想探寻某种事物时,往往不会采取询问的方式,而是直接通过用自己的眼睛瞧、鼻子闻、舌头舔、手摸,甚至是脚踹来感受,试图通过用自己原始幼稚的行为方式来获得答案。所以,父母们要在平时多关注孩子与水、火的接触,告诫他们不要随便乱动。

除此之外,父母还要注意以下问题:

1. 让孩子明白,水、火不能随便碰

活泼好奇是孩子的天性,即便父母三令五申不许他们靠近水、火,他们也难抵打水战、吹泡泡、放爆竹一类需要接触水、火等游戏的诱惑,内心深处总存着趁父母不在,一试为快的冲动。孩子会这样做的原因,是因为他们没有真正感受过水火无情带来的伤害,无法在头脑中烙印下远离水火的牢固意识。父母可以采取给孩子讲述水火带来的伤害,并给孩子看一些有关水

火灾害的视频、图片的方式,来加深他们对水火伤害的认知,让孩子铭记在心,防患未然。

2.教会孩子安全接触水、火

水和火是生活中常见且离不开的,想把孩子与水、火完全隔离开,是成人不太现实的想法,因此,父母想保障孩子的安全,除了让孩子明白水、火不能随便碰之外,还要教会孩子关于水、火的基本知识,以及如何与之安全接触,例如水无色无味、火的温度很高等。只有这样,才能保障孩子安全。

不对电话里的陌生人讲家里的情况

随着社会的进步和通讯的发达,电话已经成了家家户户必不可少的通讯器材,尤其随着近年移动手机的普及,手机已经成了不受时间、地点、距离限制,能使人自由沟通的首选通信工具。但是,凡事皆有两面,给人提供便利的电话,同时也是给孩子带来危险的工具——近年一些不法分子通过电话欺骗孩子,如自称是孩子父母的朋友或谎称是政府调查人员,向孩子询问其家中的各种情况等,以便为实施更进一步的犯罪搜集材料。

6岁的芮芮是个乖巧文静、心思细腻的小男孩。他最喜欢的事情,就是在家里看画画、图画书和动画片,很少出去和小朋友跑跑跳跳。他的父母对儿子的文静、听话非常满意,常常把他一个人放在家里,从来没有担心过这样会出事。一天,他的父母又出门去了,芮芮独自在家里看妈妈新买给他的图画书。看着看着,电话机突然响了起来,芮芮就走过去接起了电话。

电话那边,是一个音色低沉好听的男声,他自称是芮芮爸爸的同事,单位有急事要他爸爸处理,可是一时又找不到他爸爸的手机号码,所以只好打到家里来问。芮芮的爸爸在单位里负责技术把关方面的工作,平时休息时间,也经常被单位的电话叫走。所以芮芮完全没有怀疑,很痛快地就把爸爸的手机号码告诉了电话里的陌生人。电话那边的陌生人夸芮芮真乖,又问了他今年多大、上几年级、学校在哪儿等问题,之后才挂了电话。

芮芮挂了电话之后,就回到自己的小书桌旁继续去看图画书了。不一会儿,电话又响了,他再过去拿起听筒,就听到了爸爸焦急的声音:

"芮芮？芮芮你在家吗？跟爸爸说话！你没事吧？"芮芮被爸爸连珠炮一般的话语惊得一愣，略微反应了一下才回话："爸爸，我没事，我在看图画书。"电话那端的爸爸听他这样说，才放下一颗悬着的心，如释重负的对他说："没事就好，芮芮你乖，再有电话千万别接了啊！爸爸和妈妈一会儿就回家！"芮芮答应后挂了电话。

父母回家后他才知道，原来给他家打电话的那个人是个骗子。他在芮芮这里问清家里的情况后，立即拨打了芮芮爸爸的移动电话，谎称自己是某个医院急救室的医生，芮芮意外受伤，刚刚被送到他们那里，叫芮芮的爸爸赶快汇治疗费到指定账户，否则耽误了治疗后果自负。芮芮的爸爸接到电话后十分诧异，因为一般的医务工作者，是不会用这种口气提出类似要求的。于是马上给家里打了个电话，发现这是个骗局，悬着的心才放了下来。

芮芮的遭遇，明显就是一起诈骗事件。犯罪分子利用芮芮的年幼天真，从他嘴里套出了他自己和他家的基本情况，然后再利用父母的爱子之心，打电话给他的爸爸，企图以套取的基本信息取信于他，利用芮芮爸爸的爱子之心，实施诈骗，获得不义之财。好在芮芮的爸爸遇事冷静，才避免了损失。为了避免这类事情的发生，父母应该在平日教会孩子如何应对陌生人的电话，不在电话中告诉别人自己家中的情况。

父母在教导孩子如何应对陌生人电话时，要让他们特别注意以下几点：

1. 不能盲目相信对方的话

孩子天真单纯，电话中的陌生人用轻柔亲切的语声与之交谈，很容易就能获得孩子的好感，相信对方自称是其父母的好友或同事的说法，继而将家中的情况和盘托出，因此，父母最好在平时告诫孩子，无论电话中的人怎么说，如果孩子不认识他，就一定不要随便告诉对方自己家里的情况。

2. 在电话中遇到追根究底的陌生人，可反向询问

年幼的孩子思维能力和反应速度都不及成人，因此在电话里遇到追根究底、语言强势的追问时，很有可能迫于压力而告之对方自己家中情况。为了预防这种情况的发生，父母在平时应告诉孩子，遇到非要在电话中追问家中情况的陌生人时，可以问他的姓名和电话，告诉他等父母回来后会请父母联系他，一定不要告之对方自己家中的情况。

陌生人叫门怎么办

现代家庭的人员构成通常较为简单,最常见的家庭模式是一对夫妇带着一个孩子。这种情况下,如果父母都要出门办事,又都不能带着孩子一起去,就只能留下孩子独自在家了。幼小的孩子一人在家,难免感到孤独和恐惧,这时如果有陌生人来敲门,他的第一反应就是父母之中有人回家了,可能会不假思索地跑去开门。这种情况下,一旦门外是坏人,不懂得自我保护的孩子就会有危险。所以,父母们一定要教导孩子,一定不要给不认识的陌生人开门!如果对方坚称是家里的朋友,可以问清身份,告知等父母回来后再与其联系。

6岁的水水是个非常依恋妈妈的小姑娘。只要妈妈在家,她就会像个小尾巴似的跟在妈妈身后;只有妈妈不在家,她才会去黏爸爸。有一天,爸爸妈妈都有事要出去,就给水水准备了很多零食和玩具,还千叮咛万嘱咐她,有人来敲门千万不要开。水水正忙着追问"妈妈什么时候能回来",对爸爸妈妈的叮嘱,似懂非懂地点了点头。

父母走后,水水一个人百无聊赖又觉得害怕,于是就把所有玩具和零食都抱到光线最充足的客厅,开始玩拼图、搭积木,边玩边嘟囔,"妈妈怎么还不回来,水水一个人害怕……"由于没有妈妈的陪伴,她感觉非常无聊,玩着玩着就睡着了。她正睡得香甜,突然被一阵儿敲门声惊醒。水水想起来妈妈的叮嘱,没有过去开门。过了一阵儿,敲门声又响起了,而且更加急促,水水想,会不会是妈妈忘记带东西回来拿呢?她悄悄挪到门口,找来一张小板凳,慢慢踩上去,快到"猫眼"的位置时,重心不稳,从板凳上"哐当"一声摔了下去,只听外面有人在说话:"里面有人吧?怎么不开门?有事找!"水水的心一下子跳到了嗓子眼,她既想开又不敢开,这时外面的人忽然喊起来:"着火了,快跑。"水水害怕得想哭,她想怎么办,火烧来怎么办呢?于是,她拨动了门锁把,把门"哧溜"打开了,结果门口站着一个一脸凶相的男人。

这个一脸凶相的男人一把捂住水水的嘴巴,迅速钻进了屋里,关上房门后把她拖进卧室绑了起来并塞住了嘴巴,然后把她家里值钱的东西洗劫一空。爸爸妈妈回到家时,看到的是一片狼藉的家和被捆绑在

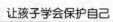

卧室里已经昏迷的女儿……

水水对妈妈异常依赖,且独处经验几乎为零,这种情况下让她独自在家,她会出于本能地感到不安、胆怯,慌张。此时如果有陌生人来敲门时,她由于应对准备不充分,也没有丰富的应变经验,就会轻易被外人驾驭,如门外的人制造紧张情况,用激将法吓唬她,使她自动出来等,会很容易上当,最终威胁自身和家庭财产的安全。如果父母平时能给她普及一些法制常识,告诉她如何识破坏人针对她这样年龄段小孩的一些骗术骗局等,就能有效帮助孩子应对陌生人的闯入,保护自身安全。

所以,父母要多给孩子传授独自在家时面对陌生人该如何应对的方法,其中还要多注意以下问题:

1. 让孩子明白不给陌生人开门的原因

很多父母在出门前,都会反复叮嘱孩子不要给陌生人开门,却没有告诉孩子为什么不能开。于是,懵懵懂懂的孩子虽然答应了下来,但在陌生人出现并给予孩子诱惑或恐吓时,孩子就很有可能轻易就范,将门打开。所以,父母在要求孩子不给陌生人开门的同时,还要将这样要求的道理向孩子讲清,告诉孩子要求他这样做是为了防范坏人,保护他和家中财产的安全,让孩子心中有数而应付有度,自然就会避免发生意外。

2. 不要只跟孩子"纸上谈兵"

父母说教再多遍,对孩子来说也只是"纸上谈兵",没有实际应对经验,孩子临事能否应对自如就是个未知数,因此,父母在平时陪孩子做游戏时,不妨扮演成各种类型的陌生人,有现场感地对孩子进行训练,让孩子熟悉多变的状况,提高其应变能力,积累更丰富的经验,将来面对真实的情境时能应对自如。

小偷来了怎么办

近年来,入室盗窃案件的发生率节节攀升。一旦窃贼闯入家中时,孩子正好在家;或是窃贼试图"闯空门"时,与刚好独自在家的孩子遭遇,就会对孩子的人身安全造成极大威胁。机敏的孩子可能会迅速逃跑,或躲藏在安全的地方,而胆小些的孩子,可能会当场吓傻,忘记反抗或者根本不会反抗,任凭犯罪分子对其进行伤害。

　　7岁的兰兰小时候一直跟爸爸妈妈在日本生活，因为要上小学了，才被送回国交给在北京某高校做特聘教授的爷爷奶奶照管。有一天，兰兰和爷爷奶奶正在家中客厅里边吃水果边看电视，兰兰还抱着心爱的宠物小猫淘淘。一阵儿敲门声突然响起，"咚咚咚"。因为他们住的是兰兰爷爷任教那所大学的家属宿舍，平日治安情况较好，所以奶奶没有多想就直接开了门。

　　让兰兰的奶奶没有想到的是，门外居然是两个手持尖刀，面蒙黑布的劫匪……

　　劫匪将兰兰的奶奶推进屋，看到屋里只有老的老、小的小的一家三口，态度就更加嚣张了，他们拿着刀把兰兰和爷爷奶奶都逼到了屋角。

　　爷爷、奶奶和兰兰的手都被劫匪反绑在背后，宠物小猫淘淘受到惊吓，快速跳开躲到了一边的角落。两个劫匪开始在房间里乱翻乱找，搜索值钱的东西。兰兰看见淘淘悄悄地向自己走过来，经过放在沙发组边桌上的电话时一下撞掉了电话。突然想起来在日本时，幼儿园老师给他们看过的自我保护教学动画，里面就有碰到劫匪迅速打电话报警的内容。于是，兰兰轻轻碰了碰身边的爷爷和奶奶，向他们使眼色看着地上的电话。爷爷、奶奶略加思索，就明白了兰兰想表达的意思，爷爷趁劫匪不注意，悄悄伸出脚，把电话勾到了他们身边，兰兰佯装扭动歪倒，把电话藏在了身下，然后悄悄拨通了110。为了掩饰电话的声音，爷爷开始不停地对劫匪说话，一会儿说请不要把我的书弄乱，一会儿说那盆花有毒，请不要碰。

　　家里的电视机一直开着，两个劫匪又着急翻找财物，完全没有注意到报警电话已经接通了。这时爷爷又说："您看，我们是普通人家，并没有多少钱财的，请你们离开好吗？"一个劫匪粗声粗气地回答说："少废话，我们找不到更多的钱，那就得你们自己给我们拿了。不要逼我们对你们做更坏的事！"爷爷又说："你这样绑着我们，我们不会反抗的，请不要伤害我们。您能找到多少东西就都拿去吧。只是请不要伤害我们。"那两个劫匪"哼"了一声，忙着打包自己搜到的各种东西。

　　就在这时，门外响起了警笛声，一个警察的声音通过扩音器传了进来："里面的劫匪请注意，我们已经包围了这座房子，请赶快投降！"两个劫匪吓了一跳，不知道警察怎么会这么神速地就到了，两个人只好乖乖地举手投降了。

小偷闯进家中这种事情,是无法预测的突发事件。如果孩子不会随机应变,妥善应对,就很有可能造成不可逆转的伤害,因此,父母要在平时给孩子一些应对"小偷来了"的方法,以免孩子临危手足无措。故事中的兰兰,就是因为在幼儿园学过应对方法,才能随机应变,救了自己和爷爷奶奶。

教孩子如何应对"小偷来了"时,父母可以参考以下几种方法:

1. 看准时机,迅速脱身

父母要告诫孩子,如果回家开门时发现家里情形不对,就要立刻转身往屋外跑,可以边跑边呼救,而不要先进门去看。跑的时候还可以从外面锁上门,把窃贼锁在门里。

2. 被控制后不要激烈反抗,要伺机报信

有些坏人一进门就举止凶狠,会掐小孩的脖子或者拿重物击打小孩的头部,因此,父母要告诫孩子,如果进门的小偷表现非常凶恶,孩子就不要激烈反抗了,不要给自己造成不必要的伤害。如果被小偷绑住了,可以用一些巧妙的、不惊动劫匪的方式报信,就像故事里的兰兰那样,总之,要以能最大限度保护自己为原则。

第三章

"交通安全"自我保护的重要一环

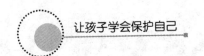
"小自行车"别这儿骑

现在很多孩子都喜欢骑自行车,颜色鲜艳、绘有精致可爱花纹的儿童专用自行车对孩子有着巨大的吸引力,很多孩子都觉得骑着自行车一往直前显得很帅气。父母们也觉得骑小自行车可以锻炼孩子的体质和平衡能力,因而非常乐于给孩子买一辆小自行车做玩具。但是,很多父母都忽视了一点儿——玩得兴起,忘乎所以的孩子一旦把小自行车骑到了不该去的地方,危险就会随之发生。

刚上小学的小博最近学会了骑自行车,妈妈为了鼓励他好好学习,在他月考得了第一名后就买了一辆小自行车给他。小博高兴极了,每天写完作业,就在小区里飞快地骑来骑去,还不时地摁响小自行车的车铃。小博的自行车很快就吸引来小区里的小伙伴,大家围着小自行车满是羡慕的眼神。这让小博得意极了,他边骑边说:"哼,我的小车最帅啦。"骄傲的小博让很多小朋友都嫉妒他,阿广推过自己的小自行车说:"你的虽然新,可你骑不过我。我的小自行车是最快的。"

小博不服气,两个人就在小区里开始比赛骑自行车了。

阿广的爸爸很早就给阿广买了自行车,因此他已经骑得非常熟练,可小博刚学会骑自行车,当然比不过阿广,赶不上阿广的速度。小博为了追上阿广,拼命蹬起了小车蹬,飞快地向前冲,一下子就冲出了小区的大门,骑到了小区门外的马路上。这时,一只花猫突然从小区对面的平房区窜出来,跑到了马路中间。小博吓了一跳,"啊"的一声就乱拐起了车把,想避开花猫。花猫迅速地跑开了,小博却重重摔倒在了地上。这时,一辆小汽车正好开过来,差点儿撞在小博的身上,幸亏汽车驾驶员反应快,猛地踩了一脚刹车,才避免了悲剧的发生。即便这样,过度受惊的小博还是被吓得浑身发抖。

后来,闻讯赶来的妈妈把他接回家里,发现他的腿摔伤了,小自行车也摔出了毛病,需要修理一下。妈妈批评小博说人不能随便炫耀自己,而且骑自行车要专心,更不能到外面的马路上去骑,这样做太危险了。受伤的小博听了,点点头,表示自己明白了。

现在很多孩子都有自己的小自行车,骑小自行车能让孩子觉得快乐,小朋友们一起骑小自行车做游戏可以交到朋友,还能锻炼小朋友们的体能。可是,骑自行车需要有很好的平衡性,孩子骑的时候一定要专心才行。如果骑车的速度太快,自行车就不容易控制,一旦碰到路面不平,或者遇到突发情况,孩子就有可能摔伤,因此,父母一定要告诫孩子,骑小自行车玩耍的时候,一定不要骑到不安全的地方去,最好就在父母的视线内骑行。

为了孩子的安全,父母在告诫孩子小自行车不能骑到不安全的地方去时,要特别向孩子强调,以下地点不能去:

1. 有汽车行驶的地方不能骑

以前,父母通常会告诫孩子不要去马路上骑小自行车,因为那里有汽车,不安全。但是,随着近年居住小区的扩大化,比较大的小区里,路面上也会有各种各样的汽车出入,这样的地方虽然不是马路,但也不再适合孩子们骑小自行车了。所以,当孩子在小区里骑车时,最好有家人陪同在身边。

2. 骑车时要留意周围环境

年龄幼小的孩子做事时,往往会专注于眼前之事,而忽略周围环境。孩子在骑小自行车时如果专注于掌握平衡而忽略了观察路况,就很有可能摔倒受伤,因此,父母要叮嘱孩子,骑上自行车以后要扶稳车把,留心周围的环境,一旦发现路上有障碍,或者周围有人有汽车,那就停下来,等安全了再接着骑。

别在汽车附近"躲猫猫"

"躲猫猫"、跳皮筋是孩子们经常玩的游戏。以前,孩子们玩儿"躲猫猫",大多会选择隐藏在花坛下面、假山石后或者小区锅炉房之类的地方。现在,随着家用轿车的普及,有些孩子"躲猫猫"的时候会选择蹲在汽车侧边,个别淘气的孩子甚至会直接躲到汽车底盘下面。这样做,会严重威胁孩子的人身安全。因为司机坐在驾驶室里面的时候,是看不见这些地方的,如果司机发动汽车时孩子仍然没有躲开,就可能会酿成惨祸,因此,父母要叮嘱孩子,一定不要在汽车附近"躲猫猫"。

惠民小区是一个有着30年历史的老社区,居住在里面的居民都是互相认识的老邻居,因而小区里的孩子们也常常在一起玩儿。孩子们最喜欢的集体游戏之一,就是"躲猫猫"。这天下午,孩子们又聚在一起准备玩"躲猫猫"。

这群孩子里，最兴奋的是住在5号楼的美丽，因为她在自家楼下发现了一个藏身的好地方。她觉得藏在那里，小朋友们一定找不到她。

孩子们碰头后，先玩"石头剪刀布"的游戏，来决定谁藏、谁来找。这次是住在3号楼的芸芸负责找小朋友们。芸芸站在一面墙根下闭上了眼睛，大家就向自己看好的藏身之地跑去。美丽悄悄溜到了一辆停放在自己楼下的小车后。芸芸开始找大家了，美丽紧张得大气都不敢出。她捂着小嘴巴趴在小汽车下偷偷看，担心芸芸找过来。这时车门响了一下，美丽吓了一跳，赶忙紧靠在小汽车后面，一动不动。汽车突然"嘟嘟"响起来，喷出一股烟雾，呛得美丽忍不住咳嗽。她刚咳两声，小汽车动了起来，她一下子被汽车撞了一下。倒在地上的美丽大哭，引得小朋友们都纷纷跑过来。司机也感觉到不对劲，赶忙停车、下车察看，美丽正趴在汽车底下"呜呜"哭呢。司机吓坏了，赶忙把美丽从车底下抱出来，问她有没有受伤。还好司机倒车倒得慢，美丽只是被撞趴下了，没有受伤。可是一想起可能造成的严重后果，大家都不由得直冒冷汗。

美丽的妈妈闻讯赶来，问清缘由后对她说："玩游戏怎么能在汽车附近玩呢？你们个子小，司机看不见，要是被撞到，那可怎么办？"美丽抹着已经哭花了的脸说："我再也不在这里'躲猫猫'了。"

美丽的故事在生活中有过真实的案例。孩子们觉得汽车停在那里，看着完全没有危险，于是便将其当成了自己游戏中最理想的藏身之地，"躲猫猫"时会藏到汽车中间或者后面等地方。这些地方都在司机的视线死角中，一旦汽车发动而孩子没有及时躲开，后果将不堪设想。

为此，父母要提醒孩子千万不要在汽车附近"躲猫猫"，还要告诉孩子注意以下问题：

1. "躲猫猫"要远离停车场和汽车

父母要告诉孩子，"躲猫猫"时最好远离停车场，到没有汽车经过，比较安全的地方玩。要是小区里停满了车，也不要在停放的汽车之间躲藏，以免发生危险。此外，"躲猫猫"时如果身边有汽车驶过，一定要站在安全的地方躲避汽车，等汽车驶过后再继续玩。

2. "躲猫猫"遇到汽车启动，要大声喊叫

很多孩子"躲猫猫"时被汽车伤害，原因都是司机不知道有孩子躲藏在

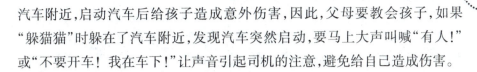

汽车附近,启动汽车后给孩子造成意外伤害,因此,父母要教会孩子,如果"躲猫猫"时躲在了汽车附近,发现汽车突然启动,要马上大声叫喊"有人!"或"不要开车!我在车下!"让声音引起司机的注意,避免给自己造成伤害。

这样"走路"很危险

学龄前和小学低年级的孩子还无法做到长时间集中注意力,这种情况不仅体现在他们学习或游戏时,孩子们甚至走路时也会因为注意力不集中而出现种种状况,例如孩子走着走着就不再直视前方或注意脚下,而是左顾右盼四处看,直到撞上前方的障碍物或是踩到坑洼摔倒,才停下来,而这可能给孩子带来身体伤害,因此,父母一定要在平时教会孩子相关的安全行走注意事项,培养孩子走路时的良好习惯,避免类似伤害的发生。

4岁的淘淘人如其名,是个人见人爱的淘气鬼。他平时在家里调皮捣蛋,他的父母虽然生气,但只要不过分,为了保护他的求知欲和创造力,也就由他去了。可是,淘淘在外面走路时东张西望、魂不守舍,而且怎么说都改不掉的毛病,就着实让他父母头痛了。

淘淘只要到了车水马龙的马路上,一双大眼睛就不够使了,一会儿看对面开来的大汽车,一会儿看天上飞过去的小鸟,整个人也是蹦蹦跳跳没有闲住的时候。为此,他父母说了他很多次,可他完全当做耳边风,仍是一到了街上便东张西望。一天,妈妈带着淘淘去附近市场买菜,回来时淘淘又开始在马路的便道上"撒欢",追着天空中飞机喷出的一道白色烟雾使劲奔跑,嘴里还大叫着:"飞机!"妈妈因为两手都提了刚刚买的食材,根本拉不住他。跑着跑着,妈妈看到淘淘突然向前栽倒,吓得赶快跑过去把他扶起来。结果,妈妈看到坐起来的淘淘满嘴是血,号啕大哭着说嘴里好疼。被吓坏的妈妈扔下刚买的东西,抱起儿子就去了最近的医院。

原来,淘淘跑的时候光顾着看天上的飞机,没有注意脚下的路上有个小坑,被绊倒后一下子就狠狠摔了个"五体投地",嘴里的一颗门牙也被磕掉了。

淘淘这个年纪的孩子,会有他这样的举动实属正常。父母总觉得,自己跟在身边的时候,孩子偶尔"撒欢"没有关系,自己完全可以保证孩子的安全。可是，一旦遇到淘淘妈妈这种腾不开手的情况，危险就会出其不意伤害到孩子。所以，父母最好还是防患未然，在危险未发生前就帮孩子培养出良好的走路习惯，彻底杜绝危险发生的可能性。

为此，父母要做到以下几点：

1. 教会孩子走路时目不斜视

孩子因所处年龄段的特点，很难做到走路时目不斜视、心无旁骛，因此，就需要父母对他们进行训练，让他们学会走路时看前方和脚下，注意路况，保证自身走路时的安全。

2. 以身作则，教孩子养成正确步态

幼年的孩子是最善于模仿的。父母的步态就是孩子走路的第一模仿对象。父母步态不好，孩子的步态大多也不会好，这样孩子保持平衡就会较为困难，走在路上就比较容易摔倒，因此，父母要以身作则，走路时保持良好的姿态，不要东张西望，要集中注意力。这样孩子才能学到正确的步态，走路稳健，不易摔倒。

过马路，不能横冲直撞

年幼的孩子多数缺乏基本的安全意识，过马路时根本不看红绿灯，也不走人行横道，甚至敢与行驶中的机动车抢行；还有些孩子，因为注意力被别的事物分散，完全没有注意到有车辆已经驶到近前，最终酿成悲剧。之所以会发生这种情况，是因为年幼的孩子反应能力和体力都有限，遇到危险时很难及时躲避开，最终导致自己受伤。所以，父母在平时要多教育孩子遵守交通规则，不要在马路上横冲直撞。

4岁的慧慧体力和反应能力都是同龄人中的佼佼者，她最喜欢各式各样的汽车，一到了马路上就想追着汽车跑，在马路上横冲直撞，如入无人之境，因此，每次出门时，带她出去的人都必须紧紧抓住她才行。

一天下午，慧慧的奶奶要下楼去散步，小姑娘看到后就缠着奶奶非要一起去。平时，因为奶奶拉不住她，一般是不会带她下楼的。但那天禁不住她的哀求，又想着自己只是在小区里面散步，应该不会有危险，就答应了她。到了楼下，慧慧一会儿追小狗，一会儿站在树下使劲跳着去够树枝上的花，奶奶由着她跑跳，边看着她边和老年合唱队的朋友们

聊天。不一会儿，慧慧就趁着奶奶聊得高兴，偷偷溜到了小区门口，痴迷得看着小区外漂亮的大汽车。终于，慧慧按捺不住，又冲出去想追着大汽车跑，当她追着一辆画着漂亮广告彩绘的双层巴士横穿马路时，一辆出租车向她驶来……

慧慧的奶奶聊完天才发现外女不在眼前了，着急的她边喊边在小区里四处找。找着找着，就听刚从小区外回来的邻居说，路口那儿有个小女孩被车撞了，看穿的衣服像慧慧。奶奶赶紧跑过去，发现躺在地上大哭的，正是慧慧！

慧慧被奶奶和肇事的出租司机合力送到了医院，经检查，她的左小腿两根骨头被撞断了，需要手术接骨，手术后至少需要恢复半年才能痊愈。

这场车祸主要是因为孩子不懂得交通基本常识，注意力过于集中，忽视了就在眼前的危险，以及监护人的疏忽大意而造成的。过马路要走人行横道，这是父母教孩子学习交通规则时，务必要放在第一位教导孩子的准则，因为在复杂的交通环境下，大人和小孩都是弱势群体，是无法与疾速行驶的机动车辆抗衡的。沿人行横道行走，一方面受到交通法保护，另一方面过往的车辆减速慢行，就能减少车祸的发生概率，而一旦违背这个交通规则，是非常危险的。所以父母一定要提醒孩子，无论什么情况之下，都不能横穿马路。

另外，父母还应注意以下问题：

1. 教孩子辨识交通标志

如果要养成孩子从小遵守交通规则，不横穿马路的好习惯，就要让他们过马路时看清对面或左右的交通标志，而这些标志能提醒他们遵守交通规则，不能擅自违背。

2. 培养孩子专心走路的好习惯

有的孩子非常调皮，对什么都不认真，过马路也是马虎大意，不当回事，就很容易酿成车祸。为了防止发生意外，父母应让孩子学会认真地对待每件事，比如专心吃饭，不一心二用；认真穿衣，不让父母帮着穿等。这样从点滴做起，培养起孩子专心的生活态度，就为出行安全打下良好的基础。

3. 培养孩子的责任心

让孩子在生活中养成他们不随便、不急躁、不马虎的好习惯。这样，他们才能学会对自己的生命负责，不去做会危及自己生命的事情，例如过马路

时横冲直撞等。

马路上的护栏不能翻

有些孩子因为年龄太小，还无法理解在马路上设置护栏的原因，为了省事和图方便，喜欢翻越护栏。他们认为除了能少走路外，还会获得翻越障碍物的成就感和快感，在小伙伴面前炫耀自己灵活敏捷的身手。他们完全不明白，这种行为是妄自逞能的表现，危险性极大。因为年龄幼小的孩子完全意识不到，在往前冲刺翻越的过程中，他们万一与疾驰而过的车辆相撞，被伤害的必然是他们自己。护栏是交警设置的防护屏障，翻越它是一种破坏公共设施的行为，因此，父母们平时要教导自己的孩子，马路上的护栏不能翻。

范范是个健壮灵巧的男孩子，5 岁的他比幼儿园里同班的其他男孩子都要高半个头，而且，他对各种运动项目都很擅长，并总是能拿第一。

一个天气晴好的下午，范范和好朋友豆豆一起在自家小区门口的马路便道上玩儿，豆豆指着马路中间的护栏对范范说："你老吹自己可以跳得很高，那个你能翻过去吗？如果你翻过去还没被交警叔叔发现，我就请你吃巧克力！"范范看了看那个护栏，满不在乎地扬着头说："小意思，看我的！"于是，豆豆发号施令，范范活动了一下儿手脚，准备开跑。豆豆说："预备——跑！"范范虎头虎脑地瞧了瞧街两边，撒腿便冲向对面的护栏。可是，双眼紧盯着护栏的他，没有看见从他右侧突然闪过来的一辆面包车……

豆豆看见了面包车，他慌慌张张地想叫住范范。可是，范范耳边只有快速奔跑时的"呼呼"风声，根本听不到豆豆在焦急恐惧下已经颤抖的声音。面包车司机虽然看到了快速蹿过来的范范，想马上刹车，但是已经来不及了。越过护栏的范范被高速驶来的面包车一下子撞飞了出去！豆豆哭喊着跑过去，看到范范已经满头是血地倒在了路中间。

范范的受伤，根本原因是他的无知。年幼的他为了表现自我而答应了一场在成人看来非常荒谬的打赌，用生命与法则抗衡。虽然他的动作很敏捷，毕竟也只是一个年龄幼小的孩子，他的身影在马路上看起来十分渺小，远看不过是一个小黑点。这个小点在马路上快速移动、横穿而过时，司机对他的能见度几乎为零,而且车辆高速行驶时,即使发现了目标也无法立即刹车,让车辆马上停下。因为车辆只会在接近人行道时减速慢行,如果随意翻越护栏,就会发生相撞的事故。范范的教训是惨痛的,为了防止类似的车祸,父母一定要告诫孩子千万不要翻越马路上的护栏。

另外,父母还应注意以下问题:

1. 让孩子明白为什么要设置护栏

孩子会随意去翻越护栏,很大一部分原因是由于他们不明白在马路上设置护栏的重要意义。如果父母能够耐心地告诉孩子,交通部门在马路上设置护栏是为了用它来隔离往来车辆,起到保护公众的作用。如果破坏规则,贸然去翻越它,那么行人和行驶中车辆的安全就都得不到保证了。让孩子明白马路中设置护栏的重要意义,孩子自然就会心生敬畏,不敢再随意去攀爬、翻越。

2. 让孩子明白翻越护栏的危险性

孩子随意翻越护栏,有些时候是因为他们觉得这是一种有趣的游戏,完全没有意识到这样做的危险性。父母可以通过电视和网络,搜集一些有关翻越护栏造成危险的公益广告和视频,选择其中有教育意义又不会吓着孩子的,播放给孩子看,让他们了解这样做的危险性。这样,可以有效防止孩子去随意翻越护栏。

3. 教会孩子爱护公共设施

会爱护公共设施的孩子,自然就会爱护属于公共设施的护栏,不会冒着毁坏公共设施的危险去翻越它,因此,父母在平时要教育孩子,爱护公共设施,并告诉孩子护栏是警察叔叔用来保护行车安全的"好朋友"。这样,孩子就会欣然接受,不把去冒险翻越护栏当作刺激的游戏来玩。

别把马路当游戏场

现在很多孩子都没有交通安全意识,不光是过马路时不看红绿灯、不走人行道,还有的孩子竟然将马路当做游戏场,在人群和车流中嬉戏打闹,追逐奔跑。这种做法是非常危险的,因此酿成惨祸的例子也比比皆是。

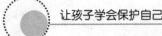

小彦和小浩同住在一个小区里，两人又是同班同学，关系非常要好，因此经常搭伴上下学，在回家的路上两人总是边走边玩。

一天放学，小彦和小浩在路边玩"弹珠"游戏。小彦总是弹不中，接连输给小浩好几个弹珠，眼看自己最喜欢的一颗弹珠也要输掉了，小彦便耍赖说不玩了。他一把抓起自己的弹珠说："不玩了，咱们回家吧。"小浩嘲笑道："哈哈哈，不玩也可以，你得把手里那颗弹珠给我。"小彦站起身做了个鬼脸，说："我不玩了，不给你。"说完，就笑着跑走了。小浩喊道："你已经输给我了。你耍赖。"抓起书包就从后面开始追小彦。

小彦在马路上跳来跑去，还不停地在路边的汽车间穿来绕去，不一会儿小浩就追得气喘吁吁了。小彦见状便冲小浩喊："来啊，来啊，你追不上我了啊！"小浩停顿了片刻，突然加速冲了过来，小彦吓了一跳，赶忙冲马路对面跑去，一下子冲过了马路。这时身后传来尖锐的刹车声，然后是小浩"啊"的一声喊。小彦赶忙转过身看，发现小浩已经被一辆开过来的车撞了出去，正趴在地上。

那个司机从车里走出来，气呼呼地大骂："不要命啊，乱跑什么。"看小浩不动，司机害怕了，忙上前把小浩扶到车上，送到了医院。

还好，医生说因为车只是刚刚启动，速度不快，司机又及时刹住了车，所以，小浩只是受了轻伤。不过，这次事故可让小彦跟小浩都刻骨铭心。

走在路上的小朋友们一定要以此为戒，重视马路上的安全，不要因为嬉闹而发生意外。并要注意以下几点：

1. 不能在马路上追逐打闹

小朋友们一玩起来就很容易忽略周围的环境情况，在粗心大意的情形下，很可能像小浩那样撞上来来往往的车辆而发生危险。

2. 走在马路上的时候要遵守交通规则

要走人行道，没有人行道时要靠路边走，不要走在路中间，更不要忽左忽右地跑来跑去，这样才能避开行车道上的车而保证自身安全。

3. 过马路的时候先停一停

过马路时要左右看看有没有车辆，拐弯处尤其要小心，因为有些车辆可能会被挡住看不见，等你踏上马路时突然钻出来，那会很危险的。

4. 这些举动不要有

有些胆大的小孩喜欢在马路上追着车跑,这是很危险的举动,绝对不能这么做;还有些小朋友喜欢恶作剧,在马路上丢东西拦车或者拿石子之类的硬东西砸车玩,这也是很危险的行为。因为向汽车随便投石子,很可能因为汽车速度太快而伤到司机,或者石子反弹而伤到行人甚至小朋友自己。

马路上绝不是嬉闹游玩的场所,小朋友们要玩还是找安全的地点为好,在马路上只能乖乖地走路。

不能乱穿铁轨

孩子总是对未知的事物充满好奇,例如在铁路边玩耍时,看到一望无际伸向远方的铁轨,就会想铁轨的尽头到底有些什么?这种时候,面对一轨之隔的铁路对面,他们就会萌生一种想穿越而过的冲动。很多因穿越铁轨造成的儿童伤害事件,就是这样发生的——孩子们想穿越铁轨,又害怕没穿过之前火车就驶过来,于是既渴望又胆怯,他们迟疑着穿越铁轨,一旦火车此时恰好驶过,孩子人小力弱,想跑过铁轨已经来不及了,惨剧便这样酿成了。所以,父母们要教导孩子最好不到铁轨边玩,穿过铁路时要服从道口值守人员的指挥。

6 岁的小婷和父母住在城乡结合部的出租房里,离她家不远处就有一条铁路,小婷非常喜欢去那里玩儿。在她眼中,长长的铁轨像两条平行的橡皮筋一样铺在地上,向远方不断延伸直到看不见的天边,实在是太神奇了! 虽然妈妈一再告诫她不许靠近铁轨,可她还是克制不住想穿过铁轨试试的欲望。

一天下午,小婷的爸爸妈妈都去上班了,她又跑到铁轨边上去玩儿。小婷一边唱儿歌一边看着铁轨,越看越想跨过去……她为了测算多久会有一趟火车经过,重复唱着一首儿歌《小鸭子》,在她把《小鸭子》重复唱了十几遍之后,觉得这么久都没有火车经过,她去穿越一下试试应该也是安全的。于是,她迟疑着伸出小脚跨入轨道内的枕木上,那一刻,她突然感觉到了冒险时特有的快感和刺激。为了再多体会一下这种以前她从未感受过的感觉,小婷放弃了快速穿越铁路的想法,而是开始在铁轨的枕木间纵情蹦跳,直到火车汽笛声已经很近了才听到。万幸的是，小婷反应还算敏捷，她马上纵身一跃跳出了铁轨。

虽然这次穿过铁轨小婷没被伤及性命，但却严重摔伤了脚，还被吓得不轻，直到她妈妈回家后过来找她时，她依然躺在铁轨边上动弹不得。

故事中的小婷因为反应敏捷，加之家住铁路附近不怕火车汽笛声，才侥幸逃过一劫。现实生活中的孩子，则常常因为被轰鸣的火车汽笛声惊吓住，在情急之下，不知所措，动作失调，而贻误逃生的机会，最终酿成惨祸，因此，父母要告诉孩子火车行驶时速度很快，一分钟就能跑几千米，所以绝对不能怀有侥幸心理，与火车抢行，更不能在穿越时慌慌张张，因为这样最容易发生意外。只有服从道口值守人员的指挥不慌不忙、从容不迫，才能顺利达到铁路对面的目的地。

另外，父母还应注意以下问题：

1. 穿越铁路一定要走专门的道口

铁路线非常长，为了方便人们通行，每隔一段路程，铁路部门都会设立有专人值守的道口。这种道口在值班人员确认没有火车通过时，会将安全护栏打开，方便行人穿越通行；当有火车要通过时，值班人员会提前鸣笛示意并放下安全护栏，阻止行人继续穿越，以保证行人的安全，因此父母要教会孩子，如果必须要穿过铁路，一定要从这种专门道口穿越，以保障自身的安全。

2. 教会孩子过铁轨前先检查是否存在障碍物

一些孩子穿越铁路时会手忙脚乱，往往是因为出现了妨碍他们正常穿越的因素，例如被卡在枕木间的鞋子，掉进铁轨里的随身零碎小东西等，只有避免这些因素的干扰，孩子们才能安全穿越铁轨，减少意外事故的发生。

交通信号灯，安全的警示牌

交通信号灯由红灯、黄灯、绿灯组成，是交通信号里的重要组成部分，作为道路交通的基本语言，每一种颜色的灯都有不同的警示作用。人们在马路上行走时，如果不按照交通信号灯的指示走或停，就很容易发生危险，伤及自身。成人尚且如此，更不必说孩子了，因此，父母在教孩子各种自我保护方法时，一定要首先教会孩子认识并遵守交通信号灯所表达的信息。

跳跳是个精力充沛的 5 岁小男孩。因为爸爸妈妈工作太忙,他之前一直是住在老家的奶奶家里,由奶奶照顾。因为马上要上学了,父母为了让他提前适应环境,才在最近把他接回了城里。

跳跳奶奶住的老家,是一个只有两个十字路口的小县城,平时车辆很少,因此大家很多时候并不根据路口的交通信号灯来过马路,都是左右看看,没有车就直接过去了。跳跳的奶奶带着他出去时也是这样。所以,跳跳并没有过马路要看交通信号灯的意识。这天,爸爸带着跳跳去买上学要用的小书包、铅笔盒等东西。买好东西,从购物的超市出来后,爸爸带着跳跳站在十字路口等着过马路,准备去马路对面坐公交车回家吃午饭。当时因为临近午饭时间,马路上的车辆并不多。跳跳根据以前奶奶带他过马路的经验,左右看了看,觉得没有危险,可以走过去,就拉着爸爸的手要往前走过马路。爸爸被他吓了一跳,赶紧拉住跳跳的手,把他抱到一边的便道上,蹲下来问:"跳跳,'红绿灯'还没有变绿,你为什么现在就要过马路呀?"跳跳看着爸爸困惑地说:"马路上的车很少,撞不到我们,我们为什么不能过去呢?以前奶奶就这样带跳跳过马路,不看'红绿灯'呀。"

跳跳的爸爸就是在那座县城长大的,他马上就明白了孩子不是故意不遵守交通信号灯,而是因为在县城里,大家都没有这个习惯,跳跳的奶奶也没有教过他的缘故。于是,爸爸就搂着跳跳站在了便道边上,指着交通信号灯告诉他:"跳跳,你看,那个铁杆上挂着的长方形的盒子上有三盏灯,分别是红色、黄色和绿色。只有我们对面的灯是绿色时,我们才能过马路。如果灯是红色,就说明那个时间是马路上汽车行驶的时间,我们不能跟汽车抢路,那样会很危险的,明白吗?"跳跳望着马路对面的交通信号灯想了好一会儿,然后朝爸爸点了点头,说:"嗯,我明白了!"

跳跳是个模仿能力和接受能力都很强的孩子,因此奶奶做过的事他能够牢牢记住并且模仿。可惜的是,他记住和模仿的都是错误的行为。所幸当时跳跳的爸爸在场,否则孩子在红灯的情况下横穿马路,后果将不堪设想。所以,身为父母,一定要在孩子认知程度可以接受时,就立即教孩子认识并遵守交通规则。

为此,父母还应注意以下几点:

1. 让孩子明白交通信号灯的含义

现行的交通规则中,将交通信号灯分为机动车信号灯、非机动车信号灯、人行横道信号灯三种。无论是哪一种交通信号灯都有红、黄、绿三种颜色。其中红灯为绝对禁止通行的信号,黄灯是过渡的灯,介于红灯和黄灯之间,绿灯是允许通行的信号。

2. 帮孩子记牢交通信号灯的含义

父母在帮助孩子记忆交通信号灯的含义时,可以根据孩子自身的年龄特点,寻找或自编一些儿歌、顺口溜,来帮助孩子记忆,如下面这首某幼儿园的自编交通安全儿歌:"交叉路口红绿灯,指挥交通显神通;绿灯亮了放心走,红灯亮了别抢行;黄灯亮了要注意,人人遵守红绿灯。"

必须了解的汽车信号

随着经济的发展和社会的进步,私家车已经成了人们生活中常见的代步工具,而不再是身份和富有的象征。可是,随着车辆的增加,各类交通事故也在逐年增加。这其中,机动车辆对儿童的伤害占了很大比例,汽车已经成了威胁儿童生命安全的重大隐患之一。这些车祸之所以会发生,很多都是因为年幼的孩子不能辨识汽车信号所代表的含义造成的。基于这种情况,父母在教给孩子交通规则的同时,也应让孩子了解一些必要的汽车信号知识。

帆帆是个活泼好动的小女孩,因为爸爸妈妈工作繁忙,她平时都住在姥姥家里,由姥姥照顾。帆帆的姥姥住在城中一片旧式小区里,随着近年私家车的逐渐增多,原本布局就略显局促的小区更是一片混乱,尤其到了晚上,小区里的所有道路上和全部犄角旮旯里,都塞满了私家车。这就给小区里孩子们的安全,带来了极大的隐患。

一个夏天的傍晚,吃过晚饭的帆帆和姥姥一起下楼散步,走到小区里面的小花园后,姥姥让帆帆和小朋友们在草地上一起玩,自己则和几个老姐妹坐到凉亭里边看着孩子边聊天,但几个老人越聊越起劲,对孩子的看管就有些松懈了。帆帆和几个小伙伴玩着玩着,就从花园的草地跑到了花园边上、小区里近两年刚修的、专供汽车行驶的行车道上。在他们兴奋地玩着"官兵捉强盗"的游戏时,停在道边的一辆小轿车发

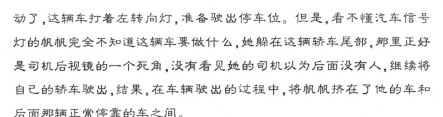

动了,这辆车打着左转向灯,准备驶出停车位。但是,看不懂汽车信号灯的帆帆完全不知道这辆车要做什么,她躲在这辆轿车尾部,那里正好是司机后视镜的一个死角,没有看见她的司机以为后面没有人,继续将自己的轿车驶出,结果,在车辆驶出的过程中,将帆帆挤在了他的车和后面那辆正常停靠的车之间。

帆帆的背紧紧靠着那辆正常停靠的车,看着那辆"尾巴"一侧的灯一闪一闪的车慢慢向她驶来,马上就要撞上她了,不禁"哇"的一声大哭了起来。还好傍晚的小区比较安静,夏季天气炎热,司机开车时又先摇下车窗散着车内白天积蓄的热气,没有马上紧闭门窗打开空调,所以听到了帆帆的哭声。他觉得哭声来自自己车后,赶快停下车下来查看。当他看到自己车的后保险杠离帆帆不到一尺的距离时,当即吓出了一身冷汗,同时心里又暗暗庆幸——幸亏没有真的撞到孩子,要不都是一个小区的邻居,实在没法交代。

晚间在小区里散步的邻居们听到帆帆的哭声,纷纷赶过来看个究竟,并七嘴八舌地谴责司机不小心,责问他万一伤着小孩子怎么办。司机百口莫辩,憋了半天,才委屈地嘟囔了一句:"我明明打信号灯了。这不是孩子太小,不认识么。"

帆帆的故事,说明了在机动车随处可见的今天,孩子如果不明白汽车信号灯所代表的含义,就有可能受到较为严重的意外伤害。所以,认识汽车信号灯对现在的孩子来说,是绝对必要的。

为此,父母还应注意以下问题:

1.教孩子学会辨识汽车信号灯

平时常用的汽车信号灯,包括汽车转向灯、汽车倒车灯和汽车刹车灯,它们的位置和意义如下。

汽车转向灯:前转向灯位于两侧汽车大灯旁边,后转向灯安装在汽车尾部两侧,而侧转向灯安装在前车门两侧和两侧后视镜上。其意义是在汽车转向时,警示车前或车后的车辆和行人。

汽车倒车灯:位于汽车的尾部。其意义是在倒车时照亮车尾后面的空间,方便司机进行观察,同时警示车后的人或车辆,亮灯的车要倒车了。

汽车刹车灯:位于汽车的尾部。其意义是在要停车时警示后面的行人或车辆,尤其是警示车辆,以防发生追尾事故。

2. 帮助孩子记忆汽车信号等

父母可以给孩子买一辆玩具汽车,指着玩具上的倒车信号灯告诉孩子:"宝宝你看,汽车尾巴上的这个白灯亮起来的时候,就代表汽车要'倒着走'了。这个时候,宝宝千万不要站在汽车后面呦!"

雷雨天的交通安全

雷雨交加的天气里,孩子们即使待在家中也会被雷鸣电闪吓坏,更何况是顶着风雨出行。湿滑的道路上,糟糕的能见度以及突然炸响的雷声,都会给孩子的出行安全带来隐患,因此,在雷雨天气中,父母最好不要让孩子出门。如果孩子必须要出门,父母也要叮嘱孩子出门时要多看、慢走,注意交通安全。

小刚今年才6岁,却已经是个老资格的集邮迷了。他从3岁半就开始在集邮爱好者的爸爸指导下开始集邮了,而他整个6月都过得神不守舍,原因是月初时新闻里预告说,月底时邮政部门将推出一套极具收藏价值的国粹纪念邮票。这套邮票由于采用了特殊印刷工艺且发行数量极少而极具收藏价值。集邮迷们早就摩拳擦掌,纷纷发誓要在发行当天抢到一套,小刚也不例外。

可惜,天公不作美,邮票发售当天,小刚已经穿戴整齐要和爸爸出门去排队抢购邮票了,天空却突然下起了雷雨。父母都劝小刚不要去了,由爸爸一个人去排队买邮票。可是,小刚实在是太想亲手买下这套期盼已久的邮票了,便闹着非要和爸爸一起去买。父母被他闹得实在没有办法,只好同意他和爸爸一起去。出门前,小刚的妈妈给他穿好了小雨披、小雨靴,还给他拿了一把机器猫的儿童专用伞,叮嘱他一定要紧紧跟着爸爸,不要乱跑。小刚一口答应下来,然后就和爸爸一起出门了。

出了楼门,大风裹挟着雨滴砸在小刚的身上,他才知道原来雨这么大,不禁有些害怕,便一手举着小伞,一手紧紧抓着爸爸的雨衣,跟着爸爸走出了小区。父子俩站在马路边淋了很久的雨,也没有拦到出租车。爸爸怕把小刚淋坏,就带他站到了一家百货商店的门口,让他在店门口宽大的出檐下躲雨,自己则走到路边继续拦车。等了一会儿,一个大雷

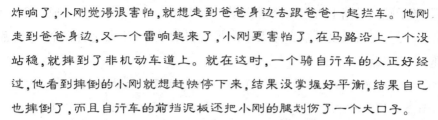

炸响了,小刚觉得很害怕,就想走到爸爸身边去跟爸爸一起拦车。他刚走到爸爸身边,又一个雷响起来了,小刚更害怕了,在马路沿上一个没站稳,就摔到了非机动车道上。就在这时,一个骑自行车的人正好经过,他看到摔倒的小刚就想赶快停下来,结果没掌握好平衡,结果自己也摔倒了,而且自行车的前挡泥板还把小刚的腿划伤了一个大口子。

小刚的故事在生活中并不少见,孩子们对异常的天气感到好奇,想亲身感受一下,但他们的平衡能力、反应能力和体力都比较弱,这就大大增加了他们受到伤害的可能性,因此,在雷雨天,孩子必须出行时,父母一定要叮嘱他们注意交通安全。

雷雨天,父母还要让孩子注意以下几点:

1. 不要去地势低洼的地方

地势低洼的地方容易积水,自然无法看清路况。如果地面上坑洼不平,就很容易绊倒孩子导致其受伤,因此,父母要告诫孩子,雷雨天气时一定不要去地势低洼和充满积水的地方。

2. 雷雨天不要把踩水当游戏

很多孩子都喜欢在雨天中打着漂亮的小伞去户外踩水玩,在水坑之间蹦蹦跳跳。但是,这样做很容易让孩子摔倒受伤,更有甚者,水洼下很有可能是打开盖子正在排水的窨井,孩子一旦踩空,后果将不堪设想,因此,父母要叮嘱孩子,雷雨天在路上行走,一定要绕开有积水的地方,绝对不要把踩水当游戏来玩。如果实在绕不开积水,也一定要注意观察,防止跌入窨井中。

3. 不要躲在树下或广告牌下

大树和空旷地带的广告牌都是易遭雷击的地方,因此父母要叮嘱孩子不要在这些地方躲雨,以避免被雷电击伤。

雪天的交通安全

雪对孩子有着莫名的吸引力,打雪仗、堆雪人都是孩子们喜欢的游戏,因此,父母想在雪天禁止孩子外出游戏,实在是非常难的。很多时候,玩得兴起的孩子会在雪中奔跑,而大雪覆盖了道路,模糊了马路和人行便道的界限,孩子跑到马路上遭遇因路滑而根本刹不住车的车辆,就会酿成惨祸,因此,父母一定要反复叮嘱在雪天中出去玩耍的孩子,注意交通安全,不要乱跑,小心走路。

莉莉是个活泼好动又爱漂亮的东北小姑娘。她最喜欢冬天下雪的日子。因为那个时候,她就可以穿着妈妈给她买的鲜红色小皮靴,披着姥姥做给她的镶有白色毛毛边的红缎面棉斗篷出去和小朋友们堆雪人、打雪仗,看到她的叔叔阿姨都说她漂亮得像个小公主。

这一年的第一场雪下来了。雪花纷纷扬扬地下了一整夜,第二天清晨,莉莉起来拉开窗帘,就看到洁白的雪花铺满了屋顶和街道。莉莉当时兴奋得不能自已,马上洗漱干净,要妈妈帮她找出"行头",准备出去玩雪。妈妈知道女儿最喜欢在雪天装扮得像个小公主般出去玩儿,就取出了她的小靴子和小斗篷,边替她穿戴边提醒她:一会儿出去玩儿要注意交通安全,不要疯跑。特别是今天雪大,街上便道和马路的分界已经全被雪"淹没"了,过马路时一定要注意左右看看,观察有没有车辆来往再过。莉莉虽然满口答应,但心早就飘到了外面的冰雪世界,根本没有仔细听妈妈说了什么。出了门,莉莉就向平时和小朋友一起做游戏的街心公园跑去。她在马路对面就看到了小朋友们在公园里面快乐地堆雪人、打雪仗,玩得不亦乐乎。莉莉恨不得立刻就加入到他们中去,于是完全不顾马路上是否有车辆行驶,直接就朝马路对面冲了过去……

一声紧急刹车的尖利声音过后,莉莉漂亮的红斗篷飘到了半空中,而莉莉则倒在了铺满白雪的马路上,昏迷不醒。

莉莉的惨状,在雪天里尽情游戏的许多孩子身上都有可能发生。雪天时,无论机动车还是行人,发生交通意外的可能性都是平时的数倍,因此,父母一定要不厌其烦地叮嘱孩子,雪天里无论必须出行还是做游戏,都要严格遵守交通规则,注意交通安全,只有这样才能保障自己的安全。

为此,父母要告诉孩子以下几点:

1. 雪天出门安全比漂亮重要

很多孩子在雪天出行时,为了漂亮而要求穿普通靴子而不是专门为预防雪天路滑而做的防滑雪地靴。雪地靴为了增加靴底与路面的摩擦系数,在靴底有又深又粗的条纹,能够防止孩子因踩在雪后湿滑的地面上而摔倒。

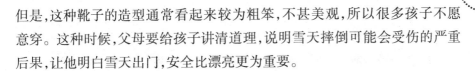

但是,这种靴子的造型通常看起来较为粗笨,不甚美观,所以很多孩子不愿意穿。这种时候,父母要给孩子讲清道理,说明雪天摔倒可能会受伤的严重后果,让他明白雪天出门,安全比漂亮更为重要。

2. 雪天走路,安全第一

雪天,尤其是雪停后的一二天内,路面的状况大都是雪化成水结成冰,然后上面又覆盖了一层雪末,远看不觉得路上有冰,踩上去就会狠狠摔一个跟头,因此,父母一定要告诉孩子,雪天和之后几天走路时一定要先仔细观察路面,不要因为好玩去踩发亮的雪地和冰面,防止滑倒,同时,还要注意来往车辆,因为雪天路滑,车辆很难迅速刹车,因此与车辆要保持比正常路况下更远的安全距离才好。

大风天的交通安全

风是因地球表面的空气流动而造成的一种自然现象。轻柔和缓时,它会让人感到非常舒适,使人心情愉悦。但是,当空气流动速度过快而风力过强时,它会使人感到寒冷,甚至会给人带来较为严重的伤害,例如大风天气中,被风刮起的石子或植物砸在机动车前挡风玻璃上,车辆因躲闪开上便道,伤及无辜行人;行人因大风睁不开眼睛,没有看清交通信号灯或没有仔细观察路况而贸然过马路,被行驶中的机动车撞伤等。成人尚且如此,就不用说孩子了。所以,父母一定要叮嘱孩子,大风天出行,一定要注意交通安全。

4岁的萍萍住在北方一座城市中,这里每年春秋两季都会刮很大的风,严重的时候还会伴有沙尘,但是,常年生活在这座城市中的人都已经习以为常,风天虽然给他们造成了一定的不便,但人们的生活仍然还是按部就班继续着。

春季里的一个大风天,萍萍跟妈妈一起去超市采购日用品。虽然母女俩出发前,风就已经开始刮了,但萍萍的妈妈觉得刮风是常事,况且风又不大,应该没有问题,于是就带着萍萍出门了,但是,当她们结束购物从超市出来时发现,刚才还不算大的风已经快变成"台风"了——马路两边的行道树被风吹得左摇右摆,一些脆弱的树枝纷纷被风折断,掉到了街上;街上顶风行走的人也纷纷采取了纤夫拉船似的姿势,艰难

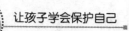

地向前迈着步子。

  被大风刮起来的尘土很快迷住了萍萍的眼睛，她一手揉着眼睛，一手拉着妈妈往前走。妈妈则用手挡着风尘，慢慢往前挪。母女俩好不容易有惊无险地走过了十字路口，正向公交车站走去时，竖立在路口的一个大型户外广告牌被大风吹得"哐当哐当"响。妈妈心想危险，赶紧拉着萍萍往前跑。可是，母女两人向前跑时，妈妈的眼睛也被风扬起的尘土迷了眼睛，没有看到从路边胡同里出来的残疾人摩托车，母女俩一下子被撞倒在地，萍萍也磕伤了膝盖。

  城市里有各种标志、路牌，还有大大的广告牌。这些东西在碰到大风天的时候很容易被吹落，砸伤路上的行人；有时，大树也会被吹倒、吹断，砸到停在树下的车辆和行人；有时候，行人为了躲避这种伤害，急于向旁边跳开而没有观察身边是否存在其他安全隐患，顾此失彼，躲过了砸伤，又被边上驶过的车辆撞伤，因此，大风天气时，父母一定要告诉孩子，不但要注意不被风吹落的东西砸伤，还要注意交通安全。

  为此，父母还应叮嘱孩子以下几点：

  1. 风天不要在不安全的地方避风

  父母要叮嘱孩子，如果刮大风时刚好在室外，那就避开一些不大安全的地方，比如临时搭建的工棚、围墙、脚手架、电线杆，还有大的广告牌，这些高处的东西很容易被强风刮倒，所以应离远点，免得被砸伤。

  2. 出行做好自我保护

  刮大风时，会有很多灰尘被刮起来，要么会迷住眼睛，要么会引起呼吸道的疾病，因此，父母要叮嘱孩子，出门时最好戴上眼镜来保护眼睛，还可戴上口罩来防止灰尘进入呼吸系统，保护呼吸系统不被伤害。

  3. 如无必要，最好不要外出

  大风天气对于幼小的孩子而言，即使有完全准备也无法百分之百预防伤害的发生，因此，父母要告诫孩子，如果没有必要，在大风天最好不要外出。

乘汽车时的安全

带着年幼的孩子乘车时,很多父母喜欢给孩子提供全方位的保护,例如拉着、抱着、搂着等,生怕他们摔着,或是碰着;另外,有时候,一些不愿给别人添麻烦的父母为了防止孩子在车上坐立不安打搅其他乘客,而将他们的活动范围约束在自己的座位,不许他们随意乱动。这种做法,看似是确保孩子乘车安全最简便易行的方法,但是,当孩子因为一些原因必须独自乘车时,是很难做到自行约束的。父母如果平时都用约束孩子行动范围的方法来确保他们的乘车安全,孩子就很难自行掌握乘坐汽车时保护自身安全的方法,这样反而对他们独自乘车时的安全不利。

5 岁的甜甜生性活泼并非常喜欢汽车。在种类繁多、款式多样的各种汽车中,她尤其喜欢又大又长的公共汽车。在甜甜眼中,又大又长的公共汽车外形和妈妈买给她的甜吐司面包非常像,上去之后,里面的空间又像她在游乐园里玩儿的探险游戏里面的勇敢者隧道——长长的还有需要跨越的"障碍",实在是太有意思了。所以,只要有机会乘坐公共汽车,她总是喜欢想方设法挣脱妈妈的管束,在车厢里面来回跑,哪怕是在人多拥挤的情况下,她也会在人群里钻来钻去,即便会因此惹得妈妈发火,她也乐此不疲。

一天午饭后,妈妈告诉甜甜要带她去探望姥姥和姥爷,因为每次她们去姥姥家都会坐一趟加长型的公交车,所以甜甜一听妈妈这样说心里就乐开了花。妈妈看她的样子,就知道她肯定又要在公交车上"撒欢",于是便预先警告她,要是坐汽车的时候再不听话乱跑,以后就再也不带她坐大汽车了。甜甜虽然满口答应,可是神情却是满不在乎的。果不其然,妈妈带着甜甜上了公交车,她就开始努力挣脱妈妈,想要"自由奔跑"。售票员都看出了甜甜的意图,特意提醒她的妈妈看好小孩,小心汽车行驶途中造成磕碰,并帮她们在靠近车头的地方找了个座位,方便甜甜的妈妈坐下之后抱紧孩子。可是,最终甜甜还是趁妈妈腾出一只手接电话,没有抱紧她挣脱了妈妈的束缚,注车尾跑去。由于中午时段乘客较少,甜甜很快就跑到了车尾部的台阶处,她的妈妈此时刚刚跑到汽车中间的位置,还够不着她。突然,前面车辆紧急刹车,公交司机也不得不紧急刹车,汽车的惯性一下子使甜甜摔倒在台阶处,嘴唇刚好磕在台阶的边沿上,一下子就出了血,她也因为又疼又怕而号啕大哭了起来。

年幼的孩子都是喜动不喜静的,15分以上的车程,谁都无法要求他们可以像成年人一样一路保持静止。很多孩子都会像甜甜那样在车厢里跑动,或者东挪挪、西蹭蹭,摸摸这里、碰碰那里,一旦遇到路况不好或突发事件,孩子就很容易受伤,因此,父母一定要叮嘱孩子,不管是坐公共汽车还是自家的小轿车,一定要扶稳、坐稳。因为车的空间狭小,司机开车时又会随时根据路况而加速减速,遇到紧急情况急刹车,如果扶不稳、坐不稳就很容易出事。

为此,父母还要告诉孩子,注意以下几点:

1.乘坐汽车的通用安全注意事项

父母要告诫孩子,乘坐任何类型的汽车时,都不要随意玩车上的设备,比如车窗、变速杆等,更不要分散司机的注意力,以免司机因精力不够集中而发生意外。父母还要让孩子牢牢记住,坐汽车时不能把手或者头伸到车窗外。因为汽车行驶时速度比较快,万一车旁有其他车辆,或者树枝、招牌之类的东西,伸出去的手或头被碰上后肯定会受伤。

2.乘坐公交车的安全注意事项

孩子坐公交车的时候,如有座位最好安静地坐下,用手扶着前面的座椅背,或者旁边的扶杆,不要跪在椅子上。如果人多没有座位的话,那就两脚分开站稳了,用手扶着扶杆或座椅背,保持身体的平衡和稳定。这样的姿势即使司机急刹车,孩子也不容易跌倒。

3.乘坐小轿车的安全注意事项

乘坐小轿车时,绝对不要让孩子坐在副驾驶的位置上,年幼的孩子还是坐在后排更安全一些。如果车中备有儿童专用的安全带,一定要给孩子系上;如果没有,就需要有成人坐在孩子身边,并用手搂住孩子,防止孩子在紧急刹车、紧急转向时因磕碰车壁或前排座椅而受伤。婴幼儿期的孩子,应放在专用的婴幼儿座椅中。在车辆行驶过程中,陪护的成人要时刻注意,不要让孩子随意碰触、玩耍车内设备,因为孩子一旦不小心碰开车门,后果将不堪设想。

乘地铁时的安全

与地上公交相比,地铁具有不会遭遇堵车、开车时间固定和速度更快的优点。但是,由于地铁在地下的密闭空间里行驶,使得在遭遇紧急情况时乘客不易疏散,而幼小的孩子比成人更容易被伤害,因此,父母一定要在平时教会孩子乘坐地铁时如何避免受到伤害。

6岁的珠珠刚上小学一年级,她很怕到有很多人且拥挤的地方去,为此,她的妈妈一直尽可能地避免带她去乘坐较为拥挤的公共交通。妈妈第一次送她去上学时,还特意向她的班主任老师说明了这个情况,拜托老师平时照顾一下女儿。珠珠的班主任老师觉得她妈妈这样过于溺爱她,不利于孩子的成长,便向珠珠的妈妈表述了自己的看法。珠珠的妈妈听老师说完,苦笑着说:"您说的我都明白。只是,珠珠会这样都是因为我……"

原来,珠珠小时候非常活泼,并不怕生。她的妈妈那时候工作强度很大,需要四处奔波,于是,珠珠从二三岁起,就常常在幼儿园放学后随着妈妈辗转在各种公共交通工具上。一次,妈妈带着很多工作上要用的东西去幼儿园接珠珠,然后带她乘地铁赶回公司开网络会议。由于拿了太多东西,妈妈实在腾不出手拉着珠珠,就告诉她要牢牢抓住自己的衣服,不要松手。地铁里人非常多,大家排着长长的队伍候车。车来了之后,人们都争先恐后往车里挤,珠珠原本攥着妈妈衣角的小手也被挤得松开了。珠珠怕和妈妈分开,就拼命伸着小手往车里面挤,结果此时车门关闭了,珠珠的小手被夹在了门缝中。她又怕又疼,马上就"哇哇"大哭了起来,幸亏当时地铁站内已经装了报警笛,工作人员听到报警笛的声音做了紧急处理,否则后果真是不堪设想。但是,从那之后珠珠就变成了现在这样怕生人、怕拥挤的样子。

珠珠的遭遇,与她妈妈不甚了解地铁的运营状况有关。地铁里人流拥挤,站台位置停车时间有限,车门打开时,出入人流交织很容易发生拥挤推搡现象。孩子身体弱小、力量不足,极易被挤散,这时一旦孩子听不到地铁车门即将关闭的警示音,还拼命往车上挤,就会被门缝夹住。如果不及时呼救,还一味挣扎,车一旦开动就会引发严重的伤亡事故。除此之外,地铁里空气质量不好,人流密集度大,流动频繁,突遇火险、毒气泄漏等情况,孩子人小体弱,不懂得必要的防护措施,也容易被挤压甚至踩踏,导致严重伤害。所以,父母平日一定要告诉孩子地铁里的相关安全知识,让孩子做到心中有数。

乘地铁,父母还应让孩子知道以下问题:

1. 乘坐地铁的通用注意事项

父母要在平日告诉孩子一些乘坐地铁的通用安全知识,主要包括:进地铁站里,将行李进行安检,不要携带危险易燃易爆物品;刷卡进站,等候地铁到来,不要拥挤,防止被车门夹住,并有次序乘车;车厢内,遇到火灾,不要慌乱哭叫,要按照工作人员的指挥从安全通道疏散;遇到毒气袭击,应用手绢或衣服堵住口鼻,有序逃生;若不慎掉下站台,应大声向站台工作人员呼救,他们会采取停电措施救助,切忌盲目爬上站台,以防发生触电事故。

2. 乘坐地铁,不明白要多看多问

父母要告诉孩子,进入地铁后,如果搞不清该如何乘车,可以注意查看站台地图,或询问工作人员。在地铁站内迷路时,可以按照地铁通道里的指示标志、地图前行。如果看不懂这些标志,也可以随时询问站台工作人员。

3. 注意观察其他乘客

一般意外情况发生时,安全与否与乘客的情绪、心理、活动息息相关。孩子若注意留意周围的情况,就能察觉异常,如遇到乘客打架、推挤、抢行时能冷静应对,不慌不急。

乘火车时的安全

火车是人们长途旅行时的重要交通工具,火车站和火车上都存在人员众多、混杂等很多不安全的因素,而且,乘坐火车要经过买票、检票、候车、验票、上车、旅途、交票出站等烦琐的步骤,孩子在这些过程中一旦与家人走散,就很有可能被混杂在人群中的不法分子盯上而发生危险,因此,父母一定要未雨绸缪,在平时教会孩子乘坐火车时要掌握的安全旅行常识,为孩子安全乘坐火车打下基础。

5 岁的君君是个中俄混血、漂亮得像洋娃娃似的小姑娘。她的爸爸是俄罗斯人,妈妈是中国人,两人一起经营着一家进出口贸易公司,爸爸常年驻守在俄罗斯,妈妈负责国内公司的管理和经营,君君则跟妈妈一起留在中国,由姥姥帮忙照顾。因为半年多没有见到女儿了,所以君君的爸爸打电话给她的妈妈,告诉她12月来俄罗斯的时候带着女儿一起去,一家三口在俄罗斯过圣诞节。

于是,妈妈就带着君君一起坐上了开注俄罗斯的国际列车。上了火车,找好卧铺席位坐下后,坐在母女俩对面的一个穿着光鲜的阿姨就夸张地叫了起来:"哎呀!这是谁家的小姑娘呀?长得可真漂亮!"同时还拿出饼干糖果递给君君,说阿姨喜欢她,请她吃。君君摊开小手想接,又想起姥姥嘱咐她,出门凡事要先问妈妈,就扭头看着妈妈。妈妈婉拒了那个漂亮阿姨递过来的食物,同时紧紧搂住了女儿。

入夜后,大家纷纷洗漱躺下睡了。睡到半夜,君君的妈妈起夜,见女儿睡得浪熟,不忍叫醒她,就和那位阿姨打了声招呼,让她帮忙照看一下,然后便去了两节车厢之间的卫生间。不一会儿君君醒了,却不见妈妈的踪影,不禁急哭了。那位阿姨笑眯眯地对她说:"小宝贝,别急,阿姨知道你妈妈去哪里了。我带你去找妈妈!"君君听这个阿姨这样说,就点了点头同意了。于是,这个阿姨就拉着君君的手在一节又一节车厢里穿行。不久,车在一个车站停站了,原来,到了一个边境小城。阿姨对君君说:"我看见你妈妈了,就在下面,跟我走!"说着就把不太愿意下车的君君强行拉下了火车。下车后,这个阿姨便原形毕露,把君君交给了在这里等着交易的人贩子。

君君会成为人贩子下手的对象,是因为处在她这个年龄段的孩子思想单纯,还不太会分辨成人和蔼可亲面目下隐藏的真实意图,一旦陌生的成人表示友好又主动迎合其心理,不会分辨的孩子就很容易被引诱、拐骗;再者,旅途劳顿,年幼的孩子本来就力不从心,在身体状况不佳的情况下,他们稍一与家人分开,就会比平时更加感到不知所措。此时一旦有孩子认为可以信任的人对他们发出指令,孩子就会顺从指挥,轻易地进入骗子设下的圈套,就算最后发现自己受骗,也因年幼弱小,无力反抗,而惨遭毒手。所以父母要教会孩子一些乘坐火车必备的安全知识,才能更好地保障孩子的安全。

除此之外,父母还要让孩子注意以下问题:

1. 乘坐火车的通用安全知识

父母要在平日告诉孩子一些乘坐火车的通用安全知识,主要包括:提前进站,在候车厅候车;进站后根据长廊上电子牌选择上车站台和上车方向;上车注意保管好贵重物品,放置在行李架上,防止他人顺手牵羊,同时还要注意坐位上方行李架上的行李是否摆放稳当,以免被突然掉落的行李砸伤;在火车上不要随便乱跑,以防因跌倒而受伤或因撞伤其他乘客而产生不必要的摩擦;火车上过夜时,也要提防小偷;不要轻易相信陌生人的话,出站后不要乘坐拉人的"黑"车,也不要去他们的旅馆住宿;路上最好自备饮食,不要乱吃别人的东西。

2. 与陌生人要保持距离

小小的孩子通常都非常可爱,很多时候即使是陌生人,也会因为孩子可爱而靠近逗弄。虽然这种逗弄大部分都是善意的,但父母还是要告诫孩子,在火车上或火车站这样鱼龙混杂的地方,陌生的叔叔阿姨是不认识的外人,即使很和善地陪你玩儿或给你好吃的,也不可以与他们太过亲近,更不要跟他们走。

3. 提高警惕性

在孩子纯真的心灵中,世界上是没有坏人的,因此他们没有防人之心,哪怕是陌生人给予的食物或赞扬,他们也会不加分辨地照单全收,继而对给予者产生好感,一旦这些人心怀不轨,孩子就很难避免被伤害,因此,父母应培养孩子的警惕性,具体到乘坐火车,可以教会孩子如离座时让孩子小心看包、不要跟外人说话等,这样,当孩子有了警惕性后,就不容易轻易上当,受到伤害。

乘轮船时的安全

轮船是现代社会交通系统的重要组成部分,是一种以价格相对便宜、乘坐相对简单且舒适为特征的出行方式,广受长途旅行者的欢迎。不过,幼年的孩子活泼好动,长途旅行时要在船上待很长时间,他们会四处走动,并由此产生一些安全隐患,因此,孩子的父母在乘船前就一定要将这些可能出现的安全隐患熟记于心,减少安全事故的发生。

5 岁的佳诚是个热爱旅游的孩子,妈妈想趁着他上小学前的最后一个夏天,带他到没有去过的地方玩玩。于是,母子俩 6 月的时候先去了天津,然后由天津乘船去青岛。为了让佳诚留下完美回忆,妈妈特意买了一艘豪华短途客轮的票，带着他上了船。

上船后，第一次坐海船的佳诚兴奋不已，不停地东跑跑西看看，妈妈一开始还紧紧拽着他，怕他发生危险，后来觉得船行驶得非常稳，觉得儿子只要不离开自己的视线，就不会发生危险，于是就放任他在甲板上快乐跑动、四处观望了。这下佳诚可高兴坏了！他一会儿和甲板上的其他小朋友唱儿歌，一会儿模仿迈克·杰克逊跳舞，把在甲板上看风景的人们逗得哈哈大笑，纷纷说这个宝宝真聪明，太可爱了！兴奋之余佳诚又乘兴给大家表演翻跟头，结果，在湿滑的甲板上，随着船体的摇晃，他完全无法掌握平衡，一下子滑出去撞在了船栏上，幸亏当时站在船栏边上的一个叔叔反应快，一把拉住了佳诚，否则佳诚就会有掉下船去落入大海，遭遇生命危险。即使这样，被撞得很疼，又受了惊吓的佳诚，还是"哇哇"大哭了起来。

佳诚的故事，说明了乘船与乘坐路上交通最大的区别——船在行驶过程中，会因水况和风速的影响而摇晃，而孩子的平衡能力本就不如成人，如果再在船上跑跳嬉戏，就很有可能跌倒受伤，因此，父母一定要告诉孩子乘船时必须遵守的安全知识，以保证安全。

乘船时，父母还要让孩子注意以下问题：

1. 乘船的通用安全注意事项

父母要在平日告诉孩子一些乘船的通用安全知识，主要包括：上下船时，一定要等船靠稳，待工作人员安置好上下船的跳板后，才能按工作人员的安排按次序上下，不得拥挤、争抢，不随意攀爬船杆，不跨越船档，以免造成挤伤、落水等事故；乘船时，找到座位坐下后，要留意观察救生设备的位置和紧急逃生路径；离开座位时，不在船头、甲板等地打闹、追逐；船行途中一旦发生意外事故，不要慌张或乱跑，而要按船上工作人员的指导穿好船上配备的救生衣，等待进一步的指示或救援。

2. 不要乱动船上设施

船上的许多设备都与船只能否安全行驶有关，因此父母一定要告诫孩子不要随便乱动，以免打乱物品放置次序，给自己和其他乘客的安全乘坐带来隐患。

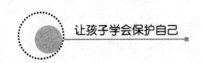

乘飞机时的安全

年幼的孩子天真好奇，乘坐飞机时，自己正在天上飞翔的认知会让他们变得兴奋无比，他们会通过趴在舷窗上看外面的蓝天白云，在机舱里跑来跑去等方式来宣泄兴奋。但是，由于飞机飞行的特殊性，孩子们的这些行为，可能会给他们受到意外伤害埋下伏笔，因此，为了安全起见，父母需要灌输给孩子一些乘飞机时的安全知识。

4岁的新新马上就要开始他此生的第一次飞行之旅，和妈妈一起坐飞机去远在澳大利亚的姥姥家去探亲。他兴奋得不能自己，候机时一直在候机大厅里跑来跑去。

好不容易等到登机了，妈妈以为，坐下之后这个"小祖宗"就会变得安静些，自己也能歇一歇了。谁承想，进了机舱找到座位后，新新更加坐立不安了，他想挣脱开安全带的束缚，妈妈只得使劲摁住他，让他坐好。可是新新太小，座椅的靠背对他而言太高了，以至于他的前后视线都被遮挡了，看不到其他东西的新新觉得很无聊，只得把不时地拉动飞机舱窗的遮光窗帘当做打发时间的游戏来玩。不一会儿，这个游戏新新也玩儿腻了，觉得无聊的他只好趴进妈妈怀里睡觉。新新正做着吃冰淇淋的美梦，就听到空姐阿姨用温柔的声音问妈妈要不要飞机上提供的零食或饮料，他马上跳起来吵着要喝酸奶。妈妈被他吵得没办法，只好给他要了一罐酸奶。新新舀了一勺刚送进嘴里咽下去，飞机就因遇到不稳气流而剧烈地晃动起来。新新被晃得非常不舒服，觉得小肚子里一阵儿翻江倒海，然后就开始呕吐，吐得到处都是。被吓坏的妈妈赶紧请空姐送了热水过来，让新新漱口，然后再喝些热水暖暖胃。可是，新新因为太难受而烦躁不已，根本没法配合妈妈，只是不停地"哇哇"大哭，并且边哭边叫："妈妈，我难受，把窗户打开！"妈妈说，这窗户打不开。新新太小，根本理解不了这些，他只知道自己非常难受，想呼吸清凉新鲜的空气。于是，为了表达不满，他开始不依不饶地哭泣，并且乱踢乱闹，引得机舱内的其他乘客纷纷侧目。终于，妈妈忍无可忍了，抬手给了他一巴掌。新新见妈妈真的生气了，只好控制情绪，转为委屈地抽泣。

飞机最后平稳降落在了目的地机场,可是留给新新的,却是一段不愉快的经历。

飞机起飞和降落时,因为失重现象会使人觉得非常不适。另外,飞行中一旦遇到不稳气流使飞机产生颠簸,也会让人产生类似晕车或晕船时的那种不适感,再加上孩子自身的生理特征让他们对乘坐飞机时的活动受限、视线狭窄等不适感产生抵触,就很容易诱发他们产生不安、躁动等负面情绪与举动。如果父母能在乘坐飞机之前,向孩子说明这一切,并预先讲授一些相关的安全知识给孩子,将有助于孩子在飞机上保持镇静并保障安全。

乘飞机时,父母还要教孩子注意以下问题:

1. 乘坐飞机的通用安全注意事项

父母要在平时告诉孩子一些乘坐飞机的通用安全知识,主要包括:登机后,跟随父母按照登机牌号码找准座位,帮助父母将行李放置在座位上方的行李舱内,并关好门后安静坐好;按照空乘服务人员的指导,系好安全带,熟悉安全面罩、救生衣的使用以及逃生的方法;飞行中,不要大声喧哗;遇到气流不稳、飞机颠簸时,不要惊慌,应听从空乘服务人员指挥,检查安全带是否系好,深呼吸;如果晕机想要呕吐,可请父母取出座位前的卫生袋,吐到里面,然后封好交乘务员处理;到达目的地飞机降落时,会有段失重的缓冲期,此时不要乱动,系好安全带,等待下降;飞机滑行停好后,可卸掉安全带,拿好行李,跟随父母按次序出舱。

2. 注意学习,尽可能控制脾气

登机后,在飞机起飞前,空乘服务人员会教乘客使用飞机上一些自救设备,父母要告诉孩子认真学习、模仿,同时,还要告诉孩子,因为长途旅行感到不耐烦或因晕机感到不适时,要告诉爸爸或者妈妈,不要通过发脾气来发泄,因为这样会影响到其他乘客,是不礼貌的行为。

第四章

校园里自我保护的诸多细节

玩"打仗"游戏不能过火

以前，大家都认为只有小男孩才会喜欢追逐打闹，喜欢模仿战斗场面进行游戏。现在，随着各种充斥着各种打斗场面的电影、电视和游戏的出现，不单男孩，连小女孩们也开始怀揣英雄梦，梦想长大后能拯救世界，并为此每天勤练"武功"，还时不时和小伙伴们"切磋"；再有，随着玩具制造水平的提高，如今市场上的一些儿童枪造得几可乱真，还具有比较危险的杀伤力，如新闻曾爆料，一些儿童玩具枪装上特制塑料子弹后，可在距离 1 米～1.5 米的距离外轻松射穿易拉罐。孩子们如果用这样的玩具枪玩对打游戏，就极有可能造成他们相互间的人身伤害，因此，父母一定要告诫孩子，不要和小朋友玩过于激烈的"打仗"游戏，以免伤人伤己。

5 岁的小军虽然是女孩子，却是个标准的军事发烧友。她最崇拜战争电影里那些单枪匹马挽救危局的大英雄，总说长大了要去当兵，也做个浴血杀敌的英雄，可是，想当兵至少也是十几年之后的事情，所以，小军现在只能通过玩玩具枪和小朋友做"打仗"的游戏来过过瘾了。

小军非常喜欢玩具枪，只要看到新款玩具枪，必定缠着妈妈给她买，而溺爱女儿的妈妈又总是对她有求必应，久而久之，小军就拥有了一座"军火库"，并经常把自己的"武器"拿出来分给小朋友们，然后大家一起玩"打仗"游戏。不过，因为小军上幼儿园时有个小朋友曾经被玩具枪射伤过眼睛，所以她和小朋友们约定，只许射小腿以下的位置，谁要是犯规，以后就不给他枪玩了。

这天下午，午睡醒来的孩子们又在胡同口集合，商量着要玩什么游戏。和小军住一个四合院的小猛想起来昨天晚上看的抗日题材电视剧，就提议大家分成两组，玩八路军打鬼子的游戏。大家都说好，于是，小军回家去拿"武器"，剩下的人开始抓阄分组。待分组和"武器"发放都结束后，大家就开始各找藏身处，开始"战斗"了。

一开始，大家都很守规矩，只是拿着枪向另一组人的脚部和小腿射击。可是，随着手里子弹逐渐减少，就有人开始不满足于单纯的躲着射击了。突然，小猛大叫一声："兄弟们！冲啊！"然后就从自己藏身的墙后面跳了出来，挥舞着手中木质枪托的仿真玩具枪向"敌方"冲击。激烈的"肉搏战"就此展开,一群孩子顷刻间就打做一团,他们或徒手格斗,或用手中的玩具枪当做棍棒互殴,似乎真把对方当成了敌人,而不是邻居兼好友。

正打得兴起时,混成一团的孩子中突然爆出了一声小女孩尖利而痛苦的惨叫。大家都被吓了一跳,赶快住了手,这才发现小军用小手捂着额头正在痛苦哭泣,鲜血从她捂着额头的手指缝间不断溢出。吓坏了的孩子们赶快去叫来了小军的奶奶。奶奶看到孙女的情况也吓坏了,赶紧去喊了两个邻居过来帮忙,把小军送去了医院。

到了医院,经过医生的检查,发现小军的额头被玩具枪上面的金属装饰划了一道长长的口子,缝了6针才将伤口缝合。给她做缝合的医生阿姨惋惜不已地说:"这么漂亮的小姑娘,这个伤口肯定会留疤,真是可惜了。"

故事里的小军其实还是有一定的安全意识的,否则,她也不会和小朋友们作出只准射击小腿以下部位的约定。只是,年幼孩子的自制力较差,一旦玩疯,他们很难自始至终恪守约定的规则,而且,孩子在做这种模仿打斗的游戏时,过度兴奋时通常都比平时具有更强的攻击性和暴力倾向,容易给一同游戏的伙伴造成伤害,因此,父母要严厉告诫孩子,绝对不要和小朋友们一起玩激烈的"打仗"游戏,以免在难以控制的情况下受伤。

所以,父母还要注意以下问题:

1. 不能给孩子买有攻击性的玩具

现在的很多玩具制造商家为了刺激消费,会生产一些违反玩具生产相关规定的仿真枪械和兵器。这些东西不但外形可以以假乱真,本身还具有一定的危险性,虽不像真品一样可以顷刻间致人死命,却也能给人带来肉体的伤害,因此,父母在给孩子选择玩具时,一定要仔细观察玩具本身是否安全,并且要看清玩具的生产厂家、生产日期、材料构成的标志,不给孩子购买任何带有攻击性的玩具。

2. 让孩子明白,影视剧中的打斗不能模仿

很多孩子喜欢玩激烈打斗的游戏,初始因素都是模仿某一部电影或电视剧作品,因此,父母要告诉孩子,影视剧中的战斗和武打场面,都是很多专业人员合作拍摄出来的,是演员表演的作品,不是真正的战斗。若在日常生活中模仿,可能会让孩子自己或者其他小朋友受到伤害,十分危险。

玩耍时要扔掉手中的"小棍"

孩子们玩耍时总离不开各式各样的玩具,可爱的绒毛玩具熊、制作逼真的模型小汽车、现代科技结晶的游戏机等……孩子们手里拿着这些嬉戏玩耍都没有什么大碍。但是,如果孩子拿在手里的是质地坚硬、形状类似棍棒的东西,就比较危险了。因为孩子拿着这样的东西玩耍嬉戏时,一旦不慎跌倒,就很有可能被这些东西戳伤。所以,父母们一定要对孩子身边这样的物件多加小心,叮嘱孩子玩耍是一定要扔掉手中握着的类似"小棍"的东西,以保证安全。

暑假时,电视台重播了老版经典电视剧《西游记》,很多小朋友都被《西游记》里英武不凡、四处斩妖除魔的孙悟空吸引了。晓峰就是这些小朋友里面的一个,也被那个机灵有趣的猴子彻底吸引了。在他眼中,孙悟空不但武艺高强,而且聪明绝顶,看到妖怪,就挥舞着一根金箍棒,把他们全都打得落花流水,因此,晓峰只要没事就会找个像金箍棒的东西握在手里,学着孙悟空打妖精的精彩片段,挥着手里的"武器"四处比划。他家里的擀面杖、扫把、晾衣竿还有爷爷的大毛笔,都被他拿来"友情客串"过"金箍棒"。

有天下午,晓峰和几个小朋友在小区里玩,他们打算玩《西游记》游戏。晓峰一直是小朋友们的头,他当然演孙悟空了。他们几个人在小区的花坛树丛下捡出一些木根当道具,晓峰拿一根细长的竹枝当"金箍棒"。分配好之后,几个人就拿着小棍子开始比划了。"有妖怪,有妖怪。"晓峰拿着细竹枝"哗哗"乱打,其他小朋友也跟着乱喊乱比划。突然,晓峰猛甩的细竹枝打到了斌斌的小腿,斌斌的腿很快就显出一道红印子,肿了起来。斌斌疼得哭了,可晓峰毫不在意,继续挥舞着"金箍棒"。他用力拿细竹枝去打花坛的水泥护栏,竹枝一下子折断了。晓峰想把断掉的部分扯下来,没想到一根细细的竹签就扎进了晓峰胖乎乎的小手里。扎疼了手的晓峰也哭了,扔掉竹枝,"呜呜"着回家去,让爸爸妈妈帮他收拾手上的小竹签。

孩子们即使不像晓峰他们一样玩带有打斗性质的游戏,手里拿着"小棍"也一样危险。就像晓峰,他最后并没被棍子打伤,而是因为被扎伤的。

所幸的是,他只是被竹棍上的小刺扎伤,不算严重。可是,如果晓峰是摔倒后,竹棍戳伤了他的眼睛,后果又将如何呢?所以,父母一定要不厌其烦叮嘱孩子,玩耍时,一定要扔掉手中的"小棍"。

为此,父母还应教育孩子注意以下问题:

1. 不要随地捡"小棍"当玩具

父母要告诉孩子,见到地上有被丢掉的木棍、竹竿等,一定要把它们扔到垃圾箱里去,自己绝对不要拿来玩。因为把这些东西拿来当玩具非常危险,如果戳到小朋友的脸上或者眼睛上,就绝对会戳伤别人,而且,没有加工的木棍、竹竿带有刺,扎到自己手里,会很疼,弄不好还会感染病菌,会引发疾病。

2. 想玩棍状的玩具,一定要请父母买安全的玩具

很多孩子都崇拜孙悟空等以棍为兵器的英雄人物,于是,为了便于模仿这些人物,他们就想要一个棍型的玩具,又不能去捡外面的木棍、竹竿,他们就会选择从家里"发掘",例如做饭的擀面杖、扫地的扫把,都成了他们的玩具。但是这些东西毕竟不是玩具,是用比较硬的木头或者比较重的金属杆做成的。孩子们挥舞的时候容易打到自己或别人,也容易撞碎物品,对自己或家中物品造成伤害,因此,父母要告诉孩子:"宝宝如果真想玩'金箍棒',一定要告诉爸爸妈妈。爸爸妈妈会给你买金箍棒玩具。这种金箍棒又轻便,又不会打伤人,玩起来是很安全的。"

别拿着小剪刀挥舞

锋利的小剪刀对我们来说用途很广,我们可以拿它来裁纸、剪绳子、剪指甲等,总之,小剪刀的用途非常广泛,尤其一些折叠剪刀还有漂亮的造型,孩子们很可能因为喜欢而把它当玩具一样带在身边或拿在手里玩,这里剪一下,那里划拉一下,想看看小剪刀究竟都能干些什么,不知弄破多少东西。用于正当用途的小剪刀是孩子们劳作、游戏的好帮手,可是孩子们拿它当玩具乱比划的话,它就很可能变成弄伤孩子的凶器了。

小学一年级的劳作课上,老师正在教同学们如何正确使用剪刀。同学们都认真地听着老师讲授、看着老师示范,然后再根据老师教的内容,试着用剪刀剪纸。全班只有小兵不听讲,他前一天做数学题做得太

晚,没有睡好,现在正趴在桌子上补觉。快下课的时候,老师让同学做一个正确的握剪刀的姿势,并将一张纸从中间剪成两半,然后由他来检查,看看大家这节课的学习成果如何。同学们的表现非常好,老师看了很满意。只有小兵,因为刚才没有听讲,他不知道剪纸前要先将纸对折一下,然后用剪刀沿着折纸线去剪,才能剪出整齐的两张纸,因此,他剪出的纸张边沿歪歪斜斜,一点儿都不直。

老师走到小兵面前检查他剪的纸,然后说:"同学们,你们看,这位同学给大家做了个反面的例子,他在剪纸的时候没有折线,以至于剪出来的线歪歪斜斜的,像'蚯蚓'一样。"同学们听了,都哈哈大笑,尤其是坐在小兵前排的小静,还特意转过身,对小兵做了个鬼脸嘲弄他,把小兵气得牙根发痒。回到家后,小兵向妈妈请教怎样用剪刀,学得非常认真。

第二天,他把剪刀放到书包里,就去上学了。到了学校之后恰好碰到小静,小静又当面取笑了小兵的剪纸是"蚯蚓"。小兵气坏了,发誓一定要剪一条直直的纸边给她看!第二节课下课后,小兵看小静和同桌出去了,就偷偷拿了小静的作业本,把她的作业本从中间剪成两半,一半放在桌子上面,一半放在桌子里面。小静回来后,看到被剪了的作业本,气得哭起来。小兵看到小静哭了,心里也有点儿后悔,不过,他还是跑到小静身边,一边晃着"作案凶器"剪刀,一边踌躇着是该先安慰小静,还是先向她说明自己能剪出直直的边。正在这个时候,一个同学从后面急匆匆地跑过,不小心撞到了小兵超出桌边的胳膊上,小兵胳膊随着撞击向前移,手上的剪刀一下子就划在了自己左边的胳膊上,划了一道大口子,鲜血一下子就流了出来。

这时上课铃响了,走进来准备上课的老师发现小兵受伤了,就叫大家先上自习,自己赶紧抱起小兵到医务室包扎伤口。小静看到小兵受了伤,也顾不得心疼自己的作业本了,拿出糖来给小兵安慰他。小兵见了,又疼又后悔,羞愧得都不敢看小静了。

剪刀是非常锋利的东西,一不小心碰到就会划出伤痕。年幼的孩子还意识不到这种危险,一旦把剪刀当做玩具握在手中四处走,剪剪这个,剪剪那个,就很容易伤到别人和自己,因此,父母一定要告诫孩子,千万别拿着小剪刀四处挥舞,以免伤人伤己。

为了保证孩子不拿着剪刀四处挥舞,父母还要教育孩子注意以下几点:

1. 剪刀用完放回原处

父母要培养孩子用过东西马上放回原处的习惯，而孩子养成这样的良好习惯之后，就不会拿着剪刀之类的东西四处走动，而是直接放回原处。这样，就可以大大降低剪刀对孩子造成伤害的可能性。

2. 要让孩子了解一些使用剪刀的安全注意事项

为了保证孩子的安全，父母还要让孩子知道一些使用剪刀的安全注意事项，主要包括：不要用剪刀去剪又硬又滑的东西，以免刀刃偏斜伤到手指；在使用剪刀的时候要拿稳剪刀手柄，剪东西时要小心专注，不要边剪东西边嬉闹玩耍。

学会分辨什么是"过分惩罚"

年幼的孩子大多生性好动、调皮淘气不听话，有时候调皮过分了，父母也会忍不住怒气，在他们的小屁股上轻轻拍上两下，作为严厉警告。但是，如果孩子在幼儿园或者学校里过分淘气，又遇上了脾气暴躁、缺乏耐性的老师，就很有可能被控制不住怒气的老师施以"过分惩罚"。幼小的孩子在遭遇这样的暴力后，往往会留下很难消除的心理阴影，给他们以后的成长、生活带来负面影响。这种情况，父母如果能够及时发现，自然是要为自己的孩子讨还公道的。但是，很多时候家长并不能及时发现孩子遭受了"过分惩罚"，更有甚者，一些无良教师在伤害了孩子的身体和情感后，为了自身利益，还会威胁孩子不许告诉父母。所以，应对"过分惩罚"最好的办法，就是父母在平时教会孩子什么样的惩罚是过分的，又该如何应对这种过分惩罚。

3岁的琰琰是远近闻名的淘气大王。在家里，只要他经过的地方，总会留下一片狼藉，活像刚被龙卷风肆虐过；在幼儿园里，他一会儿拆了玩具汽车，一会儿把口香糖粘到小朋友的辫子上，总之，琰琰所过之处，完全没有被破坏过的迹象几乎是不可能的。他的父母为此头疼不已，幼儿园的小朋友总被他欺负，这些孩子的父母经常带着孩子找老师讨说法，把老师也弄得非常烦恼。

这天中午，小朋友们吃午饭的时候，琰琰因为坐在他旁边的冰冰不肯帮他吃掉他不喜欢吃的青菜，而将半份青菜全倒在了冰冰的衣服上，当场就把冰冰惹得大哭起来。下午，劳作手工课上，他又一剪刀剪掉了旁边小姑娘的一根麻花辫，爱漂亮的小姑娘当时就哭得涕泪俱下，怎么哄都停不下来……

教劳作手工课的，是刚从幼师毕业的李老师，正是年轻气盛的时候。她叫琰琰向小姑娘道歉，淘气惯了的琰琰却回答："我不！"李老师当时就觉得一股怒火"蹭"地一下儿窜到了头顶，她不断告诫自己，她面对的是个孩子，是个孩子……待怒气平息了一些，她又说："琰琰，你把人家小姑娘的辫子剪了，她就不漂亮了。你看，她哭得多伤心啊！作为朋友、同学，你是不是该向她道歉表示歉意呢？"她觉得，如此苦口婆心的讲道理，琰琰总该听了吧。没想到，琰琰站在那里，一梗脖子，语气坚决地说："就不！你能怎么样？"李老师再也克制不住怒火，一手夹起琰琰，另一手拿起桌子上的塑料尺，对着琰琰的小屁股就是一顿猛抽，边抽边问他："你道不道歉？！你道不道歉？！"琰琰连疼带吓，也号啕大哭起来。

等李老师冷静下来去查看琰琰的伤势时，发现他的整个小屁股都被打肿了。

琰琰确实比较淘气，而且，他欺负其他小朋友也是不对的。但是，他这个年龄的孩子是非分辨能力还不强，又处于好动顽皮的年纪，老师教育他们时应该采取循循善诱的方法，让他们明白道理、改正错误，而不是使用粗暴体罚的手段强迫他们服从。这样做，不但会伤害孩子的身体，还会给他们的心里留下难以磨灭的阴影，非常不利于他们日后的人格塑造。所以，父母要教会孩子如何分辨"过分惩罚"，并告诉他们如果有人这样惩罚他时，一定不能逆来顺受，要懂得抗议，并及时告知父母。

为了应对这种情况，父母还应注意以下问题：

1. 培养孩子的良好习性

为了防止孩子在学校或幼儿园被老师过分惩罚的情况发生，父母首先要在平时教好孩子，不纵容或溺爱孩子，帮助他改掉不良习性。一个性格文静又能明辨是非的孩子，在学校或幼儿园中也必定是听话乖巧的，而这样的孩子也很难将老师惹得怒火冲天，继而对其实施"过分惩罚"。

2. 教会孩子与老师沟通

孩子如果能够与老师多进行良性沟通，建立了彼此相信、彼此交心的关系，师生之间就会形成一种近似母子般的感情，再大的错误都可以得到包容、理解，能够得到妥善的解决。试问，谁又见过父母对自己疼爱的孩子稍微犯错就暴打的场景呢？

别把校园当做"探险乐园"

幼儿园和小学低年级的孩子还处在幼年期，这个年龄段的孩子生性好动好玩，在校园中和同龄的小伙伴一起玩耍时，这种特性会表现得尤为鲜明。如果此时负责照顾他们的老师疏于管教，他们便会如同一匹匹脱缰的小马驹般追逐、打闹、蹦跳、攀爬、钻越……把校园当成"探险乐园"而四处疯跑。玩得兴起时，即使老师加以制止，他们也不一定会加以理会，危险也就由此发生——校园内孩子众多，且通常都是集中在一定的空间内游戏，活动空间有限，如果活动过度，难免会碰撞到别的孩子，其冲击力是很大的，容易发生撞伤、留下淤伤、甚至流血。如果是利器撞击，还会危及生命。所以，父母要配合老师，告诉孩子别把校园当成"探险乐园"，为了加深孩子对危险性的认识，还可以举例警示，以避免危险的发生。

一个风和日丽的春日下午，小苗幼儿园中班的孩子们正在一起玩击鼓传花的游戏。班长敲鼓，方方、月月和安安相邻而坐。鼓声响起，方方把花传给月月，月月再传给安安，安安再传给下一位小朋友……

当班长敲鼓的节奏逐渐加快时，小朋友们的动作也随着鼓声越来越快，渐渐的，大家的动作开始不协调了，有些小朋友因为动作太快而跟不上节奏，情绪也因此逐渐急躁了起来。后来，有些孩子坐不住了，干脆站起来拿着花跑着传，而到了最后，本来在教室里井然有序做游戏的孩子们彻底乱成了一锅粥——孩子们彻底把传花用的那朵漂亮的绢布花扔到了一边，在教室里疯狂地跑动打闹起来，有的踩在椅子上蹦跳，有的钻桌子藏猫猫，有的爬上窗台往外望，还有的在门口不断关门开门吓唬别人……负责这节游戏课的，是一位脾气非常好的年轻女老师，此时她根本管不住这群脱缰的"小野马"，气得直跺脚。

闹着闹着，方方把一把小椅子搬到了窗边，想蹬着它踩到窗台上去，然后再探出头观察教室外墙壁上的爬山虎，看看它们到底是怎么长到墙上去的。结果，因为椅子没有放稳，方方还没有踩上窗台就摇摇晃晃地摔了下来，一下子砸到了站在椅子旁边的安安身上，摔倒的安安头磕在了木制小椅子腿的棱角上,血一下子就冒了出来!看到两个好朋友摔倒,月月赶紧跑过来看,正好看到额头上都是血的安安抬头,她吓得"哇"一声哭了出来。

任课老师看到这种情况,赶紧让一个小朋友叫来了园长和卫生室老师。孩子们在看到园长一脸怒气的进来后,终于停止了打闹。卫生室老师带走受伤的安安去做治疗,剩下的孩子则受到了园长的严厉批评。

年幼的孩子们共处一室,三分热闹也会变成十分。他们存储在身体里的能量会被相互激发,不消一刻便会闹作一团,最后局面往往会变得失控。这是因为孩子一旦玩疯,就会忘乎所以,完全沉浸在自我疯狂释放的情绪中。此时如果发生孩子失足踩空、撞击到利器或要害部位遭到碰撞等情况,就会发生危险。所以,父母要提醒玩性十足的孩子,不能把校园当成"探险乐园",在里面疯玩疯闹,给自己和别的小朋友带来危险。

为此,父母还应该注意以下问题:

1. 训练孩子控制情绪

许多孩子之所以活动失控,没有限度,是因为情绪难以抑制,释放过度,才会作出疯狂的举动,并无休无止,因此,父母要在平时让孩子玩耍有度,保持较为平稳的情绪,不能忽高忽低,否则在关键时就有可能没有克制力,例如在孩子玩耍得兴奋过度时,用孩子感兴趣的事物吸引他的注意力,使他逐渐从过度兴奋的情绪中解脱出来,恢复平静。如此往复,并加上一定的语言引导,慢慢培养孩子学会克制自己的情绪,并自行调节。

2. 让孩子了解"探险"中的危险

父母要把孩子在校园里"探险"时,可能发生的危险提前告知,例如踩在椅子上蹦跳,椅子可能会塌陷、断裂;在奔跑中撞上桌子角,可能会因为撞破身体而流血;在拉扯中可能会扭伤骨关节;在翻越时可能会磕碰到窗子上,会很疼;等等。如果孩子不能很好理解父母的举例,父母可以用比较实际的示范来帮助他们明白,比如用娃娃玩具的头撞击桌子角,或示范娃娃玩具因大力撞击而摔坏的肢体等,通过直观的伤害来帮助孩子理解这些行动的危险性。

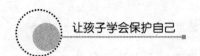

不要害怕校园里的"暴力事件"

大多数人都是天性喜欢热闹,乐于群居的,孩子尤其如此。有些时候,小孩和大型掠食动物的幼崽很近似,只要聚到一起,他们就会以相互打闹为乐,因此,在幼儿园和小学低年级的孩子聚集的地方,总是可以见到相互闹成一团的孩子。但是,不是所有孩子都是这样天性喜欢热闹的,那些身体弱小、胆子小或性格内向的孩子,由于无法融入这些孩子圈中,常常会在不知不觉中变成被其他孩子围攻、欺负的对象,被其他孩子施以暴力或故意冷落疏远。由于年幼的孩子处事经验不足,言语表达能力也较弱,因此在受到不公正对待时,因为不知该如何应对而选择保持沉默,结果常常是使得那些欺负他的孩子变本加厉,最后在孩子的心里留下难以愈合的创伤,严重影响孩子日后的性格和人格发展。

3岁的莹莹是个内向、文静又羞怯的小女孩。她从小由奶奶带大,因为周围没有同龄的小朋友,因此她没有什么朋友,平时都是自己抱着洋娃娃一起玩儿,要不就是黏着奶奶。所以,她根本不知如何与同龄的小朋友相处。结果,今年上了幼儿园之后的莹莹非常容易害羞脸红,不爱发言,也不愿意和小朋友们一起做集体游戏。不久,她所在的班级里面一个叫秋秋的孩子就联合了班里其他孩子,决定一起整整这个整天脸红还不愿意搭理大家的小女孩。

一天下午吃水果时,班里所有小朋友都围坐在餐桌边吃着老师发放的苹果。秋秋趁莹莹转头看窗外的时候,悄悄把她的苹果拿走藏了起来。莹莹回头发现自己的苹果不见了,就不知所措地四处张望着寻找,当她发现自己的苹果在秋秋那里,就站起来想走过去拿。她刚走过去,就被站起来的秋秋一把推倒在地。莹莹不仅没拿到自己的苹果还被打,就伤心地哭了起来。老师过来过问了几句,以为是小事,便另拿了一个苹果给莹莹,就转头去走廊上追一个跑出去的小朋友了。秋秋和另外的几个孩子见机会来了,便上来把莹莹的苹果又抢走了。莹莹见苹果又没了,"哇"地又哭了,一边哭还一边抽泣。秋秋他们便用毛巾、纸巾塞在她的嘴里,还吼道:"叫你哭。你再哭,我就打你!"莹莹吓坏了,不敢哭了,可还是一脸惊恐地望着他们,人被吓得整个都蔫了。

后来,秋秋一有机会就欺负莹莹,莹莹变得越来越沉默,并且惧怕去幼儿园,最后不得不转了学。

莹莹被欺负,与她的性格羞怯、软弱有关。这种性格的孩子,通常都比较喜欢自己缩在不引人注目的角落里,不愿与人过分接近。但是,在年幼孩子的群体中,他们这种因不愿接近而退缩的行为,反而使他们显得非常刺眼,极易挑起强势孩子的攻击性,激起他们在欺弱中得到一种"唯我独尊"的快感。如果孩子在被欺负后不敢反抗,那些强势的孩子就会更加肆无忌惮,变本加厉地欺负他们,因此,为了孩子能够顺利、健康地成长,父母应该培养孩子乐观且善于融入群体的性格,同时更要教会孩子合理应对校园"暴力事件"的能力。

为此,父母还应注意以下问题:

1. 教孩子学会沟通和团结小朋友

年幼的孩子之所以会在校园中被暴力相向,与其不能融入集体,不会与人良性沟通有极大关系。如果孩子能够学会团结同学、融入集体生活,不仅有利于帮助他们塑造出健康的性格,还能防止针对他的暴力事件的发生。

2. 让孩子学会宽容忍让

有些孩子在校园中遭遇暴力事件,有时并非由于他本身性格怯懦,而是由于他个性过于强势,与周遭同学关系紧张,最终因结怨过多而遭受报复。所以,父母除了教会孩子坚强勇敢之外,还要教会孩子宽容,如多与小朋友分享玩具物品,不计较得失等。父母要让孩子明白,有一颗宽容的心,就能赢得更多小朋友的友爱,就能远离暴力。

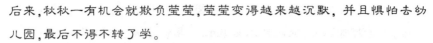

面对"大孩子"的刁难怎么办

孩子的思想虽然要比成人单纯,但他们同样性格迥异,各有特点,因此,生活中大部分时间待在幼儿园或小学中年幼的孩子们,其实也身处在一个微缩版的小世界中。这个世界里面同样存在友善、敌意、帮助与欺凌。当孩子因为自身的弱小,被比他强大的"大孩子"刁难、欺负时,往往会因处事经验不足而不知所措,并产生恐惧。这个时候,父母应该帮助孩子战胜恐惧,教会他冷静处事,让他懂得如何化解刁难,保护自己。

7岁的圆圆刚上小学二年级,是个活泼可爱的小男孩,家里的长辈和学校的老师、同学都很喜欢他。圆圆认为自己的好人缘是因为他很可爱，但老师却认为，他之所以如此让同学们喜欢，与他的大方和乐于分享有很大关系。原来，圆圆的父母因为工作关系经常出国，总会给他带回一些比较新奇的玩具、零食什么的，每次圆圆都会把这些东西带到学校，和同学们一起分享，因为他觉得好东西不能一人独吞，大家都快乐才是真正的快乐。他的父母也认为儿子的做法是对的，懂得与人分享的孩子才是好孩子。

可是，圆圆和他的父母都没有想到，正是"快乐分享"给他引来了祸端。原来，圆圆所在的那所小学里，有几个经常与社会人员接触的高年级孩子，他们从别的孩子口中知道了总带新奇物品来学校的圆圆，认为这个孩子一定家庭条件不错，零用钱一定多，就准备从圆圆那里"借"点儿钱来花花。

一天下午，下课的圆圆背着小书包，哼着新学的红领巾之歌，蹦蹦跳跳地回家，当路过一条小胡同时，他却被胡同里伸出的两只手使劲拽了进去……

那几个预谋跟圆圆"借钱"的高年级孩子就躲在胡同里，看同伙把圆圆拽了进来，二话不说就开始翻他的口袋和书包，边翻边说："小兄弟，别害怕，我们就想跟你'借'点儿零花钱，不打你哈！"可是，圆圆身上只有妈妈给他买早点用的 5 元钱，根本无法满足那几个大孩子的需求。那几个大孩子就扣下了圆圆的书包，让圆圆回家去拿 100 元来赎，不然就把他的书包扔掉，还要打他。圆圆吓坏了，哭着跑回了家。幸好当时他的父母都在家，听圆圆哭诉完事情的经过后，就跟着圆圆去了那条小胡同。几个大孩子果然还等在那里做"美梦"，看到圆圆领着两个大人走了过来，就慌忙扔下他的小书包，一溜烟跑远了。

幼小的圆圆在学校中属于弱势个体，很容易被体型和力量都要大于他的高年级孩子欺负。虽然圆圆本身没有做任何坏事，但是，就因为他和同学们分享新奇的玩具与食物，他被心有邪念的高年级大孩子盯上，并对他实施了抢劫。好在高年级的几个学生也只是小学的孩子，只是想要一些零花钱，没有对他进行更多的伤害，最后更因为圆圆父母的出面，使事情得到了解决。但是，由这件事不难看出，年幼的孩子在学校中极有可能被高年级的孩子刁难、欺负，父母要提前教会孩子如何应对，才能防患未然。

为此，父母还应注意以下问题：

1. 教孩子学会说"不"

现在的孩子多为独生子女,自小娇养,因而养成了遇事先找别人求助而不自己想办法的习惯。当他们遇到大孩子的刁难时,常常因为不会拒绝而让对方欺负。其实,一些大孩子本质并不坏,只是喜欢通过欺负比自己弱的人来感受自己的强大。当被欺负的人意志坚定地对他说"不"时,他们就会心生怯意,自动退缩,因此,父母在平时要教会孩子对非善意的要求说"不"!

2. 教会孩子冷静应对

孩子因为年龄幼小,面对大孩子的刁难和欺负,极有可能会因害怕而对其各种无理要求满口答应,或因脾气倔强和大孩子硬碰硬,最后激怒大孩子,遭到暴力伤害,因此,父母要在平时叮嘱孩子,遇到大孩子的刁难或欺负时,要学会不害怕、冷静应对,以保护自己不受伤害为前提,与他们商谈条件、拖延时间,如称自己暂时没钱,约定时间、地点交钱,然后再找父母或老师商量解决的办法。

离这些"坏孩子"远一点

《三字经》曰"人之初,性本善"。但是,一些孩子由于周围环境等原因,小小年纪就养成了或自私冷漠、或骄纵任性、或凶悍霸道、或傲慢无礼的恶劣性情。他们之中,有的没有爱心、拒人千里,有的欺压弱小、恃强凌弱,有的蛮横霸道、不讲道理,甚至有的孩子小小年纪就学会了趋炎附势、阳奉阴违。父母要叮嘱自己的孩子远离这样的孩子,以免受到他们的不良影响,而要多与真诚友善、积极向上、尊敬师长、团结同学的好孩子交往,因为这样的孩子才能对孩子的成长产生正能量。

7岁的甜甜随父母工作调动,由B城转学到了S城一所新的学校,因为两地方言差异较大,她一时很难交到新朋友,觉得非常孤独。直到她和班上一个叫琳琳的小女孩渐渐熟识起来,情况才有了改观。

琳琳是她妈妈做了4次"试管婴儿"才成功得到的孩子,因此从小父母就对她非常溺爱,因而养成了这个孩子骄纵任性、目中无人的毛病。她对甜甜总是一副高高在上、颐指气使的样子,支使甜甜干这个干那个,甜甜虽然也感到不快,但是因为没有其他朋友,便只能默默地忍受着。一次,琳琳想要一个多功能铅笔盒,因为两周前她刚要了新铅笔盒，父母就没有答应她的请求，而向来想要就必须得到的琳琳当然不会就此作罢。她想了想，决定向甜甜要。当她向甜甜说了想要那只铅笔盒后，甜甜一下儿就犯了难——那是一个非常昂贵的铅笔盒，她根本不敢向父母提出要买。可是，当她向琳琳说出自己的难处后，琳琳却非常生气地向她吼叫："哼！就你这样，还想当我的朋友？！我这么一点点小要求你都办不到！我要你干吗用？！你这种朋友，我才不要呢！我要跟你绝交！"甜甜伤心极了，可她还是不愿失去这个唯一的朋友，万般无奈之下，她决定去那家商场偷……

最后，甜甜被商场售货人员抓住并报告了学校。学校给了她留校察看的严厉处罚，而琳琳觉得和甜甜交往让她十分丢人，也不再理她。其他同学看她因为偷窃而被处罚，就给他贴上了"坏孩子"的标签，更加不愿和她交朋友了。甜甜伤心至极，越来越不爱上学了。

甜甜因为在陌生的新环境里感到孤独，而把并不适合与之交往的琳琳当作了"救命稻草"，虽然觉得有些不妥，但仍压抑自己与她做朋友，最后，为了维系这段并不值得的友谊而去偷窃，让自己名誉受损不说，还受到了更大的情感伤害。这个故事不难看出，孩子如果不懂得选择适合的朋友，误交损友，将对他们的成长带来多么不利的影响，甚至以后的岁月也无法弥补这段充满缺陷的成长记忆。所以，父母要告诫孩子有些小朋友是不能交的，善于选择朋友是学会成长的关键一步。

为此，父母还应注意以下几点：

1. 教会孩子分辨是非

有时候孩子会与"坏孩子"交朋友，是因为他们对是与非的概念还分辨不清，故而不知道"坏孩子"们到底坏在哪里。碰到这种情况时，父母可以通过陪孩子一起看有教育意义的动画片，并用反思的方法引导孩子来分辨是非，如动画片中具有善良、可爱、友爱、真诚、诚实、谦虚、听话等性格特征的小羊会受到大家的喜欢，因为它们做的事情是对的；而具有狡猾、奸诈、欺负弱小、撒谎、欺骗、骄傲、野蛮、任性等性格特征的狼大家都讨厌，因为它们做的事情是错的。

2. 教孩子学会拒绝"坏孩子"

有些孩子并非不会分辨是非，只是他们性格较为软弱，明知道对方是坏小孩，也不忍心拒绝。遇到这种情况，父母应该教给孩子拒绝的方法，如教孩子对坏小孩说:"如果你今后不打人了,不偷别人的东西了,我们再做好朋友吧。"既让孩子懂得了交友的分寸,又无形中促使了"坏孩子"的转化。

别把文具当做角斗武器

　　孩子们打闹时,总是喜欢随手拿起一件东西就当做武器攻击对方,例如拿起手边的玩具小熊击打对方,用随手抓起的零食饼干投向对方等。这些东西虽然都不具有杀伤力,但孩子们拿它们闹着玩儿也有毁坏物品、浪费食物之嫌。可是,如果孩子们随手拿起的,是带有坚硬金属尖的钢笔,或者完全可以当做凶器使用的小刀、剪子之类的文具呢? 一旦这些东西锋利的尖端或刃伤着孩子,就有可能引发流血或感染。如果直接伤到了要害部位,则将引发更加严重的后果,因此,父母和老师都要关注孩子的这类举动,叮嘱他们注意安全,不要把文具当做角斗的武器。

　　小学一年级的手工课上,菲菲正拿着尖头小镊子夹人造水晶的小珠子,专心致志地注布艺画上贴。这时候,坐在她边上的雷雷因为菲菲不理睬自己而暗自生气,于是,为了引起菲菲的注意,他稍微用力地推了菲菲一把。不巧的是,那时候菲菲正在用镊子夹盘子里的水晶珠,被他一碰,手一抖碰翻了盛水晶珠的小盘子,水晶珠洒了一地……

　　菲菲的布艺画还有一点儿就完工了,可是水晶珠全洒了,她就不得不先停下手里的工作去捡那些水晶珠,更让她感到气恼的是,当她去捡水晶珠时,雷雷居然把她在画上粘好的水晶珠又一粒粒地抠了下来! 这下菲菲真的气坏了,她用手上拿着的尖头镊子向雷雷的手戳去,镊子锐利的尖端一下子就把雷雷的手扎了一个小洞。雷雷被扎疼了,也生气了,拿起桌上做布艺画用的胶水就向菲菲扔了过去,菲菲漂亮的马尾辫上被淋了好多胶水,变得乱七八糟。愤怒的菲菲跳起来扑到了雷雷身上,两个小孩子打成了一团。班里其他孩子看他们两个打得难解难分,觉得这比手工课好玩儿多了,也纷纷选择阵营加入了战斗,互相投掷这节课要用的铅笔、布条、胶水、镊子、剪刀等文具,场面完全失去了控制……

　　突然,一声小女孩的尖利哭叫声让大家在瞬间一起停了手。原来,是混战中菲菲被不知谁扔过来的铅笔的笔尖扎到了鼻梁,血一下儿流了出来。

菲菲和雷雷这样的孩子拿着铅笔、镊子和剪刀一类具有一定伤害性的文具互相打闹,是很危险的一件事情,因为孩子身小力弱又没有准头,拿着这些东西乱扔,就很容易发生危险。这次万幸只是划伤了菲菲的鼻梁,如果铅笔尖再偏一点儿,扎到菲菲的眼睛,后果将不堪设想。所以,父母一定要告诫孩子千万不要用铅笔、小刀、小剪子等物品随意追逐打闹,意外总是发生在一刹那,应该防范在前。

为了保证孩子的安全,父母还应注意以下问题:

1. 帮孩子养成文具用完放回原处的习惯

很多孩子之所以会拿铅笔、剪子等文具打闹,主要是因为这些东西被随意摆放在孩子们触手可及的地方。所以,如果父母能够培养孩子用完文具及时收拾的习惯,孩子就不会有随手拿起文具相互打闹的机会,由此造成伤害的机会也就会被大大降低。

2. 教会孩子专物专用

孩子之所以乱拿利物打闹,是不太明白它们的专属用法,如告知他们铅笔只可以用来写字、小刀只能用来削笔、小剪子只能剪纸或剪指甲等,除此之外不可以用作它用,否则将没收。让孩子明白专物专用的原则,不再用文具相互打闹。

美术课应注意的安全事项

在幼儿园和小学低年级的美术课上,孩子们可以恣意按照自己的想象用颜料涂抹,给自己描绘一个梦幻世界。很多父母也认为,这样做不单可以提高孩子的审美情趣,还能开发他们大脑的形象思维能力,因此非常乐于鼓励孩子参与其中。可是,上美术课时孩子不免要接触各式各样的美术工具,例如画笔、颜料、石膏粉、雕塑刀,等等。这些东西一旦使用不当,就有可能给孩子造成身体上的伤害,因此,父母在鼓励孩子学习美术知识的同时,一定不要忘记提醒孩子注意安全使用美术工具,保护自身安全。

6岁的菁菁是个可爱的小女孩,她天生就对色彩和形状有着异于常人的感悟。每次上美术课时,当别的同学觉得百无聊赖,恨不得赶快下课,好出去尽情跑跑跳跳时,她都听得津津有味。平时课间休息时,她也喜欢一个人静静地在操场边上观察花朵、树木和停驻枝头的小鸟等，回家后再把它们都画出来。虽然笔触稚嫩，却也有模有样。她的父母发现了她的这一天赋后，欣喜异常，为了鼓励女儿继续保持这一天赋，他们不断夸奖菁菁画得真漂亮！并计划请专门的美术老师来给菁菁教授绘画课程。

得到了夸奖的菁菁画得更起劲了，她把几乎所有的课余时间都用在了画画上，画也画得越来越好。可是，不久，父母和老师都发现原本可爱的菁菁脾气变得越来越暴躁，食欲也越来越差，近几周还时时对妈妈说觉得恶心、想吐……一天美术课上，菁菁突然昏倒了！被吓坏了的老师赶快把她送去了医院，并通知了她的父母。菁菁父母赶到医院时，刚好检查结果也出来了——铅中毒。

菁菁的父母拿到这个检查结果一下子就慒了，他们平时对孩子的吃喝穿戴都非常小心，孩子怎么会铅中毒呢？菁菁的美术老师扶着受到打击的父母坐到了抢救室的外面，一边陪他们等候里面的消息，一边仔细想着菁菁在学校的各种举动，帮助寻找她铅中毒的原因。突然，她想到菁菁有个独特的习惯，就问菁菁的妈妈："菁菁妈妈，您女儿在家里画水彩画的时候，有没有把带有颜料的笔在嘴唇上蹭的习惯？"菁菁的妈妈回想了一下，然后说："有！这孩子有一回看古装剧，里面有个才女画花卉的时候，习惯用毛笔蘸嘴上的红胭脂点花蕊，这孩子觉得那个动作特别好看，一画画就模仿。我跟她爸爸说了好多回，水彩颜料不能吃进嘴里，对身体不好，可她就是不听！"

美术老师知道，现在用的水彩颜料里面是含有铅的，其他化学成分对身体也不好，菁菁经常画画，又有这个习惯，这恐怕就是她铅中毒的原因！她赶快把这个情况告诉了正在抢救菁菁的医生们，医生根据她和菁菁父母提供的其他一些线索追根溯源，最终断定，造成菁菁铅中毒的罪魁祸首，就是她画画时"吃"的颜料！

菁菁这样喜欢画画的孩子，与各种美术工具接触的时间本就比一般孩子多，容易被颜料中的化学物质沾染，引发一些不良反应，再加上她为了漂亮，刻意模仿古装剧里的美女用画笔涂抹嘴唇的动作，结果引发了中毒。美术课上的一切用具，除颜料使用不当会引起中毒外，画笔、雕塑用的竹刀、木刀等也存在一定的安全隐患，使用不当也会引发危险，因此，父母一定要叮嘱孩子在美术课上要注意安全。

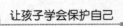
为此，父母还要注意以下问题：

1. 去正规商店选购安全的美术用具

年幼的孩子身体还没有发育完全，对各种有毒物质较为敏感，代谢能力也不强，因此父母在给孩子选购颜料等美术用具时，一定要去正规商店选购合格产品。如果有儿童专用产品，则最好选用这种产品，以确保孩子的安全。

2. 帮助孩子养成上美术课的良好习惯

针对美术课上各种用具存在的危险，父母要帮助孩子养成不把带有颜料的笔放进嘴里、画完画马上洗手、不用画笔和雕塑刀等用具相互打闹的良好习惯。

体育课应注意的安全事项

体育课是年幼的孩子们最喜欢的科目之一。因为在这节课上，他们可以跑跑跳跳，尽情撒欢。父母们也觉得孩子多做做运动，心情愉快之外还可以增强体质，对身体有好处。只是，这些好处背后隐藏的危险，常常被忽略了。孩子们做运动的时候如果不注意保护自身，往往就会造成多种对身体的伤害，例如被随身携带的小物件扎伤、扭伤或摔伤等，因此，父母和老师在孩子上体育课的时候，还要教会孩子体育课上的自我保护知识。

6岁的阿诚刚上小学一年级，但是，因为身体壮实个子又高，在学校里常常被误认做二三年级的学生，而且，他的体育成绩尤其是短跑成绩非常突出，常常比二年级的学生还要好！连阿诚的体育老师都在建议他的父母，最好送孩子去上体校，不要埋没了一棵好苗子。

阿诚自己也因为体育成绩突出而颇感自豪，因此，一到上体育课的时候，他就兴奋异常，又蹦又跳活像出山的"小豹子"，有时候老师都管不住他。一个下午，又是阿诚班级上体育课的时间，因为这节课学习的内容是阿诚最擅长的短跑，所以他格外兴奋，从开始分组练习他就一直在塑胶跑道上跑来跑去，甚至老师说了他几次也没有用……因为要给其他同学测试成绩，老师最后只好任由他去，而且，老师觉得学校操场的跑道都是铺了塑胶的，小孩子就是摔一跤，最多也就是擦破一点儿外皮，不会有大的危险发生。结果，没有一会儿他就听到了阿诚痛苦的哭声，赶过去一看，阿诚摔倒在地，嘴边都是血，也不知哪里受了伤。

被吓坏的老师赶快把阿诚抱到了学校医务室，经校医检查，发现他的嘴唇被割开了一个大口子，学校医务室根本没法处理。没有办法，校医做了简单处理止住血之后，又和阿诚的老师一起把他送去了附近的医院，做了缝合处理。急诊室负责缝合的医生说，这个倒没有太大危险，只是阿诚长大后，嘴上可能还是会留下比较显眼的疤。闻讯急匆匆赶来的阿诚妈妈听到医生这样说，大为心疼，并追问阿诚的老师，孩子为什么会弄伤。此时，自知有错的阿诚不想老师因为他被妈妈责难，就跑过去拉妈妈的衣服，然后忍着嘴上伤口的疼痛，连说带用手比划，说清了情况。原来，阿诚的爸爸妈妈每天都要工作到晚上8点左右才能回家，他每天回家都要自己开门。妈妈怕他把家门的钥匙弄丢，就用绳子穿起来，给他挂在脖子上贴身戴着。阿诚今天会受伤，就是因为不听老师的话，在跑道上乱跑时跌倒，嘴巴正好被从衣服里甩出来的钥匙割到，才不幸受伤的。

妈妈听了阿诚的话，又生气又心疼，只得愤愤地戳着他的脑门泄愤。

从阿诚的故事里不难看出，体育课对于年幼的孩子而言是存在很多危险的。往往看护者不经意间的一个细微疏漏，就能导致孩子受伤，甚至发生不可逆转的终生伤害，因此，父母一定要在平时教会孩子上体育课时要服从老师管理，并注意自身安全，以免发生意外伤害。

为此，父母还要教育孩子注意以下几点：

1. 运动前做好准备工作

运动前如果准备活动不充分，开始运动后关节、肌肉受伤的可能性就会大大增加，尤其年幼的孩子骨骼和肌肉都没有发育成熟，韧性和力度都还不够，受伤的概率也就比成人更高，因此，父母要告诉孩子，上体育课时一定要听老师的话，做足准备活动，其程度以身体微微感到发热为宜。

2. 身上不要携带质地坚硬的东西

孩子上体育课时如果随身携带金属物等质地坚硬的东西，一旦突然跌倒或碰撞,就很有可能被身上的硬物硌伤。如果硬物本身有较为锋利的边,还有可能划破肌肤造成伤口,给孩子带来痛苦,因此,父母要告诫孩子,上体育课时,身上切不可带有质地坚硬的东西。

别轻信要接你回家的陌生人

孩子每天上幼儿园或学校,父母一般都会负责接送,就是父母实在脱不开身,也会拜托可以信赖的人帮忙接送。可是,生活中总有百密一疏的情况,一旦父母忙得忘记接孩子放学,也没有拜托可信赖之人代劳,就有可能发生孩子被人冒名接走的事情。之所以会发生这种事情,是因为孩子思想单纯,在渐渐黑下来的天色中,看小朋友一个个被爸爸妈妈接走,可自己的父母却迟迟不出现,就会有父母抛弃他了的错觉。此时一旦有陌生人上前主动表示关心,甚至递送糖果,假称是帮他的父母来接他的,孩子就会轻易相信,跟着此人离开。针对这种情况,父母一定要事先给孩子打预防针,叮嘱孩子除了父母不要跟任何不认识的人走,并拜托老师协助处理此类情况,从而保证孩子的安全。

5 岁的雅雅是个拥有完整家庭的"单亲"孩子——雅雅的妈妈作为公派留学生,在她 2 岁半的时候就去了瑞典,开始了为期 4 年的留学研究生涯。雅雅跟着从事新药开发工作的爸爸留在国内生活。她的爸爸每天要从事繁忙的科研工作,还要接送她上幼儿园,照顾她的生活,非常繁忙而辛苦。

一个周四的下午,幼儿园放学后雅雅就背着自己的小书包站在园门口,等着爸爸来接她,眼看着小朋友一个个被父母接走了,她的爸爸却一直没有出现。雅雅开始着急了,她惊慌地心想:"妈妈都不回来看我,一定是不喜欢我!爸爸不会也不要雅雅了吧?"这时一个打扮入时的阿姨走了过来,她蹲在雅雅面前,和颜悦色地问她:"小朋友,在等人吧?家里人没来接你吗?"雅雅点了点头,大眼睛里瞬间就变得泪光盈盈。这个阿姨赶快拿出一颗糖递给她,说:"乖,不哭啊!来,吃糖糖,阿姨有车,把你送回家好不好?"说完还用手指了指前面停的一辆小轿车。雅雅低着头,掰着自己的小手指,咬着嘴唇,不敢肯定该不该相信这个看起来像好人的阿姨而跟着她走。这时,阿姨轻轻抚摸着雅雅的头,非

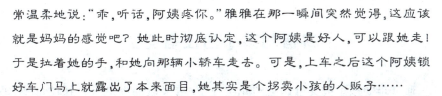

常温柔地说："乖,听话,阿姨疼你。"雅雅在那一瞬间突然觉得,这应该就是妈妈的感觉吧? 她此时彻底认定,这个阿姨是好人,可以跟她走! 于是拉着她的手,和她向那辆小轿车走去。可是,上车之后这个阿姨锁好车门马上就露出了本来面目,她其实是个拐卖小孩的人贩子……

雅雅对妈妈的印象几乎为零。虽然爸爸每天在身边照顾她,但年幼孩子对母爱的渴望并不能因此而获得满足。所以,当一个近似妈妈的角色出现时,她很容易就会放下戒心,对其产生亲近感;再加上雅雅过于年幼,缺乏对身边潜在危险的基本辨别能力和必要防范意识,给了犯罪分子可乘之机,最终酿成了悲剧。可见,孩子看问题是很难透过现象看本质的,他们思维简单不拐弯,又很依恋父母,骗子往往用情感攻势就能轻易将其降服。所以,父母要经常提醒孩子,不是家里人去接,一定不要让不熟悉的人送他回家。

还有,有的父母只是直接地告知孩子不要跟不认识的人走,但是没有传授技巧和策略。这样,说与不说没什么区别,所以为了增强孩子处事的灵活性与机智性,应该告知具体的操作方法。

为此,父母还应该教会孩子处理以下问题:

1. 佯装打电话

当孩子被陌生人缠住无法脱身时,父母可以教孩子用跑到一边假装打电话的方法脱身。具体方法是,父母为孩子配备一个幼儿模型电话机带在身边,当有陌生人上前与孩子搭讪并缠住孩子时,可让孩子假装说给妈妈打个电话,问问妈妈的意思,然后到一边去悄悄"打",并观察那人的反应。如果那人知难而退,就能以此识破骗子的面具。

2. 跟老师打招呼

父母要提前教育孩子,当陌生人要从幼儿园或学校门口带走孩子时,孩子应告知老师,并且要带着陌生人一起走到老师面前告知。这样做,不但可以让老师看到陌生人留下印象,也对心怀不轨者提出了委婉的警告,能够起到让其收起不轨之心的作用。

3. 叫陌生人联系父母

当孩子在校门口遭遇陌生人,并被陌生人缠住试图带走时,父母可以教孩子这样应对:让孩子对那人说:"你给我爸爸打个电话。如果爸爸说同意,我就跟你走。"这样,陌生人的骗局就会被拆穿。

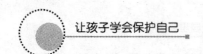

寄宿制孩子的住宿安全

通常年幼孩子被父母送去幼儿园或学校,采取的都是全日托的形式,即早上送孩子去上课;中午午饭后,老师会安排孩子午休;下午下课后再由父母将孩子接走。但是,有一些孩子因为父母工作性质特殊或过于繁忙,需要寄宿,也就是周一父母将孩子送到幼儿园或学校,孩子一周时间吃、住、学习都在学校,周末时父母再将孩子接回。如果孩子需要寄宿,父母就要教会孩子宿舍是集体场所,在那里不能像家里一样以自我为中心,应该顾及其他小伙伴的感受,保持安静,不要随便哭闹任性,要按老师的要求去做,按次序进入宿舍;上床后,不要大声喧哗,好好睡觉,不要影响其他同学;起床要按时,不能赖床,一切听从老师的指挥。但是,有需求时也要清楚地告诉老师,让老师来帮你。

暖暖的爸爸妈妈都是考古工作者,因为近期夫妻俩同时被征召参加一个大型人类遗迹的拯救性发掘工作,没有人能照顾 7 岁的暖暖,不得不把暖暖转到一所寄宿制小学,等爸爸妈妈工作结束后再接她回家。

暖暖第一次离开爸爸妈妈,独自生活在一个完全陌生的环境中,屋子里的其他床铺上睡的都是陌生的小朋友,也没有人睡前再给她讲故事了,她觉得非常孤独。晚上,她躺在床上,盯着天花板,翻来覆去,烦躁不安,她想回家跟妈妈睡,平常都是妈妈给她洗好小脚丫,把她抱上床,盖好被子,然后再上来陪着她入眠。可是现在没有了妈妈在身边,也没有熟悉的空间,暖暖觉得屋子里的其他小朋友没有睡觉,都在看她,她觉得压抑得喘不过气来。她越想越难受,最后禁不住号啕大哭起来。同一寝室的其他小朋友都被暖暖的哭声惊醒了,有的抬起头用异样的眼神看她,有的也跟着她哭了起来。听到别人也在哭,暖暖哭得更加撕心裂肺了,最后,把寝室里所有的孩子都带得哭了起来。不一会儿,暖暖的寝室里就充满了高低错落、此起波伏的哭声。最终,哭声引来了学生宿舍的夜班执勤老师,老师问明情况后批评了暖暖,她觉得很委屈。等老师走后,暖暖决定自己从学校"逃走",自己去找妈妈! 她偷偷溜出寝室,从宿舍楼的后面跑到了宿舍区后面的花园里。因为半夜视线不好,她迷路了……

最后，找不到路的暖暖不得不在花园里冻了一宿，早上老师找到她时，她已经浑身冰凉陷入了昏迷。

暖暖由于是第一次离开爸爸妈妈、离开熟悉的环境，要她马上融入一个完全陌生的集体环境中，她肯定会有一定程度的不适应。很多孩子在这种情况下，都会出现害怕与陌生的孩子或老师相处，体验不到快乐，因老师过于严厉而心理负担过重等问题。这些情况的出现，与一些孩子依赖性比较强、怕生、害羞等性格因素有关，但与周围环境也不能说全无关系。孩子在心理负担过大的情况下，就有可能做出一些极端行为，例如像暖暖那样试图逃走，因此，父母应在孩子正式开始寄宿生活前就帮助孩子做好应对寄宿生活的心理准备。

对寄宿生，父母还应教育他们注意以下几点：

1. 给孩子留下一些家的气息

给孩子制造家庭气息最简单的方法，是给孩子宿舍的床上用具套上家里的床单被套，并放上孩子喜欢的玩具等。这样做可以给孩子营造一个熟悉的家庭氛围，让他感觉就像在家里一样亲切，帮他逐渐适应宿舍的环境。

2. 鼓励孩子在宿舍交朋友

父母可以鼓励孩子在宿舍多和室友交往，如果孩子身边有了亲近的小伙伴，能说说心里话，就不会过分的想家、想念父母，产生不安烦躁等负面情绪，而且，很多孩子在交到朋友之后，会渐渐爱上寄宿生活，变得以校为家、以园为家。

3. 告诫孩子不要在学校里"探险"

一般的寄宿制学校占地都比较大，很容易被年幼的寄宿生们当成"探险乐园"。孩子们在校园中四处"探险"，一旦跑到自己不熟悉的地方，就很容易发生危险，因此，父母一定要告诫孩子，住在学校的时候要服从老师管理，不要四处"探险"。

第五章

户外活动中的自我保护

出门玩儿一定要先告知家人

幼年时期是人生一个重要的年龄阶段。这一时期的孩子对外界事物充满了好奇心与求知欲,适量的户外活动,有益于孩子的身心成长。但是孩子们的认知力还不强,对许多现象和原理并不了解,贸然进行户外活动就会隐藏着很多危险,因此,父母应要求孩子在进行户外活动之前,一定要先告知父母,同时,身为父母也要多与孩子们沟通,听取他们的想法,指导孩子们户外活动时应当注意的事项,掌握活动的内容、地点、范围,以保障孩子们的安全。

闫闫5岁了,他最喜欢的事情就是看着小风筝们在天空飞舞。闫闫有很多很多的小风筝,有和老师一起做的,有和爸爸妈妈一起做的,有亲朋们赠送的,大大小小、各式各样、五颜六色。

有一天,闫闫得到了一只新的小风筝,睡觉的时候都闹着要放在床边不肯收起来。在梦中闫闫和小风筝玩得很开心,一起在天空中飞翔,他们穿过森林,飞过海洋,与小鸟一起飞翔。闫闫笑着从梦里醒了过来,看到同样睡在身旁的小风筝,想起了在梦中和它一起飞翔的情景,他透过窗户看着天空,灵机一动拿着风筝跑到卧室门口,看到爸爸和妈妈正在睡午觉。闫闫心想,如果叫醒了爸爸和妈妈他们一定很不高兴,是不会同意闫闫带这小风筝出去玩的,自己就带这小风筝去玩一小会儿,应当没有问题的,自己会马上回来的。

于是,闫闫举起小风筝打开大门,兴冲冲地跑了出去。来了到户外,闫闫家的附近路面不平整有很多的水坑和阴沟,周围也不够空旷,碎石也很多,并不适合放风筝。闫闫举着小风筝左看看右看看,看到只有远处的几只小狗在追跑,周围没有什么人。闫闫举起了小风筝沿着小路就跑了起来。跑了一会儿小风筝怎么也飞不起来,可是闫闫跑步的举动引来了小狗们,它们向闫闫飞快地追了过来。闫闫看到好几只狗一起追了过来,吓坏了转身就跑,一个没跑好踩到了水坑滑倒了。狗狗们扑了过来,闫闫在害怕中乱滚,不小心又滑进了边上的阴沟中。闫闫在慌乱中挣扎着,可是身边没有一个人。

放风筝本身是一项有益身心的户外活动,但是在进行户外活动时应当有父母的陪同和认可,可闫闫户外去放风筝时却没有告知父母。孩子们有时候会想什么就去做什么,完全不会考虑这件事情的后果,而孩子冲动和草率的性格也不喜欢父母的管束,不愿意和他们沟通。当孩子有了一个充满诱惑的想法时,就会忽略一切事情,不要提隐藏的危险他们看到不,就连周围的环境变化也不会意识到。当危险发生时他们就会慌乱无助、孤立无援、失去向人求救的机会。所以,父母们要多与自己的孩子沟通,听取他们的想法,并告诉他们户外活动存在哪些危险,去之前一定要告知父母。

为此,父母还要注意以下两点:

1. 让孩子了解户外

在满足孩子对外界事物的好奇心与求知欲的同时,父母也应当给孩子讲解在户外潜在的危险,让孩子发现它们,了解户外不光好玩也存在危险,并讲解一些应对的方法。这样,在孩子发生危险时,就会因为准备充分,避免或减轻伤害。

2. 平时多与孩子沟通

父母要耐心和孩子沟通,让孩子能感受到父母对他的关心与爱护。有时孩子不计后果的一些行为,是为了引起父母的注意力,吸引父母的目光。如果父母能让自己的孩子知道爸爸妈妈对他的爱与关心,对于他做出来的那些存在危险的事情表示担心,例如他擅自外出时,爸爸妈妈会非常担心他的安全,孩子就会明白出去玩耍而不告知父母,是不对的。

玩耍时应远离高压电线

在户外玩耍时,各种物体在孩子们的眼中都是值得探究的,孩子们好像天生就比较喜欢攀爬、登高,充满了探险精神。在一些地方,离地面比较近的一些高压电线,就有可能成为孩子们的探险目标。因为从孩子的角度去看,它高耸入云,爬上去后就可以在天空中荡秋千;电线纵横交错,就像蜘蛛网般神奇;还有那一排排的绝缘瓷瓶,那是小鸟的家吗?为什么小鸟停留在上面?这些都在吸引着孩子们对它近距离地接触,要知道这种行为是极其危险的,在工业上电压为 1 000 V 或以上的被称之为高压电。如果不小心就会触电身亡,那些看上去美丽的电光会在瞬间将孩子烧成焦糊。高压线所产生的磁场在一定范围内对人体也存在危害,这主要表现在对中枢神经的损伤和导致肌肉能力障碍。所以,父母一定要警告孩子:生命宝贵,远离高压电线。

今天是蔡蔡的5岁生日,家里来了很多人好不热闹,一下子蔡蔡多了好多小伙伴,他们一起在客厅玩耍、嬉戏,当看到挂在墙上的风筝时,小朋友们一致决定去放风筝。蔡蔡取下风筝同小朋友们一起跑到楼下。那是一个蜻蜓形状的风筝,小朋友们真想快点看到它在天空中飞舞是什么样子的,于是在居民楼下孩子们通过相互的配合,成功的让它升空,大家欢呼着在楼前拽着风筝线跑来跑去,希望它能飞得更高更远。可是蔡蔡跑着跑着,发现拽不动风筝了,大家回头一看原来风筝被高压电线的线缆缠住了。这下小蜻蜓下不来也飞不高了。可小蜻蜓是爸爸买给蔡蔡的生日礼物,并且是蔡蔡和爸爸一起挑选的,蔡蔡很喜欢它,蔡蔡觉得是自己没能保护好它。小朋友们看到蔡蔡这么伤心就说想办法把它弄下来吧,可是高压电线这么高,要怎么弄下来呢,大家一起想到了一个办法,如果用渔夫撑船那样的长长的竹竿去挑,应当能够把风筝弄下来吧? 于是,他们之中两个年龄比较大的孩子就跑到小区边上一片绿地去,找来了符合要求的竹竿交给了蔡蔡。蔡蔡吃力地举着竹竿就往高压电线上挥动,突然线缆上冒出一阵儿火花,一道火光"噼啪"一声打在了蔡蔡身上,只一瞬间就烧着了。其他孩子们听到蔡蔡的惨叫声都吓傻了,不敢上前救助,只能眼睁睁看着蔡蔡被电流烧得浑身焦黑在地上颤抖着。

如我们所知,居民楼附近正是高压电线密集之处,当风筝在空中飞舞时会很容易与高空中的高压线缠绕在一起。当被拉扯刮擦时,就会引起电流震动改变,而剧烈的拉扯和碰触就会产生电火花,然后它就会通过导体引燃至人身。像是蔡蔡手中拿的带有水分的湿竹竿,几乎是一触即发。当孩子们无知地碰触高压电线的线缆,强大的电流会毫不留情夺去孩子们美好的生命。所以,父母应当告诉孩子们要远离高压电线,不要到高压电线附近玩耍,以避免这种灾难的发生。

同时,父母们还应教育孩子注意以下几点:

1. 让孩子认识危险标志

带孩子们去认识高压电线上的危险标志。让他们明白那些红色的惊叹号所代表的意思,那里是危险的不可接近的,是会危害到生命的物体。

2. 教会孩子观察四周,懂得避让

一定要让孩子明白玩耍要到空旷无高压线之地。但孩子玩耍时往往会忽略所在的环境,一些不利于孩子安全的问题往往就存在于疏忽间,所以,要让孩子们自己学会观察周围的不利环境因素,懂得避让。

3. 要求孩子必须远离高压线

除去高压线本身的危害,在距离高压线过近的地方活动,也会对孩子的身体健康造成一定危害,因此,父母一定要教育孩子远离高压线。

有人打架要赶快闪开

年幼的孩子对身边的一切事物都充满了好奇心,相信很多为人父母的都经历过这样的头疼事——带着孩子外出,碰到一群人在围观某件事情,孩子出于好奇,会奋力挣脱被父母拉着的手,"勇往直前"地钻进人群去一探究竟。哪怕他明知道里面是有人在打架!年幼的孩子围观打架,多是出于好奇或是觉得热闹有趣,他们完全意识不到,围观打架的过程中,他们自身也有可能被误伤,受到不必要的伤害。

小峰是一个勇敢的6岁男孩,平时在家的时候就喜欢探险和侦探游戏。他最响亮的口号是:"我要保护妈妈。"凑热闹算是他和妈妈共同的爱好吧,不管是两只小狗打架,还是阿姨们砍价的功力都是他喜欢研究的。

今天妈妈要带小峰去商场买衣服,正当母子俩精心挑选商品时,他们旁边传来了激烈的争吵声。小峰出于好奇,拉着妈妈凑过去想一探究竟。

母子俩走过去时,吵架的三个人周围已经围了很多人,站在外面根本看不到里面的情况到底如何。小峰先是挣脱妈妈的手,站在人群的外围"蹦高高"。可是这样他还是看不到里面到底发生了什么。好在小峰的身材和周围的一群成人相比非常娇小,很容易就从人群的缝隙中钻了进去,站在第一排观看"战果"。小峰的妈妈焦急地在外面叫他,他也装作听不到。

原来,里面吵架的是两男一女。吵架的原因,是其中一个男人因为感情的问题在勒索另外一对情侣。这三个人身上多少都带着一点儿伤痕,可见他们不单在吵架,还动了手。当然,这些细节不是作为小孩的小峰所关心的。他更好奇的是,这三个人最后能吵出怎样一个结果。于是,随着吵架的三个人互相推搡移动,他也被人群裹挟着在商场的走廊上移动着。吵着吵着,那对情侣中的男人说:"你别猖狂!我已经报警了,你今天绝对跑不了了!"

他说话的时候,人群刚好移动到了商场中一个品牌厨具店前面。被威胁,觉得自己没有退路的勒索男突然冲进了那家店里,抢出一把菜刀,挥舞着向那对情侣冲去。人们看到他拿着刀挥舞,立即四散开来,小峰也感到了危险,开始向反方向边跑边寻找妈妈。此时,商场外面响起了警车特有的鸣笛声,持刀的男人在心慌意乱的状态下一把抓住了小峰,劫持小峰作为人质,要求刚刚到达的警方放他平安离开。小峰刚开始时被吓坏了,哭着要找妈妈。可是,当他发现了站在围观人群最前方,一脸的担心,哭得比他还厉害的妈妈时,他反而不那么害怕了。此时的他非常后悔刚刚没有听妈妈的话,钻进人群看打架,给自己带来了危险,还害得妈妈跟着担惊受怕,同时他还想着,我是勇敢的男子小峰,我要保护妈妈!于是,他找准机会狠狠地咬向歹徒的手背,歹徒因为疼痛而放开了小峰,警察乘势快速冲上来,夺刀救出小峰制服了歹徒。妈妈心痛地抱住小峰,不停地亲吻。

其实能发生在公开场合的吵架、打架,其当事人都已经算得上过激的行为了。这次小峰的获救,是有一些侥幸的因素在内的,当然小峰的勇敢、警察的到达是避免事件再次升级的主要原因。但是,如果小峰不拉着妈妈去凑热闹,是不是就可以完全避免这次惊吓事件的发生呢?要知道,不是每一次意外的结局,都会如此幸运的。我们看到的这次事件可以算是正常的一次伤害事件,要知道还有一些是利用人们的好奇心特意制造出来的场面,在大家围观取乐时,进行偷窃行为,更有人趁机劫持和拐卖小孩。所以,请父母们一定要注意不要让孩子去凑这样的热闹。

为此,父母还应该要求孩子注意以下几点:

1. 不到人多拥挤的地方去

打架被围观的地方,必定人多拥挤秩序乱。如果父母能在平时就培养孩子养成不凑热闹,不往人堆里扎的好习惯,孩子就不会产生扎进人堆的欲望。这样,就能彻底避免孩子因凑热闹而受伤的情况出现。

2. 告诫孩子不要盲目"挺身而出"

很多孩子在通过讲故事和看动画片中知道了英雄要扶助弱小，在有人遇到危难时要"挺身而出"后，就想模仿也要去做英雄。但现实生活中，并没有那么多机会可以让他们做英雄。在打架事件中，打架双方经常会出现一方强一方相对弱的情况，于是，帮助弱势一方就成了孩子们模仿英雄的一个"绝佳"机会。可是，年幼的孩子思想单纯，考虑事情往往不够周全，他们只想着帮助弱者，很多时候却没有考虑清楚在暴力行为中较为弱势的一方，是否在情理上是正义的以及他们这样做是否会给自己带来意外伤害等问题，因此，父母要在平时告诫孩子，弱小的他们没有能力像英雄那样制止暴力，遇事要先考虑好自己是否能做，然后再行动，千万不要盲目地"挺身而出"。

别到拥挤的人群中去

孩子们到户外游玩，大多喜欢到人多的地方看稀罕。但人流过多的地方存在很多隐患，其中人流密度大，空气流通不畅，容易引发流感、流脑的传播，同时在一些空间中，体育场馆、影院、酒吧、狭窄的街道、楼梯等，人群相对集中的场所时有突发情况，很容易发生踩踏事件，对此国内外有过不少惨痛的教训，例如 2005 年某省某县某小学拥挤踩踏事故中，就有 8 名学生死亡、17 名学生受伤，因此父母们还是别带孩子们去拥挤的人群中去，以避免伤害到孩子。

今天是爸爸和小麦的父子日，因为爸爸的工作很忙，没有很多的时间可以陪小麦，答应了一起出去玩也经常失约，所以妈妈为小麦同爸爸定了一个父子日，在一个月中的这一天，爸爸所有的时间都是用来陪伴小麦的。今天是约好的日子，小麦早早地就想好了要爸爸带他去看电影，首映的片子里有小麦很喜欢的猛犸大象，而正好今天是首映日，早在两个星期前小麦就很期待了。

小麦随爸爸欢天喜地的到达电影院。人好多呀，真是人山人海。啊！还有很多小朋友，看着售票口长长的队伍，爸爸和小麦只好安静地排队了。几经周折终于看上电影了，与猛犸大象一起在地底世界探险结束，迎接一个新生命到来，听着欢快的音乐，电影结束了，小麦还余兴未了，期待下一集的到来。小麦拉着爸爸的手说着电影里面喜欢的情节,随着人流向出口缓慢地移动着,发现越来越挤,原来看电影的人很多,而出口却设计的相对狭窄,大家都想早点离开,于是后面的人开始向前用力挤压。前面开始传来了孩子的哭声,爸爸看事情不对快速抱起小麦,让小麦楼住自己的脖子,自己则腾出一只手,手肘撑开,放于胸前,激微向前弯腰,形成一定空间,以保持呼吸道通畅。开始向侧面墙角移动,爸爸成功带小麦挤出人群。躲在后面等大家都走得差不多了,才离开影院,回家后小麦向妈妈不断炫耀爸爸的威武与机智。

小麦爸爸当时采用的应急办法是值得父母们学习的。在一些通道、人流拥挤的地方,孩子们因为太瘦小,又站在人流的下方位置,当遇到突发事件,孩子在低处就会被挤压、碰撞,甚至发生踩踏情况。如果遇到不怀好意的人还会趁机起哄,偷、拐小孩。所以家长要提醒孩了不要去人流过多的地方,要注意安全。

父母还应注意以下几点:

1. 不带孩子去人群拥挤的地方

有"热闹"的地方;通常也是人群较为集中的地方。如果密集的人群中有人摔倒,在嘈杂的环境中是不容易引起注意的,于是,摔倒者就很容易会被后面涌上来的人踩踏,导致受伤,而且,受好奇心驱使的人群通常是较为激动的,容易出现骚乱。所以,身为父母要做到不带孩子去看热闹,并且还要告诫孩子独自出行时也不要看热闹。

2. 教会孩子如何脱险

如果在行进中,有慌乱人群向自己所在的方向涌来,应当快速躲到一旁,或蹲在附近的墙角下,等人群过去后再离开;在拥挤混乱的情况下,最好是抓住身边一件牢固物体(栏杆或柱子),一定要远离店铺和柜台的玻璃窗,因为在混乱的情况下玻璃窗破碎有可能会使人受到伤害;如果要在拥挤的人群中前进时,要用一只手紧握另一手腕,手肘撑开,平放于胸前,微微向前弯腰,形成一定空间,以保持呼吸道通畅;如果不幸被人挤倒在地,一定要设法使身体蜷缩成球状,双手紧扣置于颈后,保护好头、颈、胸、腹部。

不要和流浪狗玩耍

孩子们对小动物有着发自内心的喜爱,看到那些毛茸茸的小生命就想要上手去抱一抱，摸一下，亲亲它们。孩子们也有可能会要求父母送一只可爱的小狗当作生日礼物，正体现了孩子们对它们的喜爱。可是这种喜爱在户外是要不得的，因为在户外有一些流浪狗并不像他们的外表那么友好，逗弄流浪狗可是存在着一定危险的。户外这些来历不明的流浪狗，他们易怒、饥饿、充满野性。如果孩子们上前抚摸它们很容易被激怒被反咬一口。即使是家养狗在不是自己主人情况下也有可能对人产生攻击行为，所以请父母们嘱咐孩子们不要去逗弄流浪狗，以免受伤流血，感染上狂犬病而危及生命。

思思每天早上都会和爷爷一起去早市买菜、蹓跶。早市是围绕这个居民区而建的，思思平时在家最爱做的事情就是与小朋友们捉迷藏，大家在街道上跑来跑去，玩累了就一起逗邻居家的狗狗玩。最近思思经常看到一些狗狗在早市中找吃的东西，几次想要拿剩饭去喂它们却忘记了。今天爷爷和冯爷爷在下棋，思思看了半天好没意思呀，就几个圆圆的棋子在那里移来移去一点儿也不好玩。这时，思思看到了邻居家的小狗想起了在早市上看到的可怜小狗们，爷爷也说它们没有家人真可怜呀。于是，思思就回家去，想拿一些吃的给小狗。

到了家，思思在厨房开始翻找剩饭，把找到的剩饭放到袋子里，偷偷地走出了大门，跑向了早市。这个时候早市已经结束了，但是可以看到正在收拾东西的人们和一边正在开张的店铺。思思开始搜索她的目标了，左看右看发现有4只狗狗，一只在一堆垃圾旁翻找食物，两只在一边玩耍，一只在跑来跑去。思思走到那只翻东西的狗狗旁边，听到狗狗在喉咙中发出的威胁的声音。不要怕哦！思思给狗狗饭吃。思思把手伸入袋子里拿出吃的东西递了过去。狗看到吃的一口咬了过来，连同思思的手一起咬了下去。这时旁边的几只狗也一拥而上扑了过来。思思的惨叫声惊动了周围的大人。大人们拿起木棍、石头把狗打开，抱起思思急忙送注医院。

城市中随处可见狗的身影，思思就是因为平时和狗狗玩过，所以在她心里认为狗狗都是无害的，就是一个活的毛绒玩具。狗狗们因为饥饿，不得不从垃圾中翻找食物的行为十分可怜，很容易激发纯真善良的孩子的怜悯之心，继而用食物去喂它们。孩子这种充满爱心的活动不能生硬制止，因为这样做容易伤害孩子的感情，因此就需要父母们告诉自己的孩子，流浪狗没有食物虽然可怜，但它们有着犬类动物好争斗的本性，又由于长期饥饿，使得它们对食物有着非常强烈的渴求,一旦有食物出现,就很有可能疯扑上来抢吃。孩子如果躲闪不及,就会因此被咬伤。所以,平时不要轻易拿着食物去逗弄流浪狗,因为那些狗狗很有可能是非常饥饿的流浪狗,可能会给孩子带来意外的伤害。如果觉得狗狗可怜,想给它食物,可以将食物放到地上,站到离食物较远的地方,然后再呼唤狗狗过去吃。

另外,父母们还应让孩子懂得以下几点:

1. 让孩子了解狗的种类

让孩子知道不是每种狗都是温顺的。狗分很多类型,大、中、小型,有的性情温顺,而有的则野性十足,对人具有攻击性。

2. 不要招惹流浪狗和野狗

孩子们接近狗是想把它当成朋友,但狗的本性是兽性,尤其是流浪狗充满了攻击性。若是看到的话,小朋友最好避开,并与它们保持一定的距离。

3. 学会应对尾随的狗

若遇到身后有狗尾随,不要惊慌失措,也不要撒腿就跑。一般孩子手里有吃的,比如火腿肠之类的食物,它们跟着你其实是希望能吃到食物。这时,可以把食物扔给它们,然后快速离开。

别在建筑工地嬉戏打闹

随着城镇化进程的加快和人们收入的增长,人们对生活环境有了更合理的规划,从旧房改建、地下水的改造、公路的拓宽、修建地铁这些大兴土木的工程,到自己家温馨房屋的装修、商店小铺的开业店装,都是为了人们的生活更加便利和生活环境更加优美,于是人们经常在大街小巷看到这种火热的施工场面。但是"工地"这个词所带来的不只是它表面所呈现出的快速发展与繁荣,同时还伴随着"事故"这两个字。

小兵一家搬到奶奶家暂住已经一年零三个月了,在这段时间内原来的家已经消失,在旧屋土地上开始建设新的房屋,将来新的家就在那里。

刚吃过晚饭,小兵就闹着要去看盖高楼。于是,第一次去的时候看到了挖掘机、推土机、翻斗车等好多奇形怪状的车子,它们都好大呀。

爸爸说每一辆车都有它专门的功能,都是个中高手。不过小兵最喜欢的还是可以让小兵盖自己的"城堡"的沙子和石头。平时在家妈妈都不让小兵去玩沙土,这次爸爸实在是磨不过小兵,带着妈妈的嘱咐出门了。

来到了工地,兵兵看到了边上的一堆沙土,就拿着自己的小桶和铲子跑了过去,而爸爸看到小兵玩得开心就同边上的叔叔聊了起来。

小兵用沙子在堆自己的"城堡",可是怎么也堆不高,想起了去海边的时候沙子是潮湿的才能堆起来。他看到不远处的水管,想要找到出水口,就顺着管子往前走。走呀走,小兵只顾着看水管没有看到脚下,却走到了一个大坑的边缘。爸爸注意到了这边的危险,开始大声呼叫小兵回来。小兵听到了爸爸的声音回头看向爸爸时,脚下却没站稳,打了个滑,整个人一下子就掉入了大坑里。爸爸跑了过来,看到了在坑底的小兵,表面没有出血的地方。赶紧先打电话给120,然后下到坑里先问小兵哪里痛,然后不停安慰着小兵,让他不要害怕。小兵爸爸没有立马把小兵从坑中抱出来,一直等到救护车的到来。到了医院经检查,发现小兵有几处骨折。

工地在施工中总会挖些个坑,他们的功用是不同的,有的是热力铺垫,有的是地基所用。就像是小兵看到的在工地有很多专业领域的作业车,它们大多是大型和笨重的,别看它们行动缓慢,但是它们所具备的动力是很强的。所以父母们还是少带孩子去建筑工地施工场所。

案例中爸爸的做法是对的,在处理高处摔伤和一些撞击伤患时,不要轻易移动患儿,因为肉眼是无法看到内在伤害的,但是伴随着高处摔伤和剧烈撞击很容易出现内出血等内在器官的损伤。如果是不知情的状态下轻易移动,可能会诱发大出血或诱发一些并发症。

所以,父母要告诫孩子一定要尽可能避免去建筑工地。如果必须去的话,也要注意以下事项:

1. 注意高空坠物

在高楼的施工中,工人们经常是高空作业,升降机会把所需物品运送到工人施工所在地。在这个过程中多少会有一些物品在高空坠落形成危险,在高处坠落的物品,由于重力加速度的双重作用,使得它会产生很大的力,一旦砸到下面经过的人,就很有可能造成人员的伤亡。

2. 躲避大型机械

操作大型机械,是需要非常专业的操作技术的。一旦操作人员稍有不慎,就很容易出现各种各样的事故。这些事故中所占比例最大的,就是伤人事件,而孩子因为身形娇小,从大型机械旁边通过时,比成人更容易被坐在高高的操作间中的操作人员忽视,因而也更容易被忽视。所以,父母要告诫孩子,进入建筑工地后,一定要注意躲避大型机械。

3. 注意路面情况

在工地,因为地面挖掘和大兴土木,会造成路面的松动有可能引起塌陷。路面塌陷会把小朋友们陷入深坑,有可能被掩埋起来。工地上各种铁杆、铁锹之类的工具、钢筋、水泥、电线等物料都是必然存在的。如果不注意绊倒了就会受到伤害。

请不要在工地逗留玩耍,为了安全请远离工地。

玩到兴奋时别喝冷饮

孩子们每天都在成长,他们的活动范围和活动内容也在改变。孩子们最初是通过爬、走、跑、跳来了解自己的身体如何运转和释放能量,长大的孩子们的活动范围在不断地变化,在操场上踢毽子,打乒乓球,踢足球,打篮球等。不管是什么样的活动,孩子们总是把自己弄得大汗淋漓、浑身发热。这时孩子们如果贪图一时的舒适会大量喝冷饮,冷饮会造成孩子们的胃肠道猛烈收缩,产生腹泻、腹痛等症,同时在冰冷液体的骤然刺激下,孩子娇嫩的消化道也会被伤害,因此父母们应当提醒孩子们剧烈运动后不要喝冷饮。

晴晴生活在一个网球世家,爸爸和妈妈都是运动员,所以晴晴自然地遗传了父母的优良基因,从刚会爬开始就追逐着网球。晴晴渐渐长大后,每天挥动着自己的小球拍让网球像只小精灵一样时上时下,在天空中飞舞,留下一道道美丽的轨迹。

只要是与网球在一起,晴晴就有着用不完的活力,在场地或跑或跳,弄得满身大汗,一直到自己累的不行了才会停下休息。晴晴非常喜欢喝冰水,每当休息时都会大口大口地喝上一番,晴晴觉得当冰水流入口中时会有一种舒服的感觉,可以让她在训练中燥热的身体瞬间降温。

可是,这次晴晴刚喝完冰水就感觉冰水通过喉咙时一阵儿刺痛,之后肚子也开始疼痛,腹部一胀一缩,非常难受。难受的晴晴这时想起了爸爸曾经嘱咐过不让在剧烈运动后喝冷饮,说会让人的胃肠道生病,晴晴一直不相信,可是现在疼痛的教训让晴晴求助无门。教练见晴晴休息后迟迟不归来,便来寻找晴晴,发现晴晴痛苦地躺在休息室,于是迅速带晴晴去医务室。这时的晴晴已经疼痛地说不出话了。来到医务室后,医生断定晴晴是因为喝冷饮引起肠道不适,便快速进行了救治。经过半个多小时的输液和推拿,晴晴终于好转。看着晴晴渐渐回转的脸色,医生嘱咐她运动出汗后再不要喝冷饮了。

晴晴热爱网球,每天把自己全部的精力和体力释放到这项运动中。在激烈活动后,心跳脉搏加速,身体的新陈代谢加大,会分泌出大量的汗液,经过皮肤表面排泄出来,就会引起缺水,所以才会口渴难耐。在这时,孩子们看到冰水和饮料便会大口大口的痛饮,冰水瞬时间就会起到降温解渴的作用,但是在孩子们感到解渴时,冰水和饮料也同时在刺激着孩子们的肠胃,当肠胃突然遭遇寒流的侵袭,身体会无法适应温度的骤热骤冷,肠胃会极度地收缩以适应外部环境的骤变。孩子不会马上感觉肚子痛,但当肠胃经常被冰水和饮料反复刺激,就会引起腹泻、呕吐、难受、四肢发颤,往往就会导致运动症候病的发生,而孩子的一些行为都是出于本能的需求,不会考虑内在的原因。

所以,父母们还应注意以下几点:

1. 运动后给孩子一杯温开水

父母可以在孩子活动时为他们准备一杯温开水,上面提到的引起肠胃不适的主要原因是喝冷饮引起的。最好是先喝一杯温开水补充水分,而且温开水还能使毛孔扩张,可以起到排汗排热的作用。

2. 不要让年幼的孩子从事激烈运动

孩子们喜欢在自己喜欢的活动中释放自己所有的能量,他们那专注的神情让人不忍打扰,但是请家长们注意非常剧烈的运动容易引起大量的缺水,心跳脉搏加速,也会增加孩子们痛饮冷水的概率,所以应当尽量参与一些轻柔舒缓的运动。

远离城市下水井

繁忙的都市生活中,成人们很少会去关注每日被自己踩在脚下的排水系统和热力管线,因为在成人眼中,这些只是市政建设中司空见惯、平凡无奇的一部分。可是,这些常常被隐藏的很好的市政建设组成部分,却是孩子们最喜欢探究的世界。那些圆圆的盖子下面是什么,它为什么在路的中间?那些方形的盖子下面为什么会有水流的声音,那是一条小河吗? 孩子们的好奇心是非常强烈的,会为了想要知道的答案在井盖边游荡、或用鞋踢踏井盖,甚至会在井盖被打开时,趁成人不注意趴到井边去一探究竟。这时,请父母们注意了,设有井盖的地方下面是各种设施的通道,一些通道不但很深,而且很狭长,如果孩子们陷进去就不易爬出来,同时也就伴随着缺氧,还有一些通道是城市的排水道,如果孩子掉进去就不容易找到了,不只是孩子,就是父母这样的成年人陷进去能活下来的概率也几乎不存在。所以,父母要提醒孩子玩耍时要远离城市下水井。

奇奇家所在的小区很大,每天奇奇写完作业都会跑出去和小伙伴们玩耍。小区大是大,但是小伙伴们基本可以玩的地方都已经玩过了。小伙伴们玩累了,大家就坐在一起商量接下来要玩些什么,每天都玩一样的大家都觉得没什么意思了,于是小伙伴们的第 N 次会议开始了:有人说玩躲猫猫,马上就有人说基本都知道藏在那里了,没意思。在接下来的提议中也是同样的有人提出有人否定,最后大家叹了口气说都说了,也没想好要玩什么。这个时候,有个小朋友看到了井盖,发现上面有两个小洞,于是说这样吧,咱们以这两个小洞为目标,分成两队,每个人都找一块小石头,站在指定的位置向目标投石头,谁投的石头离小洞近谁就是赢家。如果能一下子投到小洞里就是最棒的。大家说这个没玩过的游戏看来不错,于是就各自分开去找小石头去了。

大家都想把小石头投到小洞里,所以本来简单的找石头,倒让大家费了一些心思,在小石头与洞口的直径对比下,大家最终选定了自己的石头。于是,比赛正式开始了。要投石的小朋友站到指定的位置上投石,没投石和准备投石的朋友们,就站在边上等看结果。比赛么当然是有人赢有人输,时有欢呼、时有叹气。在几轮投石之后,奇奇瞄准了小洞洞口,总结了前几次的用力,发力投出,在一阵儿紧张后奇奇跑到井盖上欢呼:"我的小石头进去了!我的小石头进去了!我是最棒的……"但是,奇奇的欢呼声还没有停止,就伴随着"哐当"一声巨响变成了惊叫。原来,奇奇脚下的那个井盖因为他在上面不停蹦跳而松动移位,重力移向左侧,而一侧的骤然受力导致井盖发生倾覆,把奇奇一下子掀到了深井下面。小伙伴们看到"巨变",都吓坏了,纷纷跑回家向父母求助。在119消防官兵的救助下,奇奇及时地被120送到了医院,才算是保住了牲命。

无论在小区,还是马路上,奇奇这样的故事都发生过。那些损坏的井盖,有一些是因为年久松动,还有一些则是人为破坏所致,但不管是哪一种,都能危及孩子们的生命安全,孩子们都应该远离。可是,年幼的孩子都具有极强的探险精神,喜欢探寻眼中看来神奇的事物,却不知道未知的背后其实隐藏着陷阱。在他们的想象中,井盖下的世界是神秘的、充满童话色彩,或者有一些孩子只是想看看自己什么时候能把那个小黑洞用石头填满,就像是乌鸦喝水一样,会不会有什么东西会漂浮上来。孩子们只是在专心寻找他们心中的答案,却不会去想那里是不是安全的,有没有什么危险存在。可是父母们应当知道在井盖下面是什么,那里是狭长、黑暗,还有阵阵恶臭,一旦陷入,就与世隔绝。严重的缺氧、会使人窒息,孩子们的体质娇弱,在没有帮助的情况下想要生还机会几乎为零。

所以,父母应告诉孩子玩耍时要远离井盖,并注意以下几点:

1. 让孩子了解井盖下的世界

大多数孩子之所以在井盖边流连忘返,是因为他们觉得井盖下面的世界很神秘,自己想要去探索井盖下的秘密。这时就要请父母告诉孩子井盖的作用,是用来遮盖井洞的,主要是城市的各种循环系统和排气、排水系统,里面很脏、很狭小,人掉下去会很危险,没什么可值得关注的,而应远离井盖。

2. 让孩子知道靠近井盖很危险

孩子们以为井盖是严实的,因为经常看到在井盖上面有车辆和行人经过,所以认为可以在上面行走或踩踏蹦跳,而不会垮塌。但实际上很多井盖现在是处于无人监管的状态,也有很多因年久失修而已锈蚀,一旦遇到外力的挤压,螺丝很可能松动,在上面踩踏容易坠落。

户外已损坏的游戏器材不能玩

　　年幼的孩子在户外玩耍时,一定不会放过跷跷板、转椅、滑梯这类游戏器材。即使器材已经出现损坏,孩子们玩耍的兴趣也不会因此败兴,依旧会在游戏器材上快乐地玩耍、嬉戏。可是,这些器材一旦损坏,就会有将孩子摔伤或者刮伤的危险,更有甚者,损坏的器材在孩子玩耍过程中因不堪重负而解体,将使孩子受到更严重的意外伤害。孩子们是很难意识到损坏的游戏器材中所隐藏的危险的。在这种情形下,就要靠父母时时提醒孩子注意安全,远离已损坏的游戏器材。

　　4 岁的龙龙非常喜欢滑滑梯,每天下午奶奶带他出去散步时,他都要去街心公园的滑梯那里玩儿一会儿,要不就不肯回家。

　　5 月的一个下午,和奶奶一起出来散步的龙龙又来到了街心花园。当他兴奋地跑到滑梯边上时,看到滑梯下面竖着一块纸板,上面用很粗的线条写着——"滑梯损坏,请勿使用!"龙龙还认不全纸板上面的字,就问奶奶写了什么。奶奶告诉他:"纸板上的字是告诉大家,滑梯坏了,不能玩儿了。"龙龙听奶奶这样说,非常失望,只得耷拉着小脑袋和奶奶去旁边玩儿跷跷板了。过了一会儿,几个比龙龙大些,没有家人带领的孩子也来到了街心花园。他们互相追逐了一会儿,就跑到滑梯那里去玩儿滑梯,周围的大人见他们去玩儿已损坏了的游戏器材,纷纷过来劝阻,可是那几个孩子并不听从劝阻,依然我行我素地玩了半天才走开。

　　龙龙看到那几个孩子玩了滑梯,就央求奶奶让他也去玩一会儿,还说:"那几个小哥哥小姐姐玩了,也没有出危险呀!奶奶,求求您了,就让我玩一次吧?就一次……"但是,知道这样会发生危险的奶奶还是硬着心肠拒绝了龙龙的请求。

　　没有得到奶奶的允许,龙龙非常沮丧。可越是这样,他就越想玩滑梯,最后,他趁奶奶不注意自己悄悄地溜到了滑梯下面,快速爬了上去,然后就坐上滑道大叫着滑了下来。马上就要滑到地面了,龙龙突然觉得左边大腿一阵儿剧痛,然后就大哭了起来。发现龙龙不见了,奶奶正在焦急地寻找他,此时听到龙龙的哭声从滑梯上传来,便赶快跑到滑梯的滑道下面等他,接到龙龙时发现他的大腿上被划了一个正在淌血的大口子。吓坏了的奶奶赶快叫也在街心花园里的邻居帮忙,把龙龙送去了医院。医生给龙龙的伤口彻底消毒后,整整缝了7针才将他的伤口缝合。

原来,街心花园的滑梯是很多年前修建的,滑道两边的护板都是铁皮质地的,而不是现在儿童游戏器材惯用的高强度工程塑料。这次所说的损坏,就是护板上一些地方的铁皮翘起来了,很容易将孩子划伤,因此才禁止使用的。前面那群孩子,应该是刚刚上小学的小学生,他们都穿着厚厚的校服长裤,故而不会被划伤腿部。可怕热的龙龙在初夏的下午出门时,只穿了一条漂亮的小短裤,根本不能有效保护他的腿。

从龙龙的故事中不难看出,爱玩的天性在孩子心中可以战胜危险,让他们不顾一切奔向明知已损坏的游戏器材,最后的结果,很有可能是使他们自己受伤,因此,作为父母应该在平时提醒孩子,一定不要去玩已经损坏的游戏器材,哪怕那些器材看起来没有问题。

为此,父母还应注意以下几点:

1. 让孩子远离户外已损坏的游戏器材

孩子们的爱玩之心是很难约束得住的,他们一旦靠近游戏器材,是很难不去上面玩耍的。很多孩子在已损坏的游戏器材上遭受的意外伤害,都是因监护者的一时大意造成的,因此,防患未然最好的办法,就是让孩子彻底远离已损坏的游戏器材。

2. 玩户外游戏器材时做好必要防护措施

户外的游戏器械绝大部分都是公共设施,虽然会有工作人员定期检修,但有时候一些微小的损坏还是无法被及时发现。这种损坏如果出现在与孩子肢体会有密切接触的部位,就很有可能会对孩子造成伤害,因此,在孩子去户外的游戏器材玩耍之前,父母最好给孩子做一些必要的防护措施,例如穿上可以保护胳膊和腿的长袖衣服和长裤等。在孩子去玩这些游戏器械和健身器材时,先全副"武装"一下。

攀高爬低当心受伤

徒手攀登是很多孩子都喜欢的一种户外游戏,尤其在男孩子中间,能够徒手攀到高处,被认为是勇敢和能力的双重表现,会受群体中的其他小伙伴的崇拜和景仰。可是,这样做的危险也是显而易见的。孩子们在攀登过程中一旦失手,就会从高处跌落被摔伤。如果跌落时碰伤了头部等要害部位,还可能造成更严重的后果,因此,父母一定要提醒孩子,不要轻易攀高爬低,以免身体受伤。

　　一年级的阿飞非常期盼一套体育器材的到来,原来学校为了完善校园体育设备,丰富学生的课余生活,在这学期添置了一批体育器材,包括单杠、双杠和篮球架等,而单杠和双杠,正是阿飞最擅长的运动项目,每次他在这两种器械上运动时,都能吸引很多同学的围观和喝彩。只是,阿飞再厉害,也不敢去最高的那个单杠上玩儿。那个单杠,离地面有将近2米的高度,对一个身高只有1.3米的一年级的小孩而言,实在是太危险了。

　　一天课间,阿飞又在单杠上玩儿,一个不服气的二年级男生对他说:"阿飞,你要是能爬上最高的那个单杠我就给你买一个星期的早餐!"这时,旁边的同学也开始起哄,有的说买午餐,有的说送他一双新球鞋……阿飞听着那些声音,明显是瞧不起自己的样子,想想自己这么多年了还没怕过什么,就挽起了袖子,在掌中吐了两口唾沫儿,双手又相互搓了搓,就往单杠上跳。

　　阿飞的身高只有1.3米,可是单杠的高度足有2米,阿飞在单杠下怎么向上跳也抓不到上面的杆。这时,四周的男孩子似乎看到了希望,一片"嘘"声从男孩群中爆发出来。阿飞听了更是急红了眼,他站在单杠底下向四处观望,看看并排矗立的几个单杠突然计从心来。他先从最低的杠开始爬,然后一点儿一点儿往高的单杠挪。当挪到两个单杠的交接点的时候,阿飞就松开抓着横杆的手向高的那个单杠够去。这样,阿飞就够到第二高的那个单杠了。只见他手脚并用,在那么高的单杠上一点儿一点儿往高的单杠上蹭。终于靠近了最高的那个单杠了,阿飞慢慢松开手向高的单杠抓去,抓住以后又抖着双腿向上攀爬。正在阿飞慢慢往高的单杠爬的时候,上课铃响起来了。大家都催促阿飞,阿飞也很着急,于是松开一只手向远处的横杆够过去,没想到手一滑,整个人就从2米的高空中摔了下来。阿飞多亏是脚先落地,没有造成严重的伤害,但阿飞的脚踝还是扭伤了,不得不在同学们的搀扶下,一瘸一拐地慢慢走回了教室。

故事里阿飞虽然没有发生严重的事故，可是我们试想一下，如果当时阿飞是头朝下摔下来，头部先着地呢？那样的话，后果将是不堪设想的。可见，对于年幼的孩子来说，在没有成人保护的情况下攀高爬低是一件非常危险和很容易受伤的事情。

为此，父母还要注意以下几点：

1. 让孩子量力而行

孩子在攀高爬低时受伤，很多时候都是因为"逞能"，爬到了自己力所不能及的地方。1米、2米的高度对成人也许不算什么，但是对孩子而言，却有可能是要命的高度，因此，父母要告诫孩子量力而行，不要强行去做自己做不到的事情。

2. 不能盲目鼓励孩子

有的时候，父母为了锻炼孩子的胆量，会鼓励孩子战胜自己内心的恐惧，攀向他们不敢攀登的高处或下到令他们胆怯的低处。这种行为虽然是为了锻炼孩子，但是如果不考虑孩子的年龄和身体特点而盲目鼓励，就有可能使孩子受伤而适得其反。

放风筝要选择合适的场所

放风筝是很多孩子都非常喜欢的一种活动，由于放风筝的时候，需要孩子手、眼配合并不停地跑动，可以使孩子全身的肌肉、骨骼和身体协调性得到很好锻炼，因此也很受父母们的青睐，每到春天，很多父母都喜欢带着孩子到郊外放风筝、踏青。但是，放风筝也并非是毫无危险的，例如孩子放风筝时过分专注于风筝的飞翔，而忘记观察脚下路况，最后因跌倒而受伤；或者风筝飞到了电线上，导致孩子触电而亡等，因此，父母在了解放风筝的各种益处时，也要知道其中潜在的危险，教会孩子在放风筝时选择合适的场所，并注意自我保护好自身安全。

一年四季中，5岁的鑫鑫最喜欢春天，因为春天一到，爸爸就会带她去郊外放风筝、踏青。今年又是这样，爸爸给鑫鑫准备了蝴蝶风筝、蜻蜓风筝，还有鑫鑫想要了很久的一个长长的蜈蚣风筝，答应找个天气晴朗的周末带她去郊外放风筝。鑫鑫盼啊盼，终于盼到了放风筝的那天，她兴高采烈地和爸爸去了郊外放起风筝，可惜的是，那天下午爸爸因为急事被公司叫了回去，鑫鑫根本没有玩尽兴。

第二天，天气仍然很晴朗。没有玩够的鑫鑫决定打电话给住在同一小区里的小伙伴小瑞，约他一起继续去放风筝。小瑞接到电话后，不一会儿就跑到了鑫鑫家。鑫鑫拿出蜈蚣风筝，就和小瑞一起下楼找放风筝的地方。小区的公园很小，而且不方便跑动，鑫鑫和小瑞就来到附近的一片工地。工地上的工人都已经离开了，东西也清空了，只是地面有些坑坑洼洼。不过，鑫鑫觉得这不会影响放风筝，蜈蚣风筝是在天上飞，又不是真的在地上爬。

鑫鑫有放风筝的经验，很快就和小瑞一起把风筝放上了天空。两个人看着天上飞着的蜈蚣风筝，开心极了。小瑞更是拽着风筝线不放，不断拉动风筝线，制造出不同的效果。突然，蜈蚣风筝靠近了一棵大树，小瑞赶紧带着风筝跑起来，因为着急没有注意脚下，被石头绊倒了，跌在地上，而风筝线因为突然的力量一下子绷断了，蜈蚣风筝随风飞走了。

鑫鑫和小瑞都为此付出了代价。小瑞摔倒的时候磕破了膝盖，而鑫鑫则去了她最喜欢的蜈蚣风筝。

放风筝的时候，需要在地面奔跑，而且，为了让风筝飞起来，需要眼睛一直看着上面的风筝，这样也就无暇顾及地面了。如果地面上不平整，坑坑洼洼，或者有不少石子，小孩子很容易就会磕着碰着。故事中的鑫鑫和小瑞，就是因此而受伤的。所以，父母在孩子放风筝的时候要提醒他们注意选择合适的场所，并且注意自我保护，预防受伤。

为此，父母要教育孩子注意以下几点：

1. 放风筝要选择平整空旷的地方

年幼的孩子身体协调性发育还不完全，注意力也不够集中。放风筝时如果地面不够平整，一心扑在风筝上的孩子就很容易跌倒受伤。如果地方不够空旷有障碍物，孩子眼睛盯着风筝，没有注意到的情况下，就很有可能因为撞到障碍物而受伤，因此，父母在为孩子选择放风筝的地点时，一定要选择平整、空旷的地方，例如广场、草坪等。

2. 不要在有电线的地方放风筝

在空中飞舞的风筝一旦搭在电线上，就会带电。如果孩子此时仍握着风筝线没有松手，就会因此而触电，后果不堪设想。为了避免这种情况的发

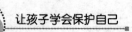

生,父母一定要告诫孩子,放风筝时,一定要选择没有电线的地方。

别把砖头当积木

孩子想象力丰富又天性爱玩,一切事物在他们眼中都可以和"玩"发生关系——花砖墙是可以攀登的"珠穆朗玛峰",空地中废置的大水泥管是"堡垒",小区院子里堆放的砖头是大块的"积木"……

年幼的孩子根本无法明白,积木和砖头完全是两种概念的东西,积木是专为孩子们设计的,轻便而卫生;可是砖头就不同,它的存在是为了房屋楼宇,它非常重,当孩子们一不小心被砸到,轻者破皮出血,重者可能致残。所以,请父母们告诉孩子们不要把砖头当积木,那样很危险。

元元平时都是自己在家里玩,没有什么小伙伴,今天妈妈的姐姐要来,妈妈告诉元元要叫大姨和大姨夫。在元元正纠结为什么要管妈妈的姐姐叫大姨时,妈妈还告诉元元大姨家还有一个哥哥也会来,到时候大姨和大姨夫是妈妈的客人,小哥哥就是元元的客人,元元要负责招待。元元一听有小朋友要来和自己玩,满心欢喜地答应了下来,准备迎接大姨一家。

大姨一家准时到达。在迎客时,元元在妈妈身后伸出小脑袋看到了站在大姨身边的哥哥,于是跑过去叫哥哥,并说:"哥哥你今天是元元的客人,走,元元带哥哥出去玩。"也不等哥哥反应,拽着他就跑了。可是两人一到了院子里就不知道要玩什么了,元元左看右看,看到了一边的小桶和小铲子,转头对哥哥说:"哥哥,我们去堆沙子吧。"堆沙子是元元最爱玩的游戏了。对了,还有积木,咱们来搭房子吧。于是元元和哥哥一起把沙子和积木弄成各种造型。哥哥看这是个元元做的元元家,这是客厅,这是卧室,这是……哥哥家是什么样子的呀?哥哥说:"我来搭给元元看。"哥哥和元元的格局不一样,这里才是卧室。这时候,哥哥发现积木不够用了,看到了一边的砖头于是跑过去搬了几块,兴冲冲地跑了过来,可是脚下都是沙子,小哥哥一个没踩稳,脚下一滑,手中的砖头就向着元元飞了出去,还好和元元有一定的距离,但还是有一块砖头砸在了元元脚上。听到了元元的哭声,妈妈马上出来抱起元元,脱了鞋袜查看伤口,看到元元的脚面很大一块被砸青了，而且整个脚都已经肿了起来。妈妈马上带着元元去了医院。医生为元元治疗了伤口，叮嘱元元一周内都不要走动，不然会影响恢复。哥哥哭着和元元道歉说，以后再也不玩砖头了，会好好保护元元的。

就像上面提到的积木和砖头是两种概念的东西，当孩子们在选择玩具时应当选择适合自己的玩具，用积木构图可以促进孩子们大脑的发育和想象空间，对孩子的全面成长是有益的。但是砖头本身作为建筑用料，都是固定的规格尺寸大小，对于小朋友们来说不容易搬起和移动。元元的哥哥这次是因为脚滑伤到了元元的脚面，可是下次就不一定是这么幸运了，有可能伤到的会是头部，或造成其他永久性伤害。

另外，父母还应注意以下问题：

1. 了解基本医疗常识

若小朋友受伤，伤口要用酒精消毒，千万别碰生水，不然可能会引起伤口化脓，还要及时去医院检查，砸伤有可能会引起软骨受伤，同时还要注意不要让患处持重。

2. 学会紧急处理被砸伤的伤口

一般如果发现伤口有出血现象，应该迅速用无菌纱布止血。如果实在没有，也可以用洁净的布类物品按压止血。不过，在按压之前需要确定患处有没有骨折。如果有骨折，则不应按压。

"漂亮"的虫虫不能惹

年幼的孩子总是对自然界的一切都充满了好奇，高大的树木、柔软的小草、鲜艳的花朵在他们眼中都很好玩儿，而藏身在这些植物之中的形状各异、稀奇古怪的各种虫子，更是能诱发孩子的好奇心。所以，很多孩子一旦发现没有见过的虫子，都会在好奇心的驱使下把他们抓起来，放进专门的小笼子或者干脆放进玻璃瓶里，以供仔细观察。可是，很多虫子在进化过程中，出于自我保护的需要，都进化出了独特的防御武器，例如锋利的尖刺、有毒的汁液、恶臭的气味等，更有甚者，一些寄生性的虫子还会潜伏进人的身体寄居起来吸吮人的血液营养，十分有害。比如蜱虫、马蜂、蚂蟥、螳螂、蟑螂……总之，要远离这些害虫，不要让它们侵害到孩子娇弱的肌体，家长要

提醒去户外活动的孩子：不要抓虫子。

3岁的蒙蒙是个好奇宝宝，看见任何没见过的东西，都要仔细研究一番才肯罢休。她的爸爸妈妈虽然对女儿求知欲旺盛感到高兴，但是对她这种什么都要拿在手里摸摸，甚至要送到鼻子前闻闻才肯罢休的习惯感到头疼——这么做实在太危险了！

秋天，爸爸妈妈带着蒙蒙去郊外果园游玩，顺便采摘些刚刚成熟的新鲜苹果。虽然爸爸妈妈在出发前就已经给蒙蒙打了"预防针"，告诉她在果园里可能会看到很多没见过的东西，而那些东西可能会有危险，不能乱摸乱碰，要先叫爸爸妈妈去看，确认没有危险后，才可以去碰。可是，当蒙蒙发现绿油油的苹果树叶上躺着一条毛茸茸的绿色虫子时，她还是忍不住摘下那片叶子，仔细地观察起了那条虫子。蒙蒙发现，这条虫子有五对胸足，在树叶上轻轻地蠕动着圆圆的身子，就像在跟她打招呼似的。蒙蒙实在克制不住自己的好奇心，伸出她胖乎乎的小手，想用手指去轻轻摸摸虫子的身体。谁承想，在她的手指刚刚碰到虫子的表皮时，虫子愤怒了，突然弓起身体，用体表的硬毛狠狠地在蒙蒙嫩嫩的手指上蜇了一下。蒙蒙的手一开始火辣辣的疼，不一会儿就感到了又疼又痒，说不出的难受。她哭着叫妈妈，妈妈赶过来看时，她的伤口周围的皮肤已经变得又红又肿了。妈妈问明情况后，立即判断出蒙蒙是被毛毛虫蜇了，虽然不至于造成危险，但必须马上做消毒处理，否则她将会难受好几天。

蒙蒙会被毛毛虫蜇伤，与她的好奇心有关，与那条虫子看似无害的外表也有关系。幼小的孩子出于天性，对有着缤纷色彩和美丽花纹的东西会觉得好奇并感到亲切，把它们当做小玩具，想与之亲近。可是，生物界往往是越美丽的东西越危险。那些美丽的虫子，很多都是具有攻击性或者有毒的，它们身上那些锋利的翅膀、尖锐的刺、黏稠的汁液都可能是攻击人的武器，而它一旦被触怒，就会发动攻击，使攻击它的人或动物受伤。更可怕的是，有些虫子的毒是无药可医的。孩子一旦受伤，就会危及生命，因此，父母一定要告诫孩子，漂亮的虫虫不能惹，不要随便乱抓虫子。

除此之外，父母还应注意以下几点：

1. 让孩子辨识一些常见虫类

孩子会去碰触甚至捕捉没有见过或者不甚了解的虫子，是出于他们好奇的天性。如果父母能够预先满足他们的好奇心,带领他们去认识自然界的虫类,并普及相关虫类的知识,让孩子了解它们的属性及危害,并提醒不要去接近它,谨防叮咬等,孩子就会引以为戒,不去抓捕。

2. 让孩子认识到虫子的危险性

有些孩子好奇心过于旺盛,他们虽然知道了有些虫子具有一定危害性,但是因为没有亲眼目睹它们造成的危害,因此还是不能引以为戒,仍然想要去"研究"那些虫子。在这种情况下,父母最好能给孩子看被蛀虫叮咬的苹果洞、被蟑螂蚕食的油渍等,让他亲身感受虫子的威力,明白一定要与虫子保持距离。

好看的果子、蘑菇有毒

很多父母都喜欢在春夏之际带着孩子去踏青、爬山,有些父母还喜欢同时在户外野炊。这样做,不但可以让孩子接近大自然,锻炼身体,陶冶情操,还能教会孩子一些简单的野外生活技巧和烹饪方法,可谓一举多得。但是,在野炊的过程中,常常出现孩子因误食有毒的野果和蘑菇中毒的事件,轻者上吐下泻,重者危及生命。造成这种现象,是因为孩子由于天生对颜色的敏感,会误以为好看的东西就会好吃,他们会不假思索地去采摘看起来好看的果子和蘑菇来吃。其实,很多好看的果子和蘑菇是有毒的,例如红豆杉的果子看起来红艳艳的非常好看,但里面的毒素会使误食者感到头晕、恶心,如果救治不及时,会造成中毒者瞳孔放大、肌体无力、最终酿成死亡的严重后果。所以,父母在带着孩子外出野炊时,一定要提醒孩子少碰那些漂亮的果子和蘑菇,千万不要随意食用。

5 岁的憨憨是个小小美食家,他在家里最喜欢待的地方就是厨房,最喜欢做的事情,就是一样样品尝家里的各种食物。

夏末时节,憨憨的爸爸妈妈带着他参加爸爸公司组织的野炊活动。中午时分,大人们垒野炊用的临时炉灶时,憨憨就和其他小朋友在不远处的一片小树林里面玩捉迷藏。憨憨在树林里的小路上蹦蹦跳跳地找着可以躲藏的地方,突然踩到一个圆鼓鼓的东西,他拿起来一看,是一颗颜色红艳艳的半透明状的果子。这个果子被他拿在手里,散发着水果的甜香,十分诱人。憨憨抬头一看,发觉树林有很多棵树上都有这样的果子,于是,他兴冲冲地找来几粒石子,从树上打下几颗饱满鲜艳的果子,用手绢擦了擦,放进嘴里啃了一口,品着果子的味道。

这个果子酸中带甜,还有一股无法形容的淡淡清香,非常适合憨憨的胃口。憨憨吃完第一个,紧接着就吃起了第二个。可是,第二个还没吃完,憨憨就觉得自己一阵阵反胃,想吐又吐不出来,不一会儿,就觉得头晕,胸口憋得厉害,呼吸都很困难。憨憨想呼救,可是他已经发不出声音了……

万幸,一起玩捉迷藏的小朋友们发现了已经倒在地上的憨憨,他们赶快叫来了大人,把憨憨送到了最近的卫生所。卫生所的医生一看憨憨的症状,直接就带着他去洗胃了,处理完确定他脱离危险后,才出来问憨憨的父母:"你家孩子是不是吃了山上那种红色的果子?"憨憨的父母一脸茫然,当时也在树林里的一个小朋友接道:"是!我看见憨憨手里拿着一个咬过的红果果!"医生听孩子这样说,连忙问憨憨的父母:"你们不是我们这儿的人吧?"憨憨的父母点头称是。医生接着又说:"山上那种长得挺好看的红果子,我们这儿叫'毒玛瑙',看起来很好看,可是有毒不能吃。我们本地人都知道。"憨憨的父母这才恍然大悟,孩子原来是食物中毒了!

好奇且乐于尝试新鲜事物,是孩子的天性。憨憨吃不认识但好看的果子,也是因为这一天性使然。"毒玛瑙"这种野生果实,生活在城里的孩子一般是辨认不出的,出于好奇,很多孩子都会像憨憨这样摸摸、闻闻,甚至因为被果子美丽的外表打动,忍不住送进嘴里一尝为快。但是,很多野生的果子和蘑菇在进化过程中,为了保护自身和繁衍,都是含有毒素的,而且,越是颜色鲜艳夺目的果子和蘑菇,所含的化学成分越复杂,毒性通常也越强。孩子如果误食这样的东西,不但会引起食物中毒,甚至可能因为救治不及时而丧命。所以,父母要提醒孩子,好看的果子和蘑菇不能随便乱吃。

另外,父母还应注意以下几点:

1. 让孩子了解一些植物知识

孩子会乱吃野外的果子和蘑菇,除了被其美丽的外表吸引外,主要还是出于好奇,想通过品尝味道来感觉其异同。针对这种情况,父母不妨在平时教给孩子一些基础的植物知识,例如雪白的果实其实是苦的;嫩黄色的野苹果其实又酸又涩;粉红色的小蘑菇没有味道还会让人肚子疼,等等。孩子不

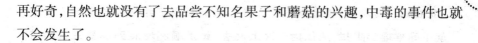

再好奇,自然也就没有了去品尝不知名果子和蘑菇的兴趣,中毒的事件也就不会发生了。

2. 告诫孩子外出游玩时不要随意采摘和食用野果、蘑菇

孩子外出游玩时,对户外生长的野果,尤其是有着美丽颜色和漂亮外形的野果和蘑菇充满了好奇。在孩子看来,研究这些果子和蘑菇最好的办法,莫过于亲自尝尝它的味道!很多孩子之所以发生误食有毒野果或蘑菇的食物中毒事件,原因就在于此。所以,父母一定要告诫孩子,外出游玩时,绝对不要随意采摘和食用野果和蘑菇。

大树不是"游乐场"

攀爬参天大树的惊险刺激对很多孩子而言都是难以抵御的。可是,有些树"潜伏"着对孩子造成人身伤害的危险,例如有些树长得非常高大,平日缺乏修剪,上面枝杈纵横,孩子身体弱小,体力不够,在攀爬过程中一旦稍有不慎,不但可能摔伤,还会被纵横的枝杈划伤、刺伤;有些树上面有马蜂等群居性昆虫的窝,孩子爬树时一旦惊扰了这些昆虫,就会因被昆虫攻击而受伤,万一这些昆虫有毒,还可能危及孩子的生命;还有些树或依附于大树生存的藤蔓本身就有毒,孩子攀爬时一旦被有毒部分划伤,就很有可能因中毒而伤害身体。此外,已经枯死的大树因为不再向枝干输送水分和养料,使得枝干因缺水而变得又干又脆,因此这些枝干虽然看似粗壮,但实际上根本没有什么承重能力,孩子爬上去极易发生断裂的危险。所以,父母要提醒孩子,大树不是"游乐场"。

4 岁的田田跟着妈妈回乡下的老家,去看望外公和外婆。回到乡下的她见到满眼的红花绿草,还有村口高得看不到顶的参天大树时,真是兴奋极了。她每天都叫上刚刚认识的小伙伴瑶瑶一起去村口的大树下玩儿。

村口那棵大树上还长着一种开粉红色花朵的藤蔓,红瓣黄蕊的花非常漂亮,还有甜甜的花香。田田一直对那种美丽的花朵非常好奇。这天,她终于再也抑制不住自己的好奇,决定爬到树上去摘一朵"研究"一下。田田告诉了瑶瑶自己想要爬到树上去摘花的想法,瑶瑶马上对她说:"妈妈说不能爬高高,危险!"田田看瑶瑶反对她爬树,就对她说:

"我在家也总爬树,不会有危险。我去采那个漂亮的花花送给你!"然后就不顾瑶瑶的阻拦,抱住树干往上爬去,她很顺利地爬到藤蔓生长的高度,采摘了两三朵正在盛开的带叶花朵。当田田准备往下跳时,突然觉得一阵儿头晕,脚也不小心被藤蔓绊了一下,连人带花一头摔到了树下。田田疼得马上就哭了起来,花也掉到了地上。瑶瑶见田田摔着了,马上大声呼救。村口边的叔叔阿姨听到瑶瑶的呼救立即跑了过来,七手八脚的扶起田田检查她到底哪里受伤了。瑶瑶见有大人来了,便放下心来,去边上捡起了田田摔下来时被丢掉的花,甜甜的花香诱使她把花朵拿到鼻子下面深深吸了几下,然后,她就在一阵儿头晕目眩中昏了过去……

正在给田田检查的大人们看到瑶瑶也昏了过去,都吓坏了,赶快找车把两个孩子都送到了县城的医院里。经过检查,田田摔下来时身体上有多处擦伤和磕伤,两个孩子不同程度地感到晕眩,则是因为嗅了藤蔓花朵的香气。原来,附生在大树上的那种藤蔓是有毒的,它的花朵散发的那种甜甜的花香,具有致人昏迷的作用。

故事中的田田因为被美丽的花朵吸引而去爬树,最终导致自己不慎摔伤并中毒。她的故事在生活中发生的概率并不低,很多孩子看到高大好看的树木就想爬上去摘采,却没有考虑树木的高度,以及树枝是否柔韧、坚固,花朵是否有毒等问题。孩子会这样做,是出于他们看待自然事物只从表面出发,不能从思维上把握事物的本质特点。孩子的这种做法非常草率,不计后果,也不懂得保护自己。所以,父母要提醒孩子大树不是游乐场,不能随意攀爬,否则可能会使自己摔伤或者中毒,甚至可能因遭到有毒生物的攻击而受伤。

另外,父母还应教育孩子注意以下几点:

1.让孩子了解树木

孩子之所以会痴迷爬树,是因为对树木门类缺乏认知。如果家长带领孩子走进树林,观察树的形态,并且让他们明白攀爬太高的大树会给自身带来危险,是绝对不能攀爬的,就可以有效避免很多因为攀爬大树导致的意外伤害。

2.教会孩子爱护植物

有些时候,孩子们踩踏树木花草,并不是因为他们缺乏爱心或缺乏教养,而是因为他们没有爱护花草树木的意识。所以,父母应该在平时教导孩子要爱惜树木花草,因为它们也是有生命的,与人一样是平等生存的,不能轻易地破坏,这样孩子就能逐渐学会珍惜身边的树木花草。

不要在河边玩耍

年幼的孩子自我保护意识虽然不强,但对会危及生命的一些事物,还是具有危机意识的。譬如不会游泳的孩子,不用成人再三提醒,也知道不能靠近河边,以免发生危险。但是,对于那些会游泳的孩子,淙淙流淌的河流清溪就绝对具有致命的诱惑力了! 他们一旦有机会走近河边,大多数都会迫不及待地跳入其中,玩水嬉戏,感受无拘无束、洒脱不羁的快乐。可是,孩子们的天性决定了他们总觉得自己无所不能,想要挑战高难度的事情。孩子们在河中游泳时,总是不自觉地向河流的深处游去……水流深处存在着很多不可预知的危险,孩子们一旦遭遇体力不支、腿抽筋或者被水中异物缠住脚等危险,就会造成无法逆转的悲剧。所以,父母一定要警告孩子,不管会不会游泳,都不能去深河里玩耍。

7岁的希希从4岁开始练习游泳,技能在同龄人中算是佼佼者。他自己对此也很自豪,无论去哪里,只要有条件,他都会积极表演自己高超的游泳技艺给大家看。

暑假时,他跟爸爸回南方农村的老家看望生病的爷爷。爷爷家住的那个村子,村边就有一条水清且深的大河流过,爸爸在他们住下的第一天就警告希希,那条河不是城里的游泳馆深水区,绝对不可以去河里玩儿,更不能去游泳! 因为在那里,一旦出现危险是没有随时待命的救生员会去救援的。

希希平日是个乖巧听话的孩子,爸爸说完,他便答应了下来。可是,那条河对他而言,始终是一个难以抵御的诱惑。一天下午,希希和村里新认识的小朋友一起去河边玩儿,因为天气炎热,村里的小朋友都脱了衣服在河边浅滩处玩水。希希因为答应爸爸不去河里,就坐在河边的草丛里用草编小兔子,准备一会儿送给小朋友们。在河里玩得开心的小朋友们叫了希希几次,见他都不肯下水和大家一起玩儿,就开始起哄说希希一定怕水又不会游泳,是个连水都不敢靠近的胆小鬼。终于,希希被他们的"激将法"激怒了,他走到河边,脱下衣服就走进了河里,快速向河中间游去。小朋友们都被希希娴熟的游泳技艺惊呆了,虽然知道河中间的水流又深又急,小孩子不能去,却都忘了提醒他。突然,他们看到已经快游到河中间的希希扑腾了几下就沉了下去。

吓坏的孩子们立即大叫了起来,希望能叫来大人救希希。万幸当时村中有个叔叔在河边钓鱼,听到孩子们的求救声赶快跑过来救希希,这才没有造成不可挽回的后果。原来,希希是因为没有做好准备活动就下水,游到中途时突然腿抽筋才发生危险。即便没有生命危险,希希最终因为腿抽筋、呛水和惊吓,还是在医院住了一星期才得以恢复。

希希为了给新朋友展示游技而违背了与爸爸的约定,结果差点丧失生命。孩子人小力弱,一旦在深水中遭遇危险,根本没有挣扎逃生的气力,很难自救。如果当时附近又没有能够帮助救援的人,后果将不堪设想!所以,父母要提醒并监督孩子不要在深河边嬉戏玩耍。

另外,父母还应注意以下几点:

1. 让孩子明白水的威力

有的孩子很爱玩水,也亲近水,到哪里都愿意深入水中,感受水的惬意,这是因为他不懂得水的厉害。为了让孩子了解看似柔弱的水威力之大,父母可以告诉孩子水能淹死一只小猫、能熄灭熊熊燃烧的大火、能冲毁房屋等,让孩子对水心生敬畏。这样,孩子就不会毫无顾忌的随意戏水了,可以有效降低危险发生的可能。

2. 让孩子明白深河不是游泳池

有的孩子觉得深河和人工的游泳池没有太大区别,一样可以游泳。面对孩子这样的模糊认识,父母要告诉孩子,深河中的水没有经过消毒,有可能会有病菌和寄生虫,随便去游泳会感染疾病;河中还可能有凶猛的食肉鱼类,会咬伤正在游泳的小孩;最重要的一点是,深河边没有游泳池边随时待命的救生员,一旦发生溺水等危险事件,没有人会立即救援,很容易造成生命危险。

孩子迷路了怎么办

年幼的孩子独自到户外玩耍,或因为各种原因独自外出时,经常会因对道路不熟悉或辨别方位的能力不强而迷路。孩子找寻不到回家的正确路线，又人生地不熟，没有成人可以依靠，手足无措之下，常常会表现出惊慌失措、凄惶无助的神情，胆小些的孩子甚至会当场"哇哇"大哭起来。此时，如果孩子身边有心怀不轨者，就能够很容易根据孩子的表现判断出他们迷路了，身边没有监护人，继而对孩子实施拐骗等犯罪行为，对孩子的人身安全构成威胁，因此，父母一定要在平时给孩子打好"预防针"，教会孩子找不到回家的路时应该怎么办，避免因迷路可能对孩子造成的各种伤害。

　　5 岁的小雨生活在一个单亲家庭中，她被判给了爸爸。小雨非常想念妈妈，一年里她向爸爸请求了无数次想去看妈妈，爸爸却因为和妈妈之间存在的芥蒂而不答应她。

　　这一天，小雨实在无法忍耐对妈妈的思念了，她决定自己去找妈妈。就这样，小雨趁爸爸出门去买晚餐用的调料时偷偷溜出了家门，开始了自己的寻母之旅。她出门后先穿过了一条巷子，拐弯看见了一条马路，沿着马路往前行，又遇到了一个十字路口，看见路口右方是个肯德基餐厅，小雨想起以前妈妈带她来过这家餐厅，于是便带着美好的回忆，兴冲冲地朝右边奔去。可是右边又出现了丁字路口，这时小雨犯糊涂了，咦，怎么那么多路呢？ 妈妈当时到底带着她怎么走来的？ 她现在该怎么走呢？ 小雨迷路了，她不知道该往哪儿走，也找不到回去的方向，看着到处是陌生的人群和车流，急得大哭起来。这时，一个警察过来，问他："小朋友，找不到回家的路了吗？"小雨哭着不停地点头，最后，是警察叔叔帮她找到了回家的路，并把她送回家，交给了发现她不见了之后心急如焚的爸爸。

　　小雨独自出去找妈妈，幼小的她在一条条巷子、马路、大街道上跌跌撞撞、辗转东西。可是，外面的街道在她眼里实在"长得太像了"！那些竖在路边的各种"牌牌"让她眼花缭乱，来回穿梭的行人和车辆也让她头晕目眩。小雨独自出门的机会很少，又不认路，这样的她在陌生的地理环境下，感到十分彷徨无措、迷茫无助。这种情况下，除了哭泣，她确实没有更好的办法可想了。但是，如果小雨的父母在此前教过她迷路时该怎么办，相信情况将截然不同。

　　为了避免类似情况的发生，父母应在平时教会孩子以下几点：

1. 教会孩子应对野外迷路

孩子在野外迷路时，一定要牢记以下几种应对方法：不要惊慌和乱跑，可待在原地大声呼救,等待救援;如长时间无人救援,应仔细回想来时的路,尝试自救;学会通过树叶辨别方向——树叶茂盛的方向是南方;寻找回路时,沿途可以用石头、树叶做记号,防止再次迷路。

2. 教会孩子应对市区中的迷路情况

孩子如果是市区迷路,可直接向附近的警察寻求帮助。如果当时附近没有警察,也不能六神无主,慌张乱撞,要保持冷静,向交通协管员等较为可靠的人求助。父母尤其要告诫孩子,切不可坚持错误到底,固执地走下去,否则将离正确方向越来越远。

第六章

面对来自成人的侵害，要教会孩子自我保护

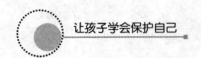

孩子要明白什么是"性侵害"

性侵害是利用权威、暴力、金钱、哄骗、诱惑等手段玩弄孩子的性器官，或强奸、性虐待未成年儿童，在性方面使孩子生理、心理受到伤害的犯罪行为。年幼孩子的生理和心理都还没有发育成熟，即使对性不是完全无知，也是懵懵懂懂，所以很多时候孩子们被人实施性侵害时，根本意识不到自己受到了何种伤害，加之这个年龄段的孩子身体弱小，基本没有反抗能力，也无法有效保护自己。所以，心怀不轨者对年幼的孩子实施性侵害，往往能够非常顺利得逞。为了避免这类不幸事件的发生，父母应该在平时就让孩子明白什么是性侵害，并告诉孩子在遭到这类侵害时，要尽力保护自己不受伤害，并及时告诉父母，通过法律手段严惩凶手，防止这种情况再次发生。

6岁的佳佳有四分之一俄罗斯血统，因而长得浓眉大眼、皮肤雪白、头发浓密还带着微微的自来卷，看起来就像个洋娃娃般漂亮可爱，加上她嘴甜乖巧，很是讨人喜欢。佳佳的奶奶平时最喜欢的事情，就是领着她下楼散步，听小区里的邻居们夸自己的孙女漂亮、听话、嘴甜，等等。只是，一心为孙女骄傲的奶奶，忽略了小区里一双总盯着佳佳看的邪恶的眼睛……

夏天的一个傍晚，佳佳独自下楼去玩儿，在小区花园里一条偏僻的小路上，她碰到了迎面走来的林叔叔。林叔叔跟佳佳说他家里有钢琴，问佳佳愿不愿意跟他回家去弹。一直很喜欢钢琴的佳佳听他这样说，就跟着到他家。可是，一进门这个道貌岸然的林叔叔就变了脸，他锁好门后就面目狰狞着扑向了茫然无措的佳佳……弱小的佳佳虽然尽力反抗，但最终还是被奸污了。事后，这个人面兽心的林叔叔还恐吓佳佳，警告她不许告诉家中的父母。身体和心灵受到双重伤害的佳佳跌跌撞撞地跑回了家，奶奶见孙女披头散发地跑回来，赶快问她发生了什么，佳佳却什么也不肯说，直接跑进自己的房间，锁好门后就一头栽倒在床上陷入了昏迷。

觉得不对劲的奶奶找出房间钥匙打开了门，看到孙女昏倒在床上后被吓坏了，赶快叫来救护车把佳佳送去了医院。急诊医生给佳佳检查时，发现小姑娘被人奸污了，马上把这个情况告诉了等在外面的奶

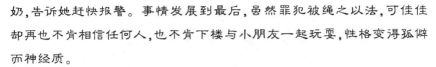

奶,告诉她赶快报警。事情发展到最后,虽然罪犯被绳之以法,可佳佳却再也不肯相信任何人,也不肯下楼与小朋友一起玩耍,性格变得孤僻而神经质。

漂亮乖巧的佳佳因为漂亮,赢得了大家的喜爱,但同样因为漂亮,她也成为了色狼眼中的猎物。因为佳佳还太年幼,她的父母家人在保护她和教会她自我保护时,完全没有想到要防备色狼这一点,因此孩子心中根本没有要保护自己不被侵犯的概念。但是,社会上确实有一些心理扭曲的猥琐之人,只对年幼的小女孩有不轨企图,尤其年幼的孩子未经人事,没有防备心理又好制服,有些孩子甚至在完事后还因为无知而被蒙在鼓里,只是认为坏人"打"了自己,所以自己很疼。

而一些为人父母者为了遮丑,也为了不影响到孩子未来的人生前途,选择忍气吞声,甚至包庇罪犯,这也是很多孩子遭受性侵害后没有得到妥善解决,没有将罪犯绳之以法的根源。但是,这样做非但不能保护孩子,还会对孩子的心理造成毁灭性的伤害。这样的伤害会在他们的内心留下难以愈合的伤口,甚至一辈子背上沉重的包袱。为了防止孩子受到性侵害,父母应该让孩子明白什么是性侵害,并教会孩子在发现有人对她企图不轨时,该怎样保护自己。

另外,父母还应教育孩子以下几点:

1. 让孩子明白,自己的性器官不能随意展示或玩弄

有些孩子由于懵懂无知,会毫不在乎的向旁人随意展示自己的性器官,一部分父母也认为孩子小、没关系,没有对这样的问题加以重视。其实,父母不对孩子的这类问题加以制止,很容易误导孩子。孩子会认为性器官是可以随意展示和玩弄的,于是,当被色狼偷袭时,他也不会因为自己的私密处被碰触而产生防备心理,甚至被性侵害时也不懂得应该保护自己,积极反抗。所以,父母一定要让孩子懂得性器官是一个人身上非常私密的部位,是神圣不可侵犯的。

2. 告诫孩子不要单独和陌生成人共处一室

有的孩子喜欢到小伙伴家里做客、玩耍,如果碰到陌生的家长,在对方的热情招待下,会不设防地留下来等待。如果这家的父母或其他亲友行为不检点,或许会借此机会对孩子性侵害,因此,应该让孩子有自我保护意识,提前加以防备。

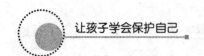

女孩子要学会保护自己

有些心理龌龊的人觊觎年幼的女孩,他们对年幼女孩的侵犯行为通常是以喜爱为名的摸摸脸、摸摸手、拍拍屁股、搂搂腰或者抱抱等。这些行为如果用在成人之间,自然会引起女性一方的警惕,可在成人与孩子之间,往往会被人认作是长辈对女孩表示亲昵的动作,而不会认为是带有性色彩的轻薄,另外,年幼的女孩对于性还处在十分幼稚和懵懂的阶段,并不知道这些动作意味着什么,很容易忽略这些隐藏在"慈爱"背后的性侵行为。

7 岁的佩佩有着白皮肤、大眼睛和一头自来卷的深褐色头发,加上她爱说爱笑的活泼个性,使得她就像个小天使一样。可是,自从秋天上学后,妈妈发现这个小天使笑得越来越少了。原来,佩佩的体育老师在看到她后,就说佩佩是个很好的艺术体操苗子,不往这个方向发展可惜了,并说服了佩佩的妈妈每天放学后给她单独做一小时的训练。一开始佩佩情绪低沉,妈妈以为她是因为练习体操还不适应,太累了导致的,也没有太在意,认为过一段时间孩子适应了就好了。

一段时间之后,佩佩的妈妈发现女儿还是怏怏不乐,就觉得事情不对,决定问问女儿到底出了什么问题。问过之后她才知道,原来佩佩的体育老师在给她训练时,总是借口帮她辅导动作或者做保护,用手抚摸她的前胸、臀部等敏感部位。她动作做得完美时,老师又会在夸奖她时来回抚摸她的脸颊和肩膀。佩佩觉得老师总是碰她的身体,让她觉得很不舒服,但她又说不清到底是怎么回事,所以最近总是高兴不起来。

妈妈听完佩佩的讲述,立即就明白了事情的本质。第二天,她带女儿去找了体育老师,告诉他已经给女儿找了专业体校练习,不再需要他在课后继续给佩佩做单独辅导,并且严厉警告他绝对不许再接近自己的女儿,否则,她将找学校领导解决此事,并且不排除求助警察的可能。

佩佩的体育老师借口培养她,制造在下课后与她独处的机会,然后再寻找各种借口对她下手。幸好佩佩的妈妈及时发现了女儿的异常,并及时进行了干预,避免了女儿被进一步侵害。但是,现实生活中以年幼女孩为目标的性侵害案件,从来就没有停止过。父母们每天要为了生计奔波,不可能时时刻刻守在自己的女儿身边。这种情况下,小女孩们仅仅依靠父母的保护

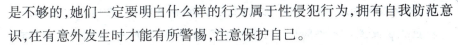

是不够的，她们一定要明白什么样的行为属于性侵犯行为，拥有自我防范意识，在有意外发生时才能有所警惕，注意保护自己。

为此，父母还要教育自己的女孩以下几点：

1. 让女儿知道不能让人频繁碰触她的身体

很多有不轨企图的人对小女孩的侵害，都是从碰触她的身体开始的，例如频繁抚摸女孩的手、脸等部位，或装作不经意地碰触小女孩的敏感部位，等等，因此，父母要告诉女儿，她的身体是不能让人随便碰触的，当有人利用各种借口频繁的和她进行肢体接触时，要予以拒绝，并告知父母。

2. 不随便抚摸成人的身体

有些心怀不轨者喜欢通过小女孩对自己身体的触摸，来满足自身的病态欲望，因此，父母要告诉年幼的女儿，当有人使用各种借口要求女孩去抚摸他的身体，或者是敏感部位时，一定要加以拒绝，并及时告知父母。

即使是男孩也不可以被乱摸

很多父母认为女孩子有可能会受到成人的性侵害，男孩子则没有这种忧虑。但现实情况并非如此。随着近些年新闻报道的增多，人们已经渐渐意识到，即使是男孩子，也有可能受到来自成人的性侵害，因此，父母要改变男孩子要"皮实"，不能讲究太多的传统观念，告诉自己的儿子，即使是男孩子，也不能让人随便乱摸，帮孩子树立自我保护的意识，防范来自成人的性侵害。

张新今年 6 岁，刚刚读小学一年级。因为他比较调皮，所以开学后，家里人反复告诉他要听老师的话，好好学习，要不以后考不上好中学。张新虽然调皮，却很有上进心，听家人三番五次跟他这样说，便暗暗记在了心里。他在课堂上很守纪律，很听话，学习也很积极。

有一天，数学老师布置了练习题让大家做，同学们都开始低着头认真做题。数学老师从教室前面往后走，走到张新的身边拍拍他，让他到后面来。张新有些莫名其妙，不知道老师要干什么，但还是很听话地站起来跟着老师走了。没想到，到了后面离同学较远的位置后，老师居然拉过他，把手从他的腰里伸进了裤子，一把攥住他的私密部位揉搓了起来。张新又惊又怕，还被老师弄得很疼，便出于本能开始向后躲。谁承想，老师在他向后躲的时候一把攥住了他的私密部位，边用力捏边低声狠狠威胁他说："不许躲！也不许喊！"张新给吓住了，一动也不敢动，结果老师就在他的裤裆里玩弄了好半天。

张新被老师的举动弄得很难受，脸涨得通红。过了一会，老师抽出手让他回座位，还威胁他说："不许告诉任何人。"这以后，张新还被叫过几次，除了他，好几个男生都被老师叫到后面过。张新觉得特别痛苦，学习成绩一下子滑了下来。

张新遭遇的事情并不是危言耸听，在现实生活中，年幼男孩遭遇成人性侵害的事情频频见诸报端。这样的事情不仅仅会对孩子的身体造成伤害，还会严重伤害他们的心灵，给孩子留下终身难以磨灭的心理创伤，因此，父母不要因为自己的孩子是男孩就掉以轻心，一定要提醒孩子，不能允许别人随意乱摸他的身体，一旦有这样的事情发生，要立刻加以拒绝，并及时告知父母。

为此，父母可以告诉孩子按以下几点来做：

1. 拒绝过分亲密的行为

如果成人主动要求与孩子发生过于亲密的肢体接触，如搂抱、亲吻，甚至主动去抚摸孩子的私密部位等，父母要告诉孩子此时应立即拒绝，并与其保持一定距离，不允许对方再靠近自己。

2. 尽量不与感觉不安全的成人独处

有些成人会先行用触碰等行为进行试探，如果孩子没有立时拒绝，他们就会制造与孩子独处的机会，以图进一步猥亵幼小的孩子，因此，父母要告诉自己的儿子，如果有人对他进行过令他感到不适的碰触，继而要求与他独处，如单独辅导功课或单独游戏等，一定要拒绝，不能跟他去。

亲亲不能随便玩儿

父母在对孩子表示亲密与疼爱时，总喜欢抱着孩子亲了又亲。所以，在很多年幼孩子的认识里，"亲亲"代表的含义，就是疼爱和保护。这种认识本也没有错误，但是，父母一定要同时教会孩子，"亲亲"是一种很亲密的动作，并不是对谁都可以做的。如果有不熟悉的人提出要与孩子玩儿"亲亲"，绝对不可以随便就答应。

7岁的小鱼是个胖嘟嘟十分惹人喜爱的小姑娘。她红红的小脸，就像一个新鲜水灵的大苹果，很多叔叔阿姨见了她，都会忍不住在她的小脸上亲一口，小鱼也很喜欢用亲亲向大家表达她的喜爱之情。小鱼在6岁上学后依然保持着用亲亲表达喜爱的习惯。她的妈妈觉得女儿渐渐大了，这样做不好，就开始纠正她。但是，纠正了一年，小鱼却依然故我。

　　暑假前的一个下午，小鱼放学后顶着毒太阳走了一路，走进自家小区大门的时候，已经大汗淋漓、口干舌燥了。这时，在小区里开小卖部的李伯伯到小区门口的传达室取自己订的杂志，他看到满头大汗的小鱼，就对她说："小鱼，热吧？走，跟伯伯回小卖部，伯伯给你拿根冰棒吃，消消暑！"小鱼听到有凉丝丝、甜津津的冰棒可以吃，立时就动了心，可是……她摇摇头说："不去，我没有钱。"李伯伯听她这样说，哈哈大笑着说："真是个实诚丫头！走！伯伯请你吃！"然后就拉着小鱼的小手去了他的小卖部。

　　小鱼在李伯伯开着空调的小卖部里吃完冰棒，一身暑气全部消了下去，觉得非常舒服，想赶快回家做老师布置的家庭作业，便准备向李伯伯告辞了。当她提出准备回家时，李伯伯问她该怎么对自己表示感谢呢？小鱼毫不犹豫地跑到李伯伯身边，拉着李伯伯让他把脸靠近自己，然后"吧唧"一声在他脸上大大亲了一口。李伯伯这才放她走了。

　　天真的小鱼不知道，李伯伯在来这个小区开小卖部之前，就因为猥亵幼女被劳动教养过。他如此"好心"把小鱼带来吃冰棒，就是因为他在小区里看到过小鱼亲邻居阿姨和其他小朋友表示喜爱的举动。自那之后，李伯伯看到独自一人的小鱼时，经常用各种孩子喜欢的零食做诱饵，带她到自己的小卖部里玩儿亲亲，一开始还只是亲亲脸颊，后来他越来越大胆，开始要求小鱼亲嘴唇等其他部位。直到有一次，他的过分举动被小鱼家的邻居阿姨撞见，并告诉了小鱼的妈妈，小鱼的妈妈严厉禁止她再去小卖部才作罢。

　　故事里的小鱼是个幸运的孩子，在更糟糕的事情发生前，她的妈妈及时得到了消息，使她挣脱了罪恶的魔掌。如果邻居阿姨没有看到小鱼和李伯伯玩亲亲，后果将是不堪设想的。年幼的小女孩很难分清谁是好人谁是坏人，谁是善意的，谁是恶意的。所以，父母与其教会女孩分辨谁可以亲近谁不能亲近这么复杂的事情，还不如告诉孩子和别人亲近的"底线"，亲亲是绝对不允许随便玩的。

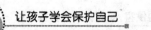

为此，父母还要注意以下几点：

1. 给孩子养成不经过父母允许不接受馈赠的习惯

各种各样的小零食，对年幼的孩子有着难以抗拒的诱惑力。很多涉及孩子的性犯罪，罪犯都是从用零食或玩具诱惑孩子开始的。针对这种情况，父母一定要给孩子养成不经过父母允许的情况下，不随便接受他人馈赠的习惯，这样能够降低小孩子因被诱惑而发生危险的可能性。

2. 让孩子正确理解"亲亲"

成人对孩子表达喜爱时，往往喜欢用亲一口的方式。孩子是天真纯洁的，这种表达方式往往误导他们认为"亲亲"就是一种表达喜欢的方式，对任何人都可以用，亲哪里都不是问题。这样，就给了一些心怀不轨的人可趁之机，引诱甚至强迫孩子按照自己的意图"亲亲"，玷污孩子，因此，父母要告诉孩子，如果有陌生人要求孩子跟他"亲亲"，并且要求亲嘴唇、胸部甚至更为隐私的部位时，他的"亲亲"要表达的就不是喜欢了，一定要坚决拒绝。

陌生人的食物不能吃

年幼的孩子天真无邪，很难抵御零食对他们的诱惑。一些心怀不轨的陌生人就抓住孩子的这个特征，伺机用零食引诱孩子，图谋不轨。孩子一旦接受零食并吃掉，就中了坏人的圈套，很可能遭遇危险，因此，父母要在平时告诉孩子，不要随便乱吃陌生人给的食物，因为陌生人之所以给你食物很可能是包藏祸心的。如果想吃零食，应该告诉家人，让家人给你买。千万不要因嘴馋而招致危险，害了自己。

6 岁的小健是小区里出了名的小馋猫，熟人都知道只要有好吃的，他就会变成乖乖小绵羊，叫他做什么都可以。

一天，小健在自家小区里的草坪上玩飞盘，他握着飞盘用力地朝前甩去，结果因为他人小力弱，飞盘飞到半空中就掉到了不远处的地上。小健急忙跑过去捡，他才低下头伸手去捡飞盘，飞盘就被一双大手抢先一步捡了起来。小健疑惑地抬起头，就看见一个大胖子叔叔，那叔叔笑呵呵地看着他，一只手从荷包里摸出一块亮晶晶的东西放在他面前，说："小朋友，你好乖哦！叔叔请你吃糖糖好吗？"小健一看，是人最喜欢吃的巧克力酥化奶糖！他忍不住舔了舔小嘴，虽然十分想吃，但又不知道该不该接……在他犹豫的时候，那个胖叔叔又热情地从身上摸出一大袋奶糖，放在小健的小手里："小朋友，不客气，叔叔喜欢你，拿去吃吧！"小健终于接了过来，掏出一颗，吃起来。过了一会儿，他就感觉头很昏，不一会儿便晕倒了。

原来，这个胖叔叔是小健爸爸的生意对手，他绑架小健，就是为了报复小健的爸爸抢走了他的大客户。

小健在玩耍中偶遇胖叔叔，并且因为嘴馋，收下了好吃的奶糖，却不料，这是一场精心策划的圈套。小健的故事，现实生活中屡见不鲜，由于孩子思想单纯，防人之心不强，所以很容易被外物引诱。孩子的这种特性，也正是很多不法之徒屡屡用食物诱拐孩子能够得逞的原因。他们利用孩子喜欢新鲜事物，爱好零食的特点，上前逗弄，孩子往往不加设防，又无法分辨人的好坏，从而上当受骗，因此为了防止孩子被陌生人引诱，父母应告诉他不要吃陌生人给的东西。

另外，父母还应教育孩子明白以下几点：

1. 让孩子明白无功不受禄的道理

有的孩子看见陌生人上前递送东西，觉得自己招人喜欢，于是便欣然接受，虽然不排斥有这种善意的表示，但是更有可能这个陌生人带有一定的企图，想用套近乎的方式引起孩子兴趣，然后危及孩子安全，达到自身的不轨企图。父母要让孩子明白陌生的叔叔阿姨不会无缘无故地喜欢你，由于对对方不了解，所以不要轻易地接受他们的礼物，更不要吃他们给你的食品，应保持距离和谨慎的态度，防患未然。

2. 帮助孩子养成只向父母要零食的习惯

有些孩子家庭经济情况比较拮据或父母生活习惯非常节俭，因而吃到零食的机会较少甚至根本没有吃零食的机会。这种情况下，他们看到身边的小朋友吃零食，很容易就会被勾起想要尝尝的欲望。此时如果有陌生人用零食引诱孩子，成功的概率就会很大。所以，父母要适度给孩子买一些零食，保证满足孩子合理的食欲，不能过度苛刻，同时要让他们明白，想要零食时，最好的办法是找父母要，绝对不能随意接受陌生人给的食物。

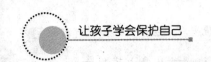

自称熟人的陌生人不可信

年幼的孩子独自在家时，一旦碰到有人敲门，个子矮小的孩子够不着猫眼查看是谁来了，听声音又分辨不出来人到底是谁。此时外面的人如果谎称熟人，并不停敲门，示意孩子把门打开，情况就会变得非常危险。因为年幼的孩子判断力不够，意志也不够坚强，很可能会被门外的人蛊惑，开门将其放进来。如果门外的人是小偷或绑匪，他们就会乘虚而入，劫持家中财物，危害孩子的安全，另外，当孩子在幼儿园内等候父母来接时，父母也许有琐事耽搁，迟迟未到，就会有其他陌生人冒称自己是孩子父母的同事或朋友，将孩子掳走。所以，父母平时要告诫孩子，自称熟人的陌生人，不要轻易相信。

下午放学的时候，3 岁的浩洋站在幼儿园门口等妈妈来接他。可是，他左等右等都等不到妈妈来，眼看着别的小朋友都一个个被父母接走了，他不禁嘟起了小嘴，蹲在地上郁闷地扒拉着土块，还不停地嘟囔："臭妈妈，还不来！浩洋要生气了！"突然，他看见面前出现一双很漂亮的高跟鞋，以为是妈妈，高兴地跳起来叫了声："妈妈。"可是，他失望了，站在他眼前的，是一个烫了发、化了妆、戴金丝边眼镜的阿姨。这个阿姨站在面前对他笑着说："小浩洋，你好呀？在等妈妈吗？"浩洋觉得很奇怪，因为他并不认识这位阿姨，这个阿姨却知道他叫什么，还知道他在等妈妈，这是怎么回事呢？

浩洋好生疑惑地打量着面前的阿姨，没有说话。阿姨看到他的这种反应，就对他笑了笑，继续说："是这样的，我是你妈妈的同事。你妈妈临时有事来不了，托我来接你回家。你跟阿姨走吧！"浩洋心想，既然她能说出自己的名字，就一定是真的了，于是拉着这位阿姨的手随着走了。可是到了半途，这个看着时尚又和蔼的阿姨就变了脸色，把他塞进一辆等在路边的面包车扬长而去。浩洋吓坏了，立即大声哭了起来。幸好他的声音够大，引起了路边巡警的注意，他们迅速拦截了面包车，抓住了犯罪分子，并救下了小浩洋。

后来，在审问中他们得知，以那位阿姨为首的犯罪分子中，有一位和浩洋所在幼儿园的一位老师有亲戚关系。他们通过这个人了解到浩

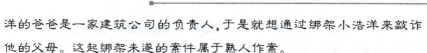

洋的爸爸是一家建筑公司的负责人，于是就想通过绑架小浩洋来敲诈他的父母。这起绑架未遂的案件属于熟人作案。

浩洋望眼欲穿地等妈妈来接，可是等来的却是位陌生的阿姨。这个阿姨前卫时髦，跟她眼中的老师、妈妈有几分相似，这让她产生了种敬畏神秘的感觉，话到嘴边却不好拒绝；再加上阿姨自称是熟人，又能叫出自己的名字，这让浩洋内心的防线一下子崩溃了。他天真地认为，能知道自己的名字，就意味着这个人不是外人，并由此在内心中建立了与这个阿姨的亲近感，认定阿姨的话是真的，就跟着她走了。浩洋的表现，说明孩子思维单纯简单，看事情只从表面入手，不能分析它的实质，也不能发现它的破绽。因为既然是熟人，熟到可以在妈妈的信任授权下来接孩子，而孩子从来就不曾见过。这也是很多骗子从中下手得逞的原因，因此，为了防止孩子被陌生人拐走，父母要告诉孩子有人自称是父母的熟人不要信。

另外，父母还应注意以下几点：

1. 让孩子明白"熟人"不等于"好人"

有的孩子听到别人口称是"熟人"，以为熟人就是可亲近的好人，于是不设防地跟着走。父母应告诉孩子"熟人"只是一种口头称呼，或者见过几次面，但并不熟悉他这个人是干什么的？是不是真正的好人？也不了解他会有什么样的做法？因此不要轻易相信，不要随便任熟人摆布。

2. 教孩子分辨真假"熟人"

有的人对孩子自称是他父母的熟人，对孩子上前套近乎，例如我是你爸爸的同事，是你妈妈的朋友等，或表现出很殷勤的样子，递送糖果礼物等，意图借此让孩子放松警惕，因此，父母要让孩子学会分辨其中的端倪，识别破绽，例如看他是否急不可待地非要带着孩子离开；或者支支吾吾地搪塞借口；或者脸色表情有怪异等，让他自然流露出马脚，才有防御的准备。

孩子不能沾烟、酒

父母是孩子的第一任老师，无论父母做什么，孩子都会去模仿。有些父母自己就有抽烟、喝酒的嗜好，孩子在身边耳濡目染，便会因为好奇而去模仿，以满足自己想快快长大，变成成人的心理。更有甚者，一些父母因为觉得好玩，还会主动传授给孩子抽烟喝酒的技法，这实在是非常不好的行为。

因为孩子还小，身体还在发育阶段，烟酒的毒性会损伤其娇嫩的器官、神经，久而久之令其成瘾，还容易患上更严重的疾病，所以父母要以身作则，让孩子从小养成健康的生活作风，并告诫他们烟酒不能沾。

翟峰虽然才5岁，却是个已经有2年烟龄的"老烟枪"。他的父母为了这件事头疼不已，在数次帮助他戒烟未果后，他们不得不带着翟峰去医院求助医生。医生在听完翟峰父母的叙述后，感到非常吃惊，就问孩子是怎么染上烟瘾的？翟峰的父母听医生这样问，都羞愧地低下了头。

原来，翟峰的父母都是孤身在这个城市奋斗的异乡人，夫妇俩工作都异常繁忙，为了缓解压力和工作带来的疲劳，他们俩在家里经常抽烟。有了翟峰后，他们虽有所收敛，但在家里还是会抽烟，小小的翟峰就这样学会了模仿父母抽烟的动作。他们夫妇发现儿子模仿自己抽烟的动作后，非但没有立即加以制止，还因为觉得好玩儿而给予了鼓励。就这样，翟峰从一开始用手指夹着吸管模仿爸爸妈妈抽烟的动作，发展到用真的烟卷模仿；再后来，他的爸爸出于好玩，开始教他用打火机点烟，甚至让他抽一口尝尝味道。夫妻俩当时觉得浪好玩，完全没有意识到孩子在学会这一切之后，会在他们不注意时自己偷偷抽烟。

他们说到这里，医生诧异地打断他们的讲述问道："孩子在家里抽烟，屋子里会留下烟味，你们发现不了吗？"医生提出这个问题后，翟峰的妈妈苦笑着告诉医生，由于夫妇俩经常在家里抽烟，他家的屋子里整日都弥漫着浓重的烟味，根本分辨不出是谁在何时抽的烟。听她这样说，医生瞬时变得哑口无言。

最后夫妇俩告诉医生，他们发现翟峰学会抽烟并且染上烟瘾后，曾经数次尝试帮助他戒烟。但是，因为孩子已经成瘾，每次帮他戒烟，他都哭闹不休，变得没有食欲，睡不着觉。身为父母，他们自然不忍心看着自己的孩子如此受罪，因为每次戒烟到最后都是半途而废，无疾而终。他们也明白烟草对人体有害，孩子这么小，染上烟瘾绝对不是好事，所以才带着孩子来求助医生，请医生帮他彻底戒烟。医生看看这对焦急不已的夫妇，语重心长地说："我再怎样给孩子治疗，他身边有你们这样一对'活榜样'，孩子能彻底戒烟么？"

听医生这样说，这对父母羞愧地低下了头。

翟峰小小年纪就学会了抽烟，与他父母都有较大的烟瘾，并且抽烟时不避讳孩子有关。他最初出于好奇模仿父母的行为，在得到鼓励后更加乐此不疲，最终成瘾，无法自拔。他的案例足以说明孩子年幼无知，对成人世界的一切事情都充满了好奇，急于且乐于模仿，并有种肆意尝试的冲动，同时，翟峰的行为也说明了在孩子还没有判别是非能力之前，如果父母给了孩子在生活习惯和嗜好方面的负面影响，就会造就孩子不健康的人生观，而且，烟酒都是对身体有害的烈性刺激物质，对还在长身体的年幼孩子的神经、脏器都会造成危害，会使孩子患上各种神经系统和重要脏器的疾病。为了孩子健康，父母应该告诉年幼的孩子烟、酒不能沾。

另外，父母还应注意以下几点：

1. 不在孩子面前抽烟喝酒

有些父母本身就有较大的烟瘾或酒瘾，并且常常当着孩子的面抽烟喝酒。他们的行为会使得孩子直观地认为烟酒是好东西，味道一定不错，所以才会使得自己的爸爸妈妈如此喜欢，继而生出想要尝尝的冲动。

2. 父母要做孩子的好榜样

父母是孩子模仿学习的第一榜样，而榜样的力量是无穷的。如果能够以身作则，改掉抽烟、喝酒等不良嗜好，孩子又怎么会不能改呢？我们可以试想，如果父母边教育孩子不要抽烟喝酒，边自己烟酒不断，孩子又怎么会信服呢？他们一定会觉得父母的说教完全没有说服力，更不会重视父母的教育，一旦有了沾染烟酒的机会，也不可能会想到收敛不碰。

学会分辨网络中的好与坏

在信息科技高度发达的今天，很多年幼的孩子都能熟练地使用电脑，上网游戏和搜寻知识。很多孩子都从网络中获得了海量的信息，大大丰富了自身的知识储备，小小年纪就博学多闻。但是，网络是把双刃剑，也有些孩子爱上了网络中的各种游戏或不良知识，深深沉溺其中而无法自拔，这种现象是十分危险的。因为有些不法之徒会借助网络工具引诱孩子出来见面，并实行抢劫、猥亵、绑架等行为，对孩子的身心造成极大的摧残和伤害，甚至使孩子留下严重的心理阴影。所以，父母要教导孩子学会分辨网络中的好与坏，要注意防范来自网络的各种危害。

　　6岁的娜娜因为惊吓过度患上了儿童忧郁症，她的妈妈不得不去她刚刚入学的小学帮她办理了休学手续,然后带她去专门的儿童精神病治疗医院进行长期治疗。在医院治疗时,娜娜的主治医生对她的妈妈说,给孩子治疗要先搞清楚病因,请她详细讲述一下娜娜得病的原因。结果,娜娜的妈妈还没有开口就哭了起来,医生在这位伤心妈妈夹杂着哭泣的讲述中,渐渐明白了娜娜生病的原因。

原来,娜娜的爸爸是个网络工程师,每天的工作都离不开网络。娜娜从二三岁开始,就跟着爸爸遨游在网络世界中。今年上学后,因为一些作业要网上提交,娜娜上网的时间就更长了。在聊天中,她认识了一些"网友",这些所谓的朋友以聚会为名约娜娜出去玩儿,天真的娜娜高高兴兴去了,却被这些人打劫。更过分的是,这些"网友"孩子怕娜娜回去告诉父母和老师,把她独自一人关在一个废弃库房里整整一个晚上,直到第二天清晨负责看守的保安人员交班巡查时,才把她救出来。

年幼的娜娜承受不了被"朋友"背叛和被长时间关在黑暗处的双重刺激,最后患上了儿童忧郁症,不得不休学治疗。

故事中的娜娜会遭遇不幸,与她爱上网有密不可分的关系。她在网上认识了坏孩子,并被诱骗出来,才导致了后面一系列不幸事件的发生。娜娜的故事,说明年幼的孩子天真单纯,以为看来美好的网络世界上的人也如同想象中一样简单善良。但是很不幸,现实与他的想象相去甚远,很多骗子在网络上都伪装成通情达理的良师益友,并且通过交流把握了孩子的弱点和不设防的心理,之后便将孩子诱骗出来实施抢劫、绑架等犯罪。所以,父母要把网络的危险性提前告知孩子,提醒他们不要过分相信网络上认识但没有在现实世界中有过深入接触的人。

在网络世界,父母还应注意以下几点:

1.控制孩子的上网次数

有的父母给孩子配置了电脑,并开通网络后,便任由孩子去玩乐,不再加以管束。这样会使孩子很容易染上网瘾,而网瘾一旦染上,就很难戒除。为了避免发生这样的情况,父母应该防患未然,对孩子上网进行科学管理,规定时间、限定上网次数,并引导他们上健康的网站学习知识。

2.鼓励孩子在现实世界中多交朋友

有的孩子不但比较内向,也很宅,只喜欢和网上的人交流,父母应引导他们多关注现实和身边的人和事,多与身边的孩子交朋友,使他们不受到网络"杀手"的危害。

奇怪的药片、粉末不要碰

年幼的孩子自制力和辨别能力都不强，很容易被不法分子蛊惑和利用。不法分子通过诱拐、要挟、恐吓等手段，胁迫孩子帮助他们从事贩毒等非法活动。因为很多时候，缉毒人员对孩子都没有太强的防范之心。更有甚者，一些毫无人性的不法分子为了彻底控制孩子，还会给孩子注射毒品，让他们小小年纪就成为瘾君子，无法逃脱罪恶的魔爪，因此父母要告诫孩子，奇怪的药片和粉末绝对不能碰，以防范那些伸向他们的"毒"手。

在云南某地的边境医院里住着一个叫岩龙的 5 岁男孩。每个医护人员提起这个孩子都是一脸的惋惜。原来，这个孩子是 1 个月前由边境缉毒警察送来的。缉毒警察发现他的时候，他正在一个成年人的带领下由境外通关入境。当时负责例行检查的海关人员发现，带着岩龙的成年人神色慌张，不停地左顾右盼，而岩龙则精神萎靡、无故流泪、哈欠连天，还不停喘息并用手目的不明地抓挠自己的双臂和前胸，看起来一副十分痛苦的样子。海关人员觉得可疑，就拦下了他们，带他们去做详细的检查。那个成年人被拦住之后显得慌张恐惧，趁海关人员不注意，用力挣脱跑回了境外一侧，将岩龙独自丢弃在了边检站。海关人员因此更加断定岩龙身体里有蹊跷，赶快联系了边境缉毒警察，请他们将孩子带到医院协助检查。结果，在 X 光检查中，他们发现这个孩子体内有橄榄状异物，并且其他部位有很多注射过后的针孔痕迹。

经医学手段取出异物后，缉毒警察发现那是被严密包裹的海洛因。岩龙经检查也被发现有毒瘾症状，据医生推断他身上的针孔，应该是被注射毒品时留下的。

5 岁的孩子体内被查出藏有毒品，并且身体其他部位还有被注射过毒品的痕迹，这是多么耸人听闻的恶性案件啊！岩龙的故事足以说明，年幼体弱的孩子，自我保护意识和能力都很弱，他们很容易被犯罪分子引诱、要挟，变成他们的犯罪工具。很多情况下，这些孩子会被犯罪分子发现并利用，也与孩子父母没有做好监管责任义务有关。年幼孩子的心智和身体都还在发育成长时期，如果被注射了毒品，或植入了毒品会对他们的身体带来极大的摧残和伤害。所以,为了防止此类事件发生,父母应告诫孩子小心伸向他们的"毒"手,绝对不要去碰奇怪的药片、粉末。

在防毒戒毒中,父母还应注意以下几点:

1.让孩子了解毒品

有的孩子对陌生人不设防,别人递送的糖果等外包装有吸引力的食品一并接受,甚至不假思索拿起来就吃,这是很危险的,也容易遭到不法分子的毒害。所以,应告诉孩子有些东西是毒品,会借此进入体内,对身体有极大危害,还应给他们介绍毒品的名称、品种,并给他们看些实例图片,帮助他们提高识别、杜绝毒品的能力。

2.注意孩子的交友情况

有的孩子在外玩耍时乱交朋友而认贼为友,这样很容易被不法分子诱惑、逼迫、干丧尽天良的事情,如逼迫吸毒、藏毒等,孩子势单力薄,会被武力屈服,就会被带坏,走上犯罪道路。所以父母要多关注孩子的交友情况,不要误交损友。

第七章

"突发事件"中，孩子该如何保护自己

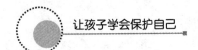

煤气漏气,赶紧关闸开窗

现在家庭普遍使用煤气,但在使用过程中可能因方法不当、操作错误,会造成煤气阀门的松动损坏,还可能因煤气管道年久失修,出现老化现象,而引起煤气泄漏情况的发生。此刻,如果孩子在家,碰上了煤气泄漏,是非常危险的。因为煤气俗称一氧化碳,是一种有毒气体,它经口鼻进入人体后,与血红蛋白的亲和力是氧气的 200 倍 ~ 300 倍,并使人的细胞失去氧气的供给而窒息死亡,即使抢救过来,也因为大脑细胞死亡过多而导致痴呆或成植物人。所以防止煤气泄漏对于只身在家、无人看管的孩子十分重要,教给他们如何应对煤气泄漏的方法更加重要。

一个周末,家里只有 5 岁的天天和保姆。天天在客厅玩积木,保姆在厨房炖了一锅晚上要吃的排骨汤,然后就去给朋友打电话聊天了。天天把积木搭起来又推翻,玩得浪专心,这时炉子上的汤也煮沸了,发出轻微的"咕咕"声。天天在客厅里,离得浪远,根本听不到;保姆聊天聊得太投入,也没有听到。锅中的汤最后溢出来浇灭了炉灶的火,煤气开始慢慢泄漏……

这时,保姆想起晚上做饭要用的辣椒忘了买,就告诉天天乖乖自己玩儿,然后急匆匆出门去了某市场。

保姆走后,因家里的门窗都紧紧关闭着,不一会儿整个屋子就被充满了煤气。天天闻到了臭气,手里的积木落了一地,渐渐也失去了知觉,昏了过去。浪久之后,煤气从屋子的门缝里泄了出去,四周的邻居们也闻到了煤气的臭气,循着气味找到了天天家门口,最后大家都断定味道是从天天家飘出来的。可是,天天家的门锁得浪严,踹也踹不动。大家都浪着急,幸好天天的妈妈给邻居家的奶奶留过电话,那位奶奶赶快打电话叫回了天天的妈妈,并同时叫了消防员,大家合力打开家门,才救出了已经因为煤气中毒而昏迷的天天。

天天独自在家,遇到了煤气泄漏,而且是不知不觉之中的,失去了及时逃生的机会,这是非常危险的。因为煤气一般都是在人不知不觉的情况下发生泄漏的,一般家中都没有防备措施,还常紧闭门窗,所以一旦发生对孩子的危害是致命的。煤气一旦进入人体后,会瞬间就吸噬了人们血液中的

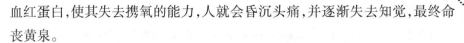

血红蛋白，使其失去携氧的能力，人就会昏沉头痛，并逐渐失去知觉，最终命丧黄泉。

所以，为了防止孩子独自在家遭遇煤气泄漏，父母应该提前教会孩子应对的办法：

1.要立即关闭煤气总阀门，停止煤气泄漏。并立即打开门窗通风换气。为了防止引起火花，应杜绝开灯、开抽油烟机、开排风扇、拨打电话，以及点火等行为。

2.不要将煤气炉引至屋外任其燃烧，这样反而容易引起爆炸。

3.在关闭阀门时，因为温度很高，应戴上湿手套、用湿毛巾、抹布裹上手去拧动开关拧紧煤气阀门，不能直接用手去关，以防皮肤被烧伤。如果已经起火了，家中有灭火器的应及时灭火。

4.关闭阀门后，用湿毛巾捂住口鼻，到户外空气好的地方呼吸，排出体内的煤气。

5.关闭阀门要快，不能超过3分~5分，因为时间过长，阀门上的橡胶圈、尼龙线就会被高温熔化，并失去密封作用，从而导致煤气大量泄漏，使燃烧更加猛烈。

水管崩裂时不要慌乱

年幼的孩子独自在家时，如果遇到水管崩裂、水柱喷射、自来水四处溅洒的情况时，很可能会惊慌失措，不知该如何是好。其实，水管漏水绝不是突发状况，通常都是由于平时使用不当或用力过大，年深日久导致的损坏。所以，父母需要在平时给孩子养成良好的使用水管开关的习惯，如轻开轻关，不要无节制地拧开关等，同时，为了防止孩子遭遇水管崩裂这种突发情况，父母还需要教会孩子一些修理水管的相关知识。

4岁的群群在家里看电视，突然渴了想喝水，于是拿着自己的卡通杯跑到厨房，想拧开水龙头接一些水喝。可是，家里的水龙头太紧了，他使出吃奶的劲用力去拧开关也拧不开。群群见这样行不通，就开始发脾气的乱拧一气。他这样拧了一会儿之后，水龙头终于出水了！可是，水是从水管的缝隙里像喷泉一样喷溅出来的。结果，水喷得到处都是，把水池周围的瓷砖台、地面、墙壁都弄湿了。

群群急坏了,他想用手去堵喷水的窟窿眼,可是他细小的手指根本堵不住那个大洞,水反而从他手指四周喷得更厉害了。群群急得快要哭了。就在群群手足无措的时候,他的爸爸回来了。爸爸看到这个情况,找来了工具,很快就把水管漏水的问题解决了。

年幼的群群独自在家时遇到水管崩裂的情况,被吓得惊慌失措。他虽然积极想办法,想要独自解决这个突发状况。可是,没有水管修理相关知识又毫无经验的他,根本就无法独自应对并处理这件事。他所能做的,只是拼命想办法堵住缺口。可是,年龄小、力量弱的他,由于使用的方法不得当,反而加重了水管的喷射。可见,如果家中没有监护人,孩子遭遇这类状况不但会被吓着,还有可能发生危险。

为此,父母应该在平日教会孩子应对水管崩漏的方法:

1. 遇到水管漏水,应减少漏水量,及时找来抹布、或软物将漏水处堵上,并找到家里水管的总阀门,并将它关上。

2. 这时可能地板和地毯都被水浸湿了,应将水引向地漏处,再找来拖把把水拖干。

被陌生人挟持要假装配合

8岁以下的孩子年幼体弱,一旦成为不法分子的目标,就很有可能遭遇不测。当孩子被绑匪劫持时,常会因为恐慌害怕而本能地拼命哭叫、奋力挣扎,其实这是不对的。因为这样做容易使歹徒产生焦躁厌烦,并为了掩人耳目,会采取更加残暴的方式来制服孩子,失去理智时甚至痛下毒手。为了避免发生这种不幸,父母最好在平时告诉孩子,在遭遇绑架时最好不要慌张,假装配合绑匪,待其放松警惕后再见机行事,采取有效方法自救或呼救。

6岁的大鹏有位当刑警的爸爸,他觉得自己的爸爸非常威风,只是没想到,因为威风的爸爸,他遭遇了一场无妄之灾。

那天下午,大鹏正在离家不远处的空地上玩,突然一辆面包车停在眼前,下来一个面相凶恶的胖叔叔走过来把大鹏抱上了车。大鹏在车里被蒙上眼睛、封上嘴、手脚也被绳子捆起来,在极度惊恐之中,车子拐了几条街,来到了一个废旧的厂房。胖子和车上另外两个人把大鹏带到了厂房里,然后将大鹏解开,逼他说出家里和他爸爸的电话。大鹏不

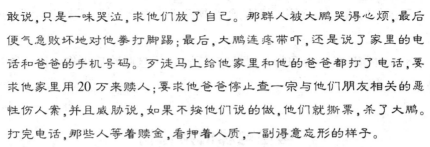

敢说,只是一味哭泣,求他们放了自己。那群人被大鹏哭得心烦,最后便气急败坏地对他拳打脚踢;最后,大鹏连疼带吓,还是说了家里的电话和爸爸的手机号码。歹徒马上给他家里和他的爸爸都打了电话,要求他家里用20万来赎人;要求他爸爸停止查一宗与他们朋友相关的恶性伤人案,并且威胁说,如果不按他们说的做,他们就撕票,杀了大鹏。打完电话,那些人等着赎金,看押着人质,一副得意忘形的样子。

　　这些人忽略了一点儿,大鹏是刑警的儿子,从懂事起,睡前的故事就是各种各样的勇斗歹徒案例。大鹏哭了一会儿,慢慢地镇定了下来,回想着爸爸讲过的应对歹徒的方法,于是有了主意。他见这些人一副得意洋洋的样子,已经放松了警惕,就对他们喊自己肚子疼,要上厕所。歹徒无奈,派胖叔叔拎着孩子去附近的角落撒尿。大鹏又说怕羞,叫他离远点,否则撒不出来。那人觉得一个小孩跑不了,大意起来,就走了几米远,背侧着身抽起烟来。大鹏见有机可乘,立即拔腿就逃。由于大鹏体形瘦,从墙沿的夹缝中逃生了。歹徒只能望缝兴叹。后来,警察在大鹏的协助下抓获了在逃的歹徒。

　　大鹏在遭遇绑架后,开始也是惊恐万分的,因为他从来没有经历过这样的事情,也没有心理准备。这样的经历,实在不是一个几岁小孩的生理和心理能够承受的。所幸的是,大鹏爸爸的睡前故事对他进行了相关的教育,他自身的心理素质和智商又够用。所以他很快镇静了下来,同犯罪分子虚与委蛇,并找到机会顺利逃了出来。要是被绑架的孩子没有大鹏这样的机智,很可能会惊慌失措、拼命挣扎,最后激怒犯罪分子,导致自己被撕票。为了防止孩子被绑架后发生这样的悲剧,父母要在平时教会他们一些应对之策。

　　父母应该让孩子学会遭遇歹徒时的应对之策:

　　1.遭遇绑架时不要慌张,要机智冷静,沉着应对。

　　2.让孩子明白越是抗争,绑匪越是烦躁易怒,就容易撕票的道理。

　　3.教会孩子不要一味反抗,应该假装被驯服,使绑匪放松警惕,才会有机会逃生。

　　4.趁绑匪疏忽的间隙,放火、放水、抛弃东西,来引起外界的注意,也可趁势呼救。

　　5.尽量拖延时间,借故制造困难,如说肚子痛,赖着不走等。

　　6.绑匪追问他们想知道的情况时,应假装害怕大哭,或说忘了,千万不要说出实情,否则很不利。

7. 如果时机成熟,利用一切机会勇敢机智地脱离险境,不要相信绑匪还有善心。

8. 记住绑匪的面容和特征以及有关线索,一旦脱险后可作为协助警察破案的证据。

被困电梯时别惊慌

随着都市的建设与发展,很多人都搬进了新建小区的高层楼房里,这样,电梯就成了人们上下楼不可或缺的工具,尤其对于人小力弱的孩子来说,电梯更是必不可少。因为,让一个几岁大的小孩一口气爬十几、二十几层楼,那完全是一场对他体力极限的挑战。但是,方便的电梯有时也会变成威胁孩子生命安全的杀手。因为电梯故障导致儿童伤亡的事故屡屡见诸报端就是明证。所以,父母应该在平时教给孩子一些应对被困电梯的方法,免得孩子遇到意外时惊慌失措。

新苑小区都是高层楼房,每座楼里都安装有电梯。5岁的小何从以前居住的6层楼搬过来之后,对电梯又好奇又害怕。当听说电梯是一个悬空的小箱子,在电梯道里面用缆绳拉着上下运行时,他更担心了,想着如果电梯厢正高高地在11楼,缆绳突然断了,那可怎么办?电梯会不会直接掉到地上摔碎了?

没想到这样的担心还真的发生了。有一天小何独自一人坐电梯下楼,开始还平稳运行的电梯忽然晃动一下,"咔哒"停住了,电梯里的电灯也突然灭了,电梯厢里一片漆黑。小何吓坏了,紧紧靠着电梯的一壁,还好,电梯并没有下落。小何摸索着到了门边,用手狠劲砸门,开始歇斯底里地大喊:"救命!妈,我被关在电梯里了。"

就在小何大声呼喊的时候,电梯厢里响起了说话声,原来是管理员通过喇叭给小何说话:"小朋友,不要惊慌,我们已经发现这个电梯出了故障,现在正派人去修理。请你耐心等一下。"小何还是害怕得不得了,边哭边使劲砸门。那个说话的人也急了,喊着说:"千万不要再砸门了,如果门突然打开的话,你会有掉下去的危险!"小何吓了一跳,赶快缩回身子等着了。

十八分钟后,电梯又开始慢慢运行,安全降到了一层。门开了,修

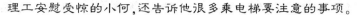

理工安慰受惊的小何,还告诉他很多乘电梯要注意的事项。

现在的电梯安全系统一般都有防止下坠的功能,电梯如果出现故障多半会悬浮在空中,可等修理工人来修理。但管理员对小何说的话也并不是危言耸听,因为小何如果一味在电梯中敲打挣扎,就真的有可能造成危险,危及他自身的安全。所以,父母一定要告诉孩子,电梯突然发生故障的话一定要冷静,不要自己想办法逃离电梯厢,那会造成更大的伤害。

为了确保孩子一旦被困电梯时的安全,父母还应让他们知道以下注意事项:

1.乘坐电梯时不要玩电梯里的按键。如果胡乱按键可能会造成控制电梯的程序出错,发生危险。

2.进出电梯的时候要慢一点儿,不要匆忙,更不要冲进来冲出去。电梯门要关闭的时候不能抢着进出,小心被门夹住。在电梯里,不要随意地乱蹦乱跳;不要倚靠电梯门,免得门突然打开出现危险。

4.电梯出现异常现象或发生故障时,可拨打电梯内的报警电话请求救援。等待救援时要耐心,千万不要砸门,或者撬门,想着自己打开电梯门。

下冰雹时快躲避

很多年幼的孩子都觉得,在春夏之交或者夏、秋季常见的冰雹,是一种很神奇的东西。这种东西不需要预先把水放进冰箱冷冻,就能够结成像绿豆、黄豆般大小,甚至板栗、鸡蛋那么大的冰球,"噼里啪啦"地从天而降。孩子们碰到这种自然界的神奇时刻,往往首先想到的不是躲避冰雹,避免受伤,而是冲进冰雹里一探究竟,因此,父母一定要未雨绸缪,在孩子看到冰雹之前就让他们明白,神奇的冰雹是会砸伤人的,遭遇冰雹时要学会保护自己。

夏天的一个傍晚,小淳和小朋友们在小区院子里玩。正玩得高兴,天突然变了,北面飘来的云层颜色怪怪的,说黑不黑,说红好像也不是很红。小淳跟小朋友们开始没在意,继续玩。后来刮起了一阵儿风,小淳他们才意识到可能要下雷阵雨了。

但是大家正玩得开心,不想就这么回家,几个小朋友就躲到了一栋楼的楼洞遮雨棚下。不一会儿,大雨就随着风开始下了。细心的小朋友们一看,天上下的可不是雨,而是小冰球,有些比较大的圆圆冰球砸在地上还滴溜滴溜转,满眼的这种小冰球在地上跳舞,大家都觉得太好玩了,忍不住拍手跳跃。小淳胆大,跑出遮雨棚去捡冰块。

他在冰雹里捡拾比较大的小冰球,还把冰球扔给小朋友们玩。捡了一会儿,小淳"哎哟"一声捂住了脑袋。大家发现这时落下来的冰雹都变大了,有的像鸽子蛋一样,还有更大的,"噼里啪啦"砸下来。小淳捂着脑袋跑回了楼洞遮雨棚下,大家一看,他的脑袋上已经被冰雹砸起了两个包,有一个都泛青了。

骤然突降的冰雹,不但对孩子,就是对成人来说也是不常见的事。像小淳这样第一次看到冰雹的孩子,肯定会觉得好玩。可是,冰雹的破坏力很强,它会砸坏农民的庄稼,毁坏水果,还能砸伤、砸死露天放养的家畜,甚至还有过大块冰雹将躲避不及的户外工作者生生砸死的记录。所以,父母要告诫孩子,下冰雹时首先要做的是躲进安全的室内,保护自己不被砸伤,而不是冲进冰雹中做"研究"。

为此,父母要向孩子讲明以下注意事项:

1. 遭遇冰雹时要保护好身体

下冰雹时,最好迅速躲避到室内,或者能够完全阻挡冰雹的建筑物里。如果冰雹来得突然,一时到不了房间里,那就用雨伞或者其他的可遮挡的东西保护好头部,不要让落下的冰雹直接砸到脑袋上。这时要继续往室内跑,不要停留在冰雹下。

2. 下冰雹时注意不要滑到

虽然有的小冰雹不会砸伤人,可是地上积了一层小冰粒,踩上去很容易滑倒,因此父母要告诉孩子,下冰雹时或冰雹刚刚下过后,走路时要注意脚下的路况,不要被路上的冰雹碎粒滑倒或者硌伤。

大暴雨中的自我救护

暴雨是夏天常见的自然现象,大雨会突然倾盆而下,天空随之变得漆黑一团,同时还有耀眼的电闪和吓人的雷鸣。这些都会引起孩子深深的恐惧。如果孩子在暴雨来临时没能及时躲入室内,这种恐惧心理加上室外糟糕的能见度,就很有给孩子的人身安全造成负面影响的可能,因此,父母应该在平时教会孩子如何在大暴雨的天气中保护自己免受伤害。

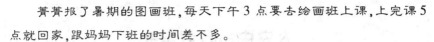

菁菁报了暑期的图画班，每天下午3点要去绘画班上课，上完课5点就回家，跟妈妈下班的时间差不多。

有天菁菁刚从绘画班出来，天就突然变了，黑压压的乌云很快就布满了天空，整个城市都变得阴沉沉的。菁菁感到害怕，就赶紧往家跑，可是跑到离家里还有几百米的地方时大雨就倾泻而下。哗啦啦，很快路上就积满了水，下水道看起来一点儿都不顺畅。菁菁头顶着画夹子想赶快跑回家去，可是雨愈下愈大，都要看不清路了。

菁菁跑过一个小店时看到好些人在店门口避雨，她觉得干吗要避雨，这样跑回去多爽快。就在菁菁穿过马路进入小区时，菁菁的脚下一滑，"咚"地一下就摔倒了，身上的衣服全都湿透了，膝盖还划出了一个口子，开始往外渗血。

忍着疼痛菁菁站了起来，一瘸一拐地到了自家门下。回家后妈妈替她包扎了伤口，批评她这么冒失地跑回来。因为被雨水浸湿了，菁菁后来还感冒发烧，折腾了好些天都没能出门。

暴雨一般来得很快，雨势也非常迅猛，瞬间就会在地面积水，而在大雨里奔跑会很容易跌倒。成人尚且如此，就不要说年小体弱的孩子了。曾经有过这样的报道：一年夏天的大暴雨中，某城市的下水井盖被冲开，一股股的雨水翻涌进入水井，最后竟然将几个成年男子也冲了进去，还造成一人死亡的悲剧。成人都无法抵抗，如果孩子被冲进下水井，后果更不堪设想。所以，父母为了避免这种悲剧的发生，一定要教会孩子在大暴雨天气中保护自己。

为此，父母要让孩子掌握以下几点：

1. 尽量躲在建筑物内，不要让雨水把头和衣服都弄湿了，要不然就容易感冒，影响身体健康。

2. 如果是在路上突然下雨，避雨时尽量远离公路，更不要穿越马路，因为下雨天司机看不清楚路况，车子容易打滑，如果猛然刹车就很容易发生车祸，极不安全。

3. 避雨的时候不要躲在树下，也不要躲在危险建筑的旁边，比如正在维修的大楼，或者高处架着某些东西的地方。因为雨势过大，这些东西很可能掉下来砸伤人。

火灾中的自我救护

　　火的炙热温度会使孩子本能地躲避它。但是,孩子特有的强烈好奇心,在家里又会克制不住地去拿打火机、火柴等来玩,个别淘气大胆的孩子甚至会用这些点火物品去点煤气炉灶来玩。孩子们玩弄这些危险品时,一旦掌握不好分寸,就会引火烧身,造成火灾。此外,孩子独自在家时,一旦遭遇到煤气泄漏等危险情况,他们在不会处置的情况下胡乱应对,也容易引发大火。如果孩子深陷火中又不会自救,就很有可能被火烧伤,浓浓的烟雾也会严重灼伤娇嫩的呼吸道,甚至因此最终导致孩子窒息死亡。所以,父母在平时教会孩子如何在火灾中保护自己是十分重要的。

　　5岁的明明很喜欢明亮红火的火焰,他总喜欢划燃火柴或者打着打火机,然后盯着美丽的火苗细看。虽然他的妈妈反复告诫他不许拿这些火具当玩具,尤其是他一人独自在家时,更是不许碰!但他依然故我,只要有机会,就一定要"制作"火苗来玩。

　　一个周末的下午,明明的爸爸去加班了,妈妈因为公司临时有事,把自己关在书房里对同事进行电话指导,只剩了明明一人在客厅里。如此难得的机会,他当然不会放过!于是,他拿起爸爸忘在茶几上的打火机玩了起来。他把打火机拿在手里反复按压,由于不掌握技巧一开始老是打不着。这样折腾了一会儿,明明的一部分注意力就被客厅电视里正在播放的动画片吸引过去了,他一边看动画,一边心不在焉地继续按压着打火机,脚则在凳子上不安分地来回摩擦着。突然,打火机被打燃了,窜出了很高的火苗,明明被吓着了,惊慌地撒手把打火机扔了出去。结果,还带着火苗的打火机落到了阳台的窗边,点燃了阳台窗户上的落地窗帘。

　　明明这时才慌了起来,他跑到书房门口使劲砸门,大声叫着:"妈妈快出来,火!"不幸的是,因为他平时就经常因为玩火烧坏家里的东西,例如桌布、沙发套等,一开始忙着向同事交代工作细节的妈妈并没有在意,反而对着门外的明明大吼,叫他别吵。直到有烟从门缝钻进来,明明的妈妈才意识到真的着火了,慌忙挂了电话冲出书房。此时,火已经烧到阳台边上的厨房里面去了,妈妈意识到一旦厨房里的煤气瓶因为

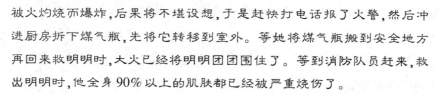

被火灼烧而爆炸,后果将不堪设想,于是赶快打电话报了火警,然后冲进厨房拆下煤气瓶,先将它转移到室外。等她将煤气瓶搬到安全地方再回来救明明时,大火已经将明明团团围住了。等到消防队员赶来,救出明明时,他全身90%以上的肌肤都已经被严重烧伤了。

明明因为对火好奇而去玩本不该碰的打火机,结果因为引燃窗帘导致了火灾,不但使家中财产遭受损失,还给自己带来了严重伤害。这个故事充分说明,年幼的孩子对自己感到好奇的东西会不加分辨拿来玩,丝毫意识不到这些物品中隐藏的巨大危险隐患,与这个年龄段的孩子视力发育较快,对事物的形状色泽较为敏感和好奇,但对于事物的性能作用却懵懂无知的发育特点有关。当大火被引燃后,毫无相关应对知识的孩子会被吓得不知所措,只能选择退缩逃避,就会导致火势的蔓延并且无法收场,孩子则势必将在紧要关头失去唯一生存的希望。这也是很多火灾发生后,伤亡惨重的必然是儿童的原因。所以,父母要在平时告诫孩子不要拿火具当玩具,并且要教会他们一些应对火灾的方法。

孩子需要掌握的应对火灾的方法,主要包括以下几点:

1. 学会应对室内着火

如果遇到室内起火,应立即用湿毛巾、手帕、衣服等捂住口鼻,防止浓烟损伤咽喉,或将湿棉大衣、棉被、毛巾被、毛毯、衣服等遮盖包裹在身体上,以防身体被大火烧灼,减小受伤面积。如果有条件可到卫生间躲避,因为卫生间湿度大,冷却快,还可用水来灭火。

2. 学会应对身上着火

如果大火烧着了衣服,应立即脱下衣服,进行拍打,或就地翻滚将火焰扑灭,最好用冷水浇灭,一定不要穿着衣服跑动,否则火借风势会烧得更大。

3. 学会逃出着火房间

如果屋子着火后无路可逃,可通过雨篷、阳台、将棉被床单撕成条形系在身上并顺利滑到楼下,还可拨打"119"火警电话求救,或向外面大声呼救,引起行人注意,寻求外部救援。

地震中的自我救护

地震是因地壳运动引发的自然灾难。地震的特点是爆发迅速、破坏力强,能够对处于震中的人身财产安全造成极大威胁,而且,这种自然灾害虽然可以在一定程度预测,但却是无法避免的,因此,父母一定要在平时教会孩子如何应对突发的地震,以免孩子在地震发生时因极度的恐慌害怕而不知如何躲避逃生。

2008年春夏之交,四川省汶川地区发生特大地震灾害时,4岁的小花就读于县城中一所幼儿园的中班。当时,孩子们正在老师的带领下做游戏,突然之间,他们脚下剧烈摇晃了起来,小花和同学们茫然的互相看着彼此,他们觉得很害怕,又不知道到底发生了什么事,因此都恐惧地哭了起来。

这个时候,老师已经意识到是发生地震了,她很庆幸中班教室在一楼,离外面操场很近,于是赶快命令孩子们用手抱住头部,按次序排队跑向教室外的操场,当最后一个孩子惊慌未定地落脚到操场空地时,教室所在的楼房全部垮塌了。惊魂未定的小花和同学、老师抱成一团相拥而泣,庆幸自己躲过了一场浩劫。

像小花这样年幼的孩子,在地震来临时由于惊吓过度而不知所措是十分正常的。所幸的是,他们有一位头脑清醒冷静的老师,孩子们在她的带领下按部就班离开教室,才最终得以幸存。这个故事可以充分说明,没有经验的孩子在遭遇地震突发灾难时,极有可能因为恐慌而失去判断、反应的能力,无法有效进行自我救护,使自己的生命安全受到威胁。所以,为了避免这种悲剧的发生,父母一定要在平日里教会孩子应对地震发生时的方法。

这些知识主要包括以下几点:

1. 当地震发生时,如果楼层在高处,无法迅速逃到空旷的地面,则需要就近躲避,如钻进桌子下面,钻进柜子里,钻到床下面,或者跑到卫生间里去,因为卫生间钢筋管道多,承载力大,可抗压力强。

2. 不要四处乱跑乱动,更不能高声大叫,应保持冷静,沉着应对。

3. 在躲避中用双手抱住头部,保护好头部不受到硬物的撞击。

火山爆发中的自我救护

火山爆发的景观非常壮观,火山岩浆非常灼热,火山爆发会喷出很多有害的物质,加上大量的火山灰,居住在火山周围的人都会受到极大的伤害。

但是,地球上现存的活火山并不多,而且这些火山还有一部分处于休眠期,不会轻易爆发,因此我们不必过分恐惧。可是,这并不代表我们就可以忽略对于火山爆发中自我保护知识的学习。因为有些活动期火山地处旅游胜地,父母带着孩子前去旅游的时候一旦遭遇火山爆发,年幼的孩子不知如何应对和妥善保护自己,生命安全就会受到极大威胁。

7岁的京京暑假时和家人一起去太平洋上的一座小岛度假,那座岛以风景优美著称,尤其是岛上的一座活火山,山顶终年积雪,远远望去云雾缭绕,十分美丽。

他们到达的时候,岛上偶尔会出现轻微的地震,导游解释说是因为小岛处在环太平洋火山地震带上,最近地壳运动较为活跃,所以才出现了这样的情况。京京的父母听了之后十分担心,问导游岛上的火山有没有爆发的危险,导游说山上的火山虽然是活火山,但是已经将近一个世纪没有喷发过了,他们才逗留一个星期,不会那么不走运碰上火山爆发,请他们尽可放心。由于导游是当地人,京京的父母听他这样说,也就放下了悬着的心。

可是,越是觉得不可能的事,越是会出乎意料的发生。京京一家在岛上旅游的第三天,火山突然出现了爆发的迹象!岛上的人纷纷收拾行李,准备迅速逃离。万幸的是,京京一家聘请的当地导游是个非常敬业且极有责任心的人,他告诉京京一家不要慌,收拾好行李跟着他,同时告诫他们火山喷发时会喷出大量的有毒气体和火山灰,人一旦吸入,会使身体受到严重伤害,因此一会儿撤离时一定要用口罩、围巾等防护用具掩住口鼻,降低伤害。在昏黄时分,他们一家终于在导游的帮助下顺利撤离了。当天夜里,岛上的火山大爆发,已经回国的京京一家从新闻里了解到,这次火山爆发把60%的岛上建筑夷为平地,没有及时逃离的人几乎都丧生在这次灾难中时,不禁全都吓出了一身冷汗。

从京京一家的故事中我们可以了解到,一般在火山爆发前都会有一些前兆,人们可以通过这些前兆来判断要不要赶快逃离。这些前兆包括地表变形,地表上的一些喷气孔、泉眼发出与往常不一样的奇怪气体和味道;还有水位和水温也会发生异常变化;地表上的生物对即将来临的火山爆发有异常反应,比如植物忽然褪色、枯死;小动物们的行为异常或莫名死亡等,都可能是火山爆发的前兆。如果碰上这种情况,我们就要当心了。父母要告诉孩子,在有活火山的地方一旦看到以上现象,就要赶快告知父母。如果父母不在,就要赶快做好应急逃离准备,并注意在逃离时做好自我救护。

为此,父母应该让孩子了解以下几点:

1. 躲避熔岩

火山爆发时会喷出大量炽热的熔岩,一旦让这些熔岩碰上,我们就会被灼伤烧死。熔岩会向山下流去,直到到达谷底冷却下来。这一路上熔岩会毁掉所有碰到的东西,因此看到有熔岩流出后要迅速跑出熔岩流的范围,越快越远越好。

2. 躲避"炸弹"

火山爆发时会有一些危险的喷射物被喷射出来,这些喷射物有石块碎片,也有大块岩石熔化成的"炸弹",随着地底强大的喷射力,会被打到很远的地方再落下来。若是火山喷发时你正在火山附近,赶快逃开吧,逃跑的时候戴上头盔,或者用其他物品保护住头部,免得那些喷射物落下来砸到头部。

3. 躲避气体

火山喷发时会喷出大量的气体球状物,这些物质会以很高的速度滚落下山,要记住躲避这些气体球状物,可以躲在坚实的地下建筑物中,或跳入水中屏住呼吸,等球状物滚过去。

4. 预防被火山灰伤害

火山灰是由岩石、矿物和火山玻璃碎片组成的细微灰尘,具有很强的刺激性。大量的火山灰会把屋顶压塌,还能窒息庄稼、阻塞交通路线和水道。火山灰会伴有有毒气体,人如果吸进体内就会对肺部造成伤害。很多火山灰中含有硫黄,这些硫黄随着降雨落下来,就变成了酸雨,会灼伤人的皮肤,侵蚀我们的眼睛和鼻黏膜。所以,火山爆发后,要戴上通气管面罩,还有护目镜等保护眼睛,逃离时可用湿布捂住口鼻,到避难所之后赶快脱去衣服,彻底清洗暴露在外的皮肤,这样就能减少酸雨的伤害了。

山洪泥石流中的自我救护

山区的大雨不但会引发山洪,还会引发更加可怕的泥石流。这种自然灾害比洪水更可怕,因为洪水主要是大水冲击我们的城镇和房屋,等洪水退去,我们的城镇和房屋可能依旧存在。泥石流则不同,泥石流是暴雨或洪水,把松软的沙石浸泡稀释后从高坡上冲下来形成的,泥石流里裹挟着大量的石块、枯木等物。泥石流会掩埋它碰到的一切事物,其中夹带的石块、木头会毁坏我们的房屋、田地,而泥石流所经之处,人们的生命财产安全都会受到极大威胁。所以,父母要在平时教孩子一些在遭遇泥石流时保护自己的方法,为孩子的生命安全保驾护航。

灵芝和小苗是家住西南山区的一对同龄女孩,这两个8岁的小姑娘都是今年通过"春蕾计划"资助才重返校园的。灵芝家住在山脚下,还有一条大河从他家边上流过;小苗家住在半山腰,有一条从山顶发源的小河流经她家。这两个女孩平日上学时都寄宿在山外县城中春蕾小学的宿舍里,只有假期时才会回家。

放暑假了,灵芝和小苗各自回到了家。8月里的一天,傍晚时分突然下起了大雨。1小时之后,住在大山周围的人们就听到像打雷一样的"隆隆"声,有经验的人明白,马上就要爆发山洪和泥石流了!

小苗的爸爸年轻时遇到过泥石流,比较有经验,他赶快叫家里人收拾最重要的东西,急急忙忙跑到了离小河最远的地方,找了一处可以避雨类似山洞的平整地带,告诉大家尽量躲在靠近山壁有遮挡的位置。

那天晚上灵芝家只有她和奶奶,奶奶觉得自己带着孩子跑也跑不远,再说这几年年年下大雨,都没有暴发山洪和泥石流,估计这次也没事,于是收拾好之后就和灵芝早早睡下了。

当天半夜,山洪暴发了,泥石流紧跟山洪倾泄而下,从小苗一家躲藏的地点边上滑过,而住在山脚的灵芝和奶奶,则完全被泥石流埋在了下面……

第二天一早救援的人们赶到时,灵芝所住的那个村子已经没有完整的房屋了,房子要么完全毁掉,要么泡在水中。村中100多个居民,只生还了10个人。

泥石流大都发生在山谷中,那些建在山脚下的村庄和市镇最容易受到泥石流的侵害。灵芝和小苗的故事,就可以让人一目了然地看到有防范措施和没有防范措施,结果有多大的不同了。所以,父母一定要在平时提醒孩子,外出走在山谷中时,要懂得自我保护,小心碰到泥石流。

遭遇泥石流时的自我保护,主要包括以下几点:

1.因为泥石流是从山上往山谷里流过来的,如果徒步走在山谷中碰到大雨的时候,要迅速转移到附近地势较高的安全地带,离开山谷越远越好,千万不要在谷底逗留。

2.如果是去野外游玩,选择营地驻扎要避开山谷和河沟底部,免得晚上休息时突然碰到洪水或泥石流。要选择平整的高地作为营地,尽量避开有滚石和大量堆积物的山坡。

3.待在山谷中的时候要留心周围的环境,特别是下雨天,要认真听一听远处山谷里是不是有打雷般声响传过来,如果有,那就要小心了,要马上做好撤离的准备,因为这山谷里的滚滚"雷声"就是泥石流要暴发的前兆。

4.泥石流不像山崩和地震,虽然同样是在地面上发生的变化,但泥石流是裹挟着水流动的,它的冲击力和搬运能力很大,碰上的话很难避开,会被裹挟着走。所以,如果当面遇到,逃生时不要逆着或顺着泥石流的方向跑,我们是跑不过滚滚而来的泥石流的,这时要向两侧的山坡上跑,离开沟道和河谷。跑的时候还要注意,不要在土质松软的地方停留,要往硬一点儿的土地上跑。

5.躲避泥石流的时候不要爬树,因为泥石流不像洪水只有水,它是带有泥沙的,会冲刷掩埋碰上的一切东西。如果躲在树上,还是可能被冲倒掩埋的,还有一些狭小又低矮的河沟弯道处也不要停留,这些地方都可能被泥石流冲刷、掩埋。

海啸中的自我救护

所有的大陆都是被海洋包围的,炎炎夏日里带孩子去海滨度假,站在海边享受凉爽的海风,让轻柔的海浪打在沙滩和孩子白嫩的小脚丫上,享受那种温馨和惬意,是很多父母都喜欢的出游选择。可是,大海会在一瞬间变得狂躁,会突然改变温柔的情调,掀起高高的大浪,把海边的一切都吞噬掉。大浪还会把海岸边的房屋都冲毁,桥梁、道路,还有汽车都可能被大浪摧毁。这一股股威力十足的海浪就是海啸。所以,父母要在带孩子去海滨之前教会他们在遭遇海啸时的自我保护之策,以免发生危险。

泰国的普吉岛海滩是世界著名的度假胜地,每年有很多人来这个美丽的海滩嬉戏游玩。2010 年的 12 月,英国小女孩缇丽·史密斯跟爸爸妈妈来到普吉岛海滩度假,在这个海滩,缇丽玩得开心极了。

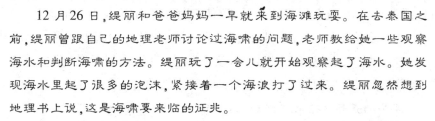

12 月 26 日,缇丽和爸爸妈妈一早就来到海滩玩耍。在去泰国之前,缇丽曾跟自己的地理老师讨论过海啸的问题,老师教给她一些观察海水和判断海啸的方法。缇丽玩了一会儿就开始观察起了海水。她发现海水里起了很多的泡沫,紧接着一个海浪打了过来。缇丽忽然想到地理书上说,这是海啸要来临的征兆。

缇丽的脸色变得严肃,她找到爸爸妈妈,告诉他们自己的发现和判断。她记得地理老师说过,海水渐渐上涨到海啸真正来临,这之间会有10 分钟左右的时间,而这时间足够大家转移到安全的高地上去。

缇丽的父母相信了她,他们回到了安全地带,还向酒店工作人员和其他游客发出了警告。幸运的是,沙滩上的人都相信了缇丽,纷纷转移到了安全地带。很快,巨大的海浪冲上了海岸,印度洋大海啸爆发了。这次海啸让印度洋周边的国家遭受巨大创伤,很多海滩上的游客都被海浪卷走,死伤惨重。然而,因为缇丽的警告,普吉岛海滩成为这次海啸中唯一没有伤亡的海滩。

海啸的发生大都是海洋某处发生了地震,巨大的地震波冲击海水,掀起巨大的海浪。海浪掀起后慢慢向海边涌过去,一碰上陆地,就会给岸边的人带来灾难。在海边游玩,当然是很开心的事,可是粗心大意,忽略大自然的威力就会让我们原本快乐的度假变成一件悲惨的事。所以,在海边学会海啸自救,对孩子乃至成人而言都是非常重要的一课。

遭遇海啸时的自我保护方法,主要包括以下几点:

1.海啸一般都是地震引发的,如果感觉到有较强的震动,那就不要再去海边或江河的入海口玩。要是得知附近有地震的消息,就要做好预防海啸的准备了。

2.海啸登陆时海水会有明显的变化,不是突然升高就是突然降低。如果看到海面涨退的速度异常快,那就赶快从海滩边撤离,转移到内陆地势比较高的地方去。

3.当海水突然涌过来时,要迅速抓住能够漂浮起来的救生圈之类的东西,随着海浪起伏,等第一股猛烈的海浪引退后,赶快转移到安全的地带去。

沙尘暴中的自我救护

在我国北方很多地区,每到春季,就会刮起很强烈的季风。强风将沙尘等物质卷入高空,就会掀起沙尘暴,致使空气中悬浮的微小沙尘颗粒,异常浑浊,空气质量极差。人体一旦将沙尘吸入肺部,就会引起尘肺等呼吸系统疾病,对人的健康造成不利影响,而孩子肺脏、身体都很娇嫩,更会受到感染。所以,父母一定要教会孩子应对沙尘暴天气的自我保护方法。

4岁的齐齐住在北方的一个大城市中。春天的一个早晨,他起床拉开窗帘,就看见窗外一片灰黄色,连楼下的汽车也看不清楚,活像电视剧里妖怪出现的景象。他很好奇,今天的天气怎么有点儿不一样呢?为什么看起来那么黄呢?于是他穿上衣服,就跑了出去,刚到户外,就感觉黄沙漫天,视线模糊,街上空无一人,他奇怪地朝四处喊,想叫出四周的邻居伙伴,可是刚一喊出,就感觉胸闷气喘,喉咙沙哑难受,只好马上跑回了家。这时妈妈刚起床,发现了从外面回来的奇奇,赶忙帮他洗脸、倒水喝,还教育他道:"这是沙尘暴,空气很污浊,是要关紧门窗,避免外出的哦!"

奇奇在早晨发现窗外灰雾笼罩的景象,他并不知道是沙尘暴,还以为这是一个特别奇异的天气现象,于是决定跑出去一探究竟,结果遭到沙尘暴的袭击。这个故事说明孩子当看到沙尘暴这样异常的天气景观时,缺乏必要的常识,想近距离地体验感受何来这样飞沙走石的变化,就会不顾一切,毫无防备暴露在浑浊肮脏的空气中,被沙尘侵害。孩子一旦这样做,就会给他们的身体带来极大的伤害。因为沙尘是强风卷起地面的尘土、扬沙等飞卷到天空并在户外传播的,里面含有很多微小的颗粒和悬浮物,有大量细菌病毒存在,不仅会污染发肤,弄脏衣物。如果被人体吸进肺部后,还会引发很多呼吸系统的疾病,孩子人小体弱,更会遭到很大伤害。

为此,父母应教孩子懂得一些有关沙尘暴天气自我保护的方法:

1. 做好个人防护

风沙起时,必须减少外出接触沙尘的机会,及时关闭门窗。如果需要在室外活动,最好使用防尘、滤尘口罩,以有效减少吸入体内的沙尘,还可用湿毛巾、纱巾等保护眼、口、鼻,但这种简单防护对颗粒细小的细颗粒起不到阻挡作用。其他保护措施包括戴合适的眼镜,穿戴防尘的手套、鞋袜、衣服,以保护眼睛和皮肤,勤洗手脸(尤其是进食前)。

2. 多喝水

沙尘暴天气,人体会大量流失水分,孩子呼吸道更加娇嫩敏感,最易被沙尘所伤，所以要注意多喝水，补充充足的水分，以冲洗肺部的污物。

龙卷风中的自我救护

龙卷风是从卷积云向地面延伸的极具强烈破坏性的漏斗状旋转风。龙卷风的内部空气很稀薄，压力很低，就像一台巨大的吸尘器，以每小时数百千米的时速，把沿途的一切东西都吸到它的"漏斗"里，直到风力减弱，再把吸进去的东西抛出来。龙卷风是非常危险的，在几秒内就能毁灭所有它经过时遇到的东西，最强的龙卷风甚至可以轻而易举地把房屋连同房屋内的一切都带上天空。孩子一旦遭遇龙卷风，生命安全就将受到极大的威胁。所以，父母一定要在平时教给孩子一些龙卷风中自我保护的知识，帮助孩子保护自己。

在地球上所有的国家中，美国是受龙卷风灾害最频繁、最严重的国家。据资料显示，2011 年的 4 月份，美国就遭受到 80 年来最严重的一次龙卷风袭击。当时巨大的龙卷风形成之后，横行美国南部好几个州，肆虐当地的居民。当时龙卷风带着暴雨袭击阿肯色州时，5 岁的华裔儿童琳达·周正和妈妈驱车行驶在州际公路上，他们母女的汽车因受到龙卷风和暴雨的袭击，冲出公路而严重损毁，母女两人也因此丧命。

除此之外，龙卷风还袭击了一座叫维罗尼亚的小镇。这个镇子大约有 3 800 人，龙卷风过境后确定有 2 人死亡，但有 50 人~60 人下落不明，很可能已经遇难。维罗尼亚小镇的大部分建筑都被龙卷风摧毁，当局无奈之下封锁了通往这个小镇的道路。一位居民伤心地说："这个小镇算完了。"

经过美国救援部门的统计，这次龙卷风灾害让美国南部死去了 300 多人，另有 1 700 多人受伤，毁掉的建筑和各类财产达 20 亿美元之多。看来龙卷风真是一种可怕的自然灾害。

孩子们碰到龙卷风时，如果不懂得如何自我保护，就有可能遭遇和琳达周一样的悲惨命运。所以，父母一定要在平时教会孩子如何在龙卷风中自我保护，避免悲剧的发生。

应对龙卷风，孩子们应该学会以下几点：

1. 得知龙卷风要来临的消息后，要先躲进地下室去，地下是相对安全的地方。如果没有地下室,那就要避开所有的窗子,躲到房间中部比较坚实的桌子或工作台下。千万不要躲在重物附近,免得房屋被破坏时重物下落而被砸伤。

2.龙卷风来临时,尽快找一间比较小的,位置在房子中间的小屋,比如厕所、壁橱,躲在这些地方会更安全些。躲进去后要脸朝下,用手护住头部,尽可能蹲伏在地板上,用厚厚的垫子或毛毯盖在身上,以防掉落的碎物砸伤身体。

3.如果龙卷风来临时,我们在一些高高的大楼里,这时要进入楼房中心,到那些封闭的,没有窗户的区域去躲避。内部楼梯过道是最好的避难所,但千万不要躲到电梯里,因为万一停电就可能被困住了。

4.如果龙卷风来临时我们在汽车上,那就赶快下车,躲到附近安全的建筑物里去。不要躲在车下或车附近,因为风可能吹翻或吹跑汽车,压伤我们。

第八章

教会孩子在"意外伤害"中保护自己

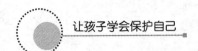

被小动物咬伤、抓伤怎么办

"宠物"这个词包含范围很广,从最常见的小猫、小狗到比较稀有的小动物,都可以成为人们的宠物。父母们为了培养孩子的爱心和责任心,有时会选择让孩子们饲养一只属于自己的小动物。可爱的小动物在带给孩子欢乐的同时,也会存在危险,因为小动物有时不懂得控制自己,所以孩子们很容易被抓伤或咬伤。现在的家养宠物基本上都会定期去打疫苗,但是存在于宠物身体里的病毒,并不会因此消失,因此再干净的小动物也有可能影响人甚至造成死亡。不要认为家养宠物只是造成了一些轻微抓伤,只要清洗包扎一下儿就好了,这是不对的,每一个伤口都要认真对待,因为任何伤口都有可能被感染,并进一步恶化酿成大祸。

乐乐和阳阳是一对同龄的好朋友,每天一起上学,放学在一起写作业、玩耍,俩人有什么好的新鲜的东西都会找对方来分享。一个星期前,乐乐就对阳阳说爸爸要送给自己一只小狗,俩人就开始给小狗起名字,不过最后决定还是等小狗到家了再起一个合适的。于是,这对小伙伴积极为迎接小狗做准备,有小狗的舒适小窝、有颜色鲜艳的专属饭碗,阳阳还贡献出了自己最喜欢的靠垫,俩人还翻出了平时积攒的零用钱到超市买了美味狗饼干。好了,看到了这几天的成果,俩人很是满意。

今天是小狗入住新家的日子,俩人一早就开始等待小狗的到来,听到了外面爸爸停车的声音,俩人一路小跑,迎接小狗的到来。俩人看着爸爸拿下来的宠物箱,里面是一只纯白色的小狗,乐乐和阳阳心花怒放,就想抢过来抱在怀里。爸爸把小狗放到了准备好的小窝,俩人蹲在小窝的边上看着小狗,端详着它的"容貌"。小狗可怜地卧在小窝里,在陌生的环境中微微发抖。阳阳最先伸出了小手想要去摸摸小狗,让它不要害怕。

这时,小狗的恐惧已经到了极点,看到阳阳伸过来的手,以为阳阳要伤害它,于是露出自己的爪子抓向阳阳的小手。阳阳的小手被抓得出血了,但是阳阳对乐乐说:"我是大人,我不怕。没事。"乐乐和阳阳怕爸爸妈妈生小狗的气,也就没有告诉乐乐的爸爸和妈妈,还接着逗弄小狗,真是开心的一天呀!

告别了乐乐,阳阳回到家中,对爸爸妈妈描述着小狗的不同,可是越说越觉得不舒服,身上很冷。妈妈发觉了阳阳不对头,发现阳阳开始发低烧,给阳阳吃了点药可还是不见好,就带阳阳去了医院。在医生的细心诊断下,才发现了阳阳手上的伤。阳阳这才说出了被抓的事情。阳阳终于在医生的对症治疗下,康复了。医生说如果治疗得晚,或者治疗得不对症,就有可能造成生命危险,请家有宠物的父母以后多注意。

阳阳被小狗抓伤后,最有可能会引发的是狂犬病,而狂犬病的潜伏期最短有 3 天,最长可长达 19 年。被狗或者其他动物咬伤后,狂犬病的概率大约在 15% 到 30% 之间,被感染的人没有任何症状,无法及时发现。可是一旦狂犬病暴发,要救活就相当困难了。

所以,在孩子被小动物抓伤或咬伤后,父母要让孩子知道应当如何急救和预防狂犬病等相关疾病。具体方法包括:

1. 洗净伤口并进行消毒

如果伤口很轻,应马上用清水长时间冲洗。在有条件时,最好边洗边用肥皂消毒;然后马上找父母或其他成人帮助对伤口进行消毒;消毒时,可使用碘酒或者酒精。

2. 注射狂犬疫苗

无论是被家养的小动物还是流浪的动物抓伤或者咬伤,都存在感染狂犬病的危险,因此在处理好孩子的伤口后,家人一定要带被咬者去注射相关疫苗,以确保不会被狂犬病感染。提供这类疫苗的地点,主要是当地的疾病控制中心或卫生防疫站,同时还要注意一点,为了将狂犬病的发病率降至最低,最好让孩子尽早接种狂犬疫苗。

虫子爬进耳朵怎么办

孩子都喜欢到户外玩耍,而外面的树林里、草坪上、花丛中、河塘沟渠边都寄生着很多虫子。这些虫子虽然有的很小,但数量多、分布广,当孩子与植被花草树木近距离接触时,可能会有虫子悄悄飞进耳朵里,虫子在孩子耳朵里横冲直撞、胡乱翻飞,就会使孩子感到疼痛难受。此时,如果乱掏耳朵,会惊扰里面的虫子,使它飞得更深,不仅掏不出虫子,还会损伤耳膜,那么,

该如何引出飞进耳朵的虫子呢?

> 5岁的松松喜欢到小区旁边的河沟边玩,正值夏天,河沟旁长了很多青苔,绿油油的,清凉凉的。松松脱去凉鞋,踩在上面感觉很凉快舒服,不知不觉就在河边的小石阶上睡着了。忽然,松松觉得耳朵奇痒,似乎有什么东西在里面胡飞乱撞,疼得他惊醒过来,拼命用手往耳朵眼里掏,可是那东西似乎更嚣张了,还发出"嗡嗡"地叫声,扰得松松叫苦不迭。于是,松松便随手从树上折了一根细树枝,往耳朵里戳,但还未等虫子飞出来时,耳膜却被捅破了,还流了血。松松痛得流出了眼泪,只好忍着痛去找妈妈。

松松在河边玩耍,河边的环境很潮湿,是虫子繁殖栖息的地方,而松松的皮肤手脚暴露在外,散发出的奶香气味会招来虫子。虫子在四周活动飞舞,找寻着孔洞停靠。当见到松松耳朵洞时,觉得里面黑黑的,非常感兴趣,于是不顾一切地飞了进去;里面狭长黑暗,它们非常满意,于是兴奋不迭地横冲直撞。这说明孩子只顾着感受空气的清新、环境的舒适,却忽略了所处的地方是否存在隐患,往往清凉幽静之处也是虫子最喜欢的场所。但虫子飞进孩子耳朵中后,如果乱掏乱戳,不仅达不到引出虫子的目的,还会引发耳朵炎症。

所以,遇到这种情况时,父母应告诉孩子用以下方法对付飞进耳朵的虫子:

1. 可以用手电筒照射耳朵,因为虫子具有向光性,遇到光亮会追随光明向外飞出,这样不需要任何工具,就能吸引虫子自动飞离耳朵。

2. 还可以将进了虫子一侧的耳朵向上,往里滴入几滴食物油,将虫子淹死或闷死。当虫子在里面挣扎时,再用温水冲洗耳道,将其排出。这样,即使虫子不死,也能将它粘住,而动弹不得,并减少痛苦,就可有充分的时间到医生那里接受治疗。

虫子飞进眼睛怎么办

在户外,有植物的地方几乎都会有虫子。在草丛、树林、公园花坛等地方,春、夏、秋三季都能看到在空气中成群飞舞的虫子。如果孩子深入其中玩耍活动,就可能会遇到虫子突然飞进眼中的情况。这些飞虫一般较小,还会分泌刺激性黏液,清理出来就会比较困难,而眼睛又是非常敏感的器官,受到这样的外物刺激,会让孩子感到疼痛发痒,忍不住用手去揉,想把异物揉出来。可是这时手一般带有灰尘细菌,是很脏的。如果胡乱地揉搓,就会导致眼睛红肿发炎。所以,父母最好在平时教会孩子,虫子飞进眼中时该如何处理,以免孩子临危慌乱。

3岁的涛涛被保姆抱着到树荫下乘凉,凉快的树荫下长着一些当地很常见的薄荷丛,散发着阵阵特有的清凉辛辣的芬芳气息。涛涛很喜欢这个味道,就自己摇摇晃晃朝着薄荷丛走去。薄荷丛里时不时传来虫子的叫声,保姆一边扶着涛涛注薄荷丛走,一边拿着蒲扇漫不经心地帮涛涛赶着蚊虫。涛涛玩得很兴奋,边伸着脖子闻薄荷叶散发出来的清凉气息,边不时去抢保姆手里的蒲扇。这时,他身上带着的孩子天生的奶气吸引了很多暗处的蚊虫,都飞了过来。其中一只蚊子突然一下子飞进了涛涛的眼睛里,涛涛立刻感到眼睛好疼,忍不住用小手去擦眼睛。保姆突然发现了这一举动,也帮着涛涛用手去擦,在这一大一小两个人一通擦揉后,涛涛的眼睛已经红肿如小胡桃了。

保姆吓坏了,赶紧抱着涛涛回家叫他妈妈,然后两个大人一起送涛涛去医院就医。经诊断,涛涛的眼睛因为感染而患上了急性小儿结膜炎。

涛涛在树荫下遇到飞进眼睛里的虫子一般个头都很小,似乎弄出来就可以了,不会有什么大碍。但是,这些虫子本身是能分泌出大量黏液的。这些黏液大多是虫子的粪便汁液,很不干净,而孩子的眼睛清澈透明、抵抗力弱,如果遇到猛烈的刺激就会很不舒服,继而引起血管充血,奇痒难耐,孩子恨不得用小手立刻把东西擦出来。这时如果不是用干净卫生的专用器具帮孩子处理,而是用不干净的手帮孩子草率处理,虫子一旦捅破眼睛角质层,就有可能导致孩子眼睛发炎,甚至引发失明这样的严重后果。

为此,父母应教给孩子科学的急救方法,帮助孩子顺利安全擦出飞进眼睛的虫子。

1.轻轻闭上双眼

当眼睛里进了虫子,不要慌张害怕,应轻轻闭合上眼睛,利用里面的泪腺分泌的液体在眼眶中闷死虫子,另外眼睛有自动排异物的功能,所以不用担心,过一阵儿就会发现异物小虫子淤积在眼角的位置了。

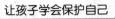

2. 使用干净的工具擦出虫子

如果进入眼睛的虫子比较大而且有毒,可以用一块儿干净清洁的毛巾或手帕,对着镜子轻轻地贴合在虫子上,将它粘在毛巾或手帕上带出眼睛。此过程中不要眨眼或闭眼,等虫子出来后,可用清水冲洗眼部后滴几滴眼药水防止感染,并闭目休息一下,不要让眼睛见光,等眼睛感觉舒服了,再睁开眼睛。

眼睛进入沙粒等异物,千万不要乱揉

人类的眼睛非常脆弱,它就像一架精巧的照相机,把五彩缤纷的世界拍摄下来,传输给大脑,我们才能看见这个美丽的世界。在人类获取的外界信息中,有80%都是通过眼睛获得的。所以父母一定要告诫孩子好好保护眼睛。可是,孩子在睁开明眸观察世界时,难免会受到外界各种异物的侵染,例如一阵儿风吹来的灰尘,或一只冒冒失失的小蚊虫都可能撞进孩子的眼睛里去,让孩子的眼睛非常不舒服。这些落入眼睛的异物如果处理不当,孩子的眼睛就会受到很大的伤害,因此,父母要告诉孩子眼睛进异物时的正确处理方法,告诫他们千万不要乱揉。

雯雯有一双漂亮的大眼睛,见过她的人都夸她眼睛浪漂亮。可是有一次雯雯差点弄坏了她漂亮的大眼睛。

那天雯雯和同学在公园里玩,一阵儿风吹来,浪多灰尘都吹进了大家的眼睛里。雯雯拿手背在眼睛上擦,以为这样抹一抹就能把沙尘给抹出来。刚抹过时雯雯的眼睛流了浪多眼泪,还真是感觉好多了。可是再玩了一会儿,雯雯就觉得自己的右眼不舒服,像有沙砾在里面磨似的。雯雯又用手抹了几下,没太在意。

大家玩够了各自回家。雯雯走在路上右眼更难受了,她不停用手去揉右眼,后来感觉这个眼睛看东西都模糊了。回家以后,妈妈注意到雯雯的右眼红通通的,非常担心,就带着她去了医院。经过医生检查,原来是一粒小沙粒落进了雯雯的眼睛,她揉眼睛的时候,把沙砾弄进了眼角膜。如果不赶快医治,浪可能会磨损眼角膜,甚至引起失明。

从雯雯的故事里我们可以知道,孩子眼睛进了异物时,绝对不能用手去揉,尤其是孩子正在嬉戏的时候,手上比较脏,这时用手去抹眼睛、揉眼睛,一些细菌会趁机侵入眼睛,对眼睛造成伤害。

父母应该告诉孩子,眼睛进了异物时,要用以下方法来处理:

1. 人的眼睛有自护功能

如果有异物进入眼睛,眼睛会自动流眼泪,用泪水冲出异物,这个时候可以用手指捏住眼皮,轻轻拉动,让眼泪把异物冲出来,而不要狠劲搓揉,把沙砾揉进眼睛里。

2. 如果异物不容易用眼泪冲出来,可以让别人帮忙

方法是:让另一个人轻轻捏住眼皮的外沿,把眼皮翻起来,找到落进眼睛里的东西,用嘴把异物吹出来,或者用干净的棉签轻轻沾出来。

要注意的是:帮忙的人动作一定要轻柔,手也要洗得干干净净才行。

3. 酸液或碱水等对眼睛会产生严重伤害的液体,如果不慎溅到眼睛里的话,可以先用干净的水冲洗眼睛,然后尽快上医院,让医生进行专业救助。

4. 如果异物粘在眼角膜上的话,就不要自行处理了,一定要去医院请医生处理。

被鱼刺卡住时怎么办

鱼有丰富的营养,对孩子的视力、脑力发育都有好处,许多父母认识到这一点儿,都会给孩子做鱼吃,但有的孩子吃鱼时不太专心,没有太在意鱼刺,品尝着鲜美的鱼汁,便如同嚼饭般狼吞虎咽起来,这时就容易被鱼刺卡住喉咙。鱼刺非常锋利尖锐,当卡在孩子娇嫩的咽喉部位时,孩子会感到很痛很难受,为此胡乱用手指、筷子去掏,这是不对的,那么应该采取什么科学的方法取出卡住喉咙的鱼刺,进行自救呢?

5 岁的琳琳非常喜欢边吃饭边看动画片,妈妈对她说:"这样影响消化,还容易因为精力分散而不小心吞下鱼里的骨头等物发生危险。"可她依然故我,完全没有当回事。这天晚饭时,妈妈做了琳琳最喜欢吃的蒜香煎带鱼,琳琳高兴地夹起一块送到嘴边就啃,同时眼睛还盯着电视里正在智斗灰太狼的喜羊羊,乐得笑出了声。结果,她笑的时候不自觉做了个吞咽的动作,把刚咬下的带鱼脊背上的刺也一同吞了下去,卡在了她的喉咙上,顿时疼得直流眼泪。她说不了话,不能告诉妈妈怎么回事,只好用手用筷子注喉咙方向乱掏,但是位置都不准,越掏越被刺卡得疼。妈妈看出了端倪,忙找来手电筒,照着琳琳喉咙看,看到了鱼刺,

还好不是很深，然后用一把镊子小心翼翼地夹出了刺。

琳琳边吃鱼边看着好看的动画片，精彩的画面吸引了琳琳的注意力，她的眼睛和心思都集中在了电视荧屏上，而忘记了手中的筷子夹着鱼肉，也没注意鱼肉里有尖锐的刺，只是本能地将鱼肉往嘴里送。这时，嘴里本能地感觉到鱼肉的美味、鱼汁的鲜美，便大口地咀嚼起来，却不知道鱼刺是硬物，不能像饭菜一般可以随便嚼烂，再加上看到动画片里自己喜欢的卡通人物正玩得酣畅淋漓，于是鱼刺在大笑的动作刺激下，呛到了喉咙里，引发了这场"鱼刺危机"。

从这个故事里，我们可以看出年幼的孩子还不重视吃鱼的过程和细节，也不留意鱼刺的特点，在吃鱼时心不在焉，最容易引起被鱼刺卡喉的情况发生，但如果不及时处理，只是胡乱地用手指、筷子掏，就会容易戳破喉咙，引起流血，甚至刮伤咽喉的黏膜引发炎症；另外，因处理不当，孩子也会因窒息而危及生命。

为此，父母应告诉孩子鱼刺卡住喉咙时的自救方法：

1. 尽量克制情绪，不要慌张。

2. 请人用牙刷、勺子压住舌头的前部，然后对着亮光仔细观察舌根部、扁桃体、咽喉壁等部位，发现了竖立的尖刺，可用镊子或筷子夹出。

3. 尽量喝水，尝试用通过咽喉的水流将鱼刺从喉咙部位冲下去。

4. 用手指抠喉咙刺激自己呕吐，尝试将鱼刺通过呕吐吐出来。

5. 如果以上所有方法均不奏效，要马上找成人寻求帮助，尽快就医治疗。

流鼻血时不用怕

当天气很干燥，孩子身体缺水、发热，或爱抠鼻子、挖鼻孔以及与外物碰撞受伤时，都可能使鼻黏膜破裂，而导致鼻子流血。遇到这种情况，孩子会慌忙用手去擦、去堵，其实太过于草率的处理方法都不能有效止血，还可能引起鼻子发炎感染病症。所以，要让孩子知道鼻子流血不能慌，要采取合理的方法止血。

4 岁的依依在家玩电动小汽车，她拿着遥控器，追着车满屋子乱跑，一会儿注卧室里带，一会儿又转向客厅阳台，这时她看见电动车不听使唤地往沙发椅下钻去，于是急忙追上去抓车，可是没看见从洗手间到客厅的过道上有个台阶，一不小心就脸向前扑去，鼻子摔在了水泥地上，双手和膝盖都擦破了皮，鼻子也流血了。依依摸了一把鼻血，红得吓人，被吓哭了。妈妈闻声跑过来扶起她，赶忙帮她处理伤口。

依依在家玩耍，却没有顾及脚下的路，而摔在台阶上，流出了鲜红的鼻血，由于没见过这么多血，止不住、堵不严，在无法掌控处理的状况下变得慌乱无措，大哭大喊。这说明孩子不懂得鼻子独特的生理特性，也没有自我保护的意识，缺乏对周围环境、行动的判断力，一不小心就跌撞造成对鼻子的损伤。其实鼻子的构造是很特别的，它之所以比身体其他部位容易出血，是因为鼻子腔体里有层膜，这层膜很薄，微细血管分布很多很广，当外界空气的温度改变、或有外力的摩擦挤压撞击，就会引起鼻黏膜的破裂，造成鼻子出血。这时不能慌乱，如果乱动乱堵，只会加重鼻血的大量涌出，失血过多会对身体有影响，如发生头晕昏倒、贫血、记忆力下降、免疫力下降，甚至缺血性休克以及危及生命。

为此，父母要教给孩子应付鼻子流血的几点方法：

1.将一块干净清洁的棉花沾湿，塞入鼻孔的出血部位，并用手指轻微地按压，帮助血液凝固，能起到一定的止血作用。这期间不要撸鼻子，也不要用力用鼻子呼吸。

2.用手压紧部分鼻肉，持续压住 5 分钟左右，能有效缓解流血的状况。

3.保持上半身坐直，不要仰头，使血不要流到喉咙里。

4.用冷水手帕敷鼻子，可帮助血管收缩，达到止血。

5.左鼻孔流血，可举起右手臂，反之亦然，也能帮助止血。

6.鼻血在鼻腔内凝固成血块后，不要急于抠出，以免使结痂的部位再次破损而引起复发。

溺水时千万不要惊慌

孩子都很喜欢接触水，比如家里脸盆、水槽、浴缸蓄满水时，会探头伸手，玩水嬉戏；当来到户外水域，看见流淌的河水溪流、滚滚的江水、浩瀚的海水，会情不自禁地涉入其中，在水中嬉戏；或者跑到水库洗澡、玩耍等，但这些都有可能发生孩童溺水事件，因为大水无情，孩子不识水性，在慌乱中胡乱挣扎，会因窒息而死。所以，需要预防溺水事故的发生，另外还应懂得必要的自救方法。

　　4岁的凯凯和妈妈到公园湖边玩，湖边长着很多花花绿绿的野花，十分好看。妈妈拉着凯凯的手一边蹓跶，一边选景拍照。这时妈妈看到了一处好景色，于是叫凯凯背对湖面站好，照一张。凯凯来到湖边，离妈妈两三米的地方，可是正准备拍摄时，凯凯看到湖边有朵特别漂亮的花，他想摘一朵握在手上，于是冲出妈妈的焦距视线，用手去够那朵花，但花没够着人却眨眼间就滑进了湖里。妈妈急忙跑过来，想去拉凯凯，可是已经溺了大半个身子的凯凯向湖心飘去，只能焦急地四处呼救。可是凯凯已经呛了好多水，在水中胡乱扑腾，好不容易他才抓住了一根湖心长的树干。这时岸上的人跳入湖中，才合力把凯凯救了上来。

　　凯凯和妈妈来到湖边游玩，走在湖岸上，却被湖边的花草美景所吸引，由于流连于湖光美景，便照相留念，可是为了攀摘一朵美丽的野花而坠足落湖，并被漂进湖心，差点溺水而亡。这说明孩子走在水域边时，容易被绮丽的美景分散注意力，因为只顾去关注脚边、水边的美景，就会忘记自己身处的位置或移动的距离是否安全，而且孩子的身体柔韧性不够灵活，支撑掌控力度也不够，会在毫无遮拦的环境条件下，失去重心，在这种猝不及防、毫无保护防范的状况下就会发生踏空溺水事件。跌入水中的孩子往往不能适应湍急河流的冲击，会惊慌失措，拼命挣扎。可见，如果预先没有较好的方法来应对，就会有溺亡的危险。

　　因此，父母应教给孩子关于溺水的预防和自救方法：

　　1. 不要让孩子独自去水边

　　为了预防溺水发生，应规劝孩子不要一个人去水域游泳、洗澡，更不要去不熟悉水情、比较危险的地方游泳、嬉水，应有大人陪护，可在监护人的陪伴下到安全的正规泳池游泳，或有组织的在熟悉水性的人的带领下有步骤地进行游泳训练，并有指定的救生员在旁边监护。

　　2. 游泳前要先热身运动

　　容易抽筋的孩子不宜游泳，游泳前应做好手脚运动，帮助身体舒展，并防止入水后发生抽筋的现象发生。如水温太低，可到冷水处先淋浴一下，等身体适应了水温后再入水。

3.溺水后,不要心慌意乱

要保持头脑清醒冷静,应采取头顶向后,口向上,将口鼻露出水面,就能保证呼吸的自然畅通,并且是轻轻地呼气,深深地吸气,尽量使身体在水的浮力下向上浮起,以等待别人的救援。千万不要伸出手臂或拼命挣扎呼救,因为这样很容易加速下沉,失去生还的机会。

扭伤的自我保护策略

年幼孩子的身体还在发育阶段,非常娇弱。孩子的骨关节、韧带、肌肉、皮肤都还没有发育成熟,相较于成人更易受伤。但是,他们又大多活泼好动、爱玩爱闹,他们做游戏或参加体育运动时,会因为动作速度太猛、幅度太大、跳动太高、跑动太快等不慎扭伤腰、脚踝、手腕、膝关节、脖颈等部位。这样的伤,会让孩子感到很疼,还会导致受伤部位红肿,甚至留下淤痕。这在成人看来很常见的伤害,对于年幼的孩子却是非常危险的。因为这样的伤会影响到孩子正常的运动功能,甚至一些部位的伤害会累及神经系统,对孩子以后的发育造成负面影响。所以,父母需要帮助孩子预防扭伤的发生,并教会他们掌握必要的自救方法。

4岁的聪聪走路喜欢蹦蹦跳跳,可是走路还不是很稳当,有一次过山路时,聪聪挣脱妈妈的手,注山路下方冲去,不小心踩着了一块鹅卵石,那块石头又圆又硬,聪聪冷不防崴了一下儿脚踝就扭伤了,"扑通"倒在路旁,"哇哇"地大哭起来。妈妈忙把他抱起来,批评他说:"叫你好好走路,你老是跑,以后要慢点,知道吗?让妈妈看,扭到哪里了?"聪聪呜咽着,指指脚踝,又指指腰,妈妈心疼地帮他揉搓,但是不见效,只好把他带到医生那里治疗。

聪聪正处在身体发育的阶段,视线范围都是五颜六色的山林景致,山路的蜿蜒曲折,更调动起他活跃的神经细胞,忍不住踏着欢快的步伐蹦蹦跳跳,去感受大自然的怡人和奇异。但是这个年龄的孩子骨关节还比较柔软,韧带也无弹性,在急速地跑动中与坚硬的石头摩擦相撞,骨关节在软着陆的情况下受到猛烈冲击振动,带动韧带的撕裂,就会发生足部或腰部被扭伤拉伤的状况,而孩子因为被猛烈地扭伤,骨关节的血管会贲张,神经会猛然收缩痉挛,就会推动骨头的疼痛感,孩子会因无法承受这突如其来的疼痛而抱痛倒地,又可能与地面的硬物撞击,遭受更深的伤害。若在一旁的人上前胡乱地按捏揉搓,如果没有找准正确的经络位置,不仅起不到消痛的作用,反而会加重伤处血块的淤阻,伤口会更疼。

所以,父母应教给孩子预防扭伤和自救的处理方法:

1. 走路不要跑跳

当孩子走在凹凸不平的石头泥地路面时,应告诉孩子不要跑跳,不可急行,应认准路面,选择落脚的位置慢慢走,以防止被坚硬的石头砖瓦扭伤脚踝和摔伤腰等,并最好穿上防滑的球鞋,或带上护膝套、护腕等减少扭伤的发生。

2. 扭伤后不要随意动

扭伤后,不要随意转动四肢,也不要急于行走做事,更不要胡乱按摩,应将伤处部位抬高,保持血液的流动通畅。

3. 用冷敷不用热敷

对患处用冷敷不要用热敷,因为热敷会加重伤处血液的扩张、流动,会使患处肿得更加厉害;用冷敷会收缩血管,起到凝固收敛的作用,还能有镇痛止痒的效果。

4. 涂抹跌打损伤药膏

在患处可涂抹一定的跌打损伤药膏或红花油等,帮助止痛和伤口的愈合。

烫伤时的自我保护策略

年幼的孩子好奇心强,什么都想亲自动手尝试一下。他们在做一些家务实践时,尽管父母会非常小心、仔细地保护他们,可是意外还是难免发生,例如:滚烫的开水、迸溅的油花,或者一不小心碰到发烫的金属,就会烫伤孩子细嫩的手、胳膊等地方。孩子烫伤了该怎么办呢?这就需要父母教会孩子急救的办法了。

奶奶做饭的时候,小毛没事可做,就守在旁边看。今天奶奶炸鱼块,油锅里"嗞啦嗞啦"声响很大。奶奶把一个鱼块刚放到锅里,一滴滚烫的油就溅出来,恰好落在小毛细嫩的手上。小毛"啊"了一声,低头一看,油滴落上的皮肤已经变红了。奶奶帮他抹去油滴,又吹了两口气说:"没事没事,一会儿就好了。你赶紧走远点,别站在这里了。"

小毛跑去客厅自己玩,过了一会,他觉得刚才烫到的地方浪难受,再一看,已经涨起了一个小水泡。小毛动了动小水泡,还真是疼呢。他想,如果把水泡戳破,也许就没有那么疼了。这么想着,小毛就找来一根针,真的把水泡给戳破了,里面的水汁都流了出来。烫起的小水泡戳破之后,小毛觉得那一块皮肤更疼了,他忍不住喊奶奶,要奶奶帮帮他。奶奶忙完了厨房里的活,出来一看就着急了,忙带着小毛去诊所重新包扎。后来,小毛的手上留下了一个小小的伤疤,就是那次烫伤留下的疤痕。

孩子被烫伤之后,皮肤上会起小水泡是人体自我调节的一种现象。如果烫伤不严重,小水泡会慢慢地瘪下去,烫伤部位的皮肤能自己愈合。如果像小毛那样去故意弄破的话,烫伤的皮肤就会裸露出来,反而容易引起病菌感染,那样会比单纯的烫伤更危险。所以,父母要告诉孩子,烫起的水泡千万别随意戳破。

在进行烫伤急救时,父母可以教孩子采取以下方法:

1. 用流动的自来水冲洗

在烧伤后,将受伤的肢体放在流动的自来水下冲洗,或放在大盆水中浸泡。若没有自来水,可将肢体浸入井水、河水中。这样做可以降低烧伤部位的局部温度,减轻创面疼痛,阻止热力的继续损害及减少渗出和水肿。浸泡持续的时间多以停止冷疗后创面不再有剧痛为准。有条件时,还可以用干净纱布包住冰块,对伤口进行冷敷。

2. 涂抹药膏

伤口降温后,可自行涂抹一些家庭自备烧伤药膏,或用干净纱布包裹好伤口,然后立即就医。

冻伤的自我保护策略

在寒冷的冬天里,遇到雨雪天气,如果孩子没有及时添加衣服,或穿得太少,屋内又没有保暖设备等,就会被冻伤,尤其是手脚部位,会又红又肿,甚至皲裂、流血等,不仅疼痛不利于活动,还会因难看被人讥笑,给心理带来不良影响。为了呵护好孩子娇嫩的肌肤，保护好他们的身体，应及时预防冻伤的发生，并要教会孩子自救的方法。

　　下雪了，4岁的清清从门缝里钻出来，来到外面的院子里堆雪人。她蹲下身，捡起一块雪团，握在手里揉搓，想捏成雪人的脸。可是雪团太小，于是她东跑跑西跑跑，到处找干净的雪，不一会儿手中就握了一大把。可是雪太冰，冻得清清直打哆嗦，把雪团从手里来回地换，舍不得丢弃，不一会儿小手就冻得通红，还肿胀变大了。清清开始打喷嚏、流鼻涕，妈妈打开门发现清清在外面，非常不高兴，出来抱起她，发现已经手脚都冻僵了。于是，妈妈慌忙进屋给她用热水泡手泡脚，防止进一步皲裂。

　　清清见到下雪后，便迫不及待地跑到户外想近距离接触雪花，雪花纷飞，白如鹅毛，这使清清异常兴奋，以至于对握着的雪花温度茫然不知，就导致了冻伤事故的发生。其实这说明孩子对事物的观察停留在视觉上，这与他们视力发育较快、眼力较敏锐有关，而因为神经感知能力较弱，对事物的性质、温度却无法准确作出判断和应变，就会发生被冰雪冻伤还蒙昧未知的现象。雪花是天上气温在极低的条件下，液体的水形成固态降落的过程，当接触到孩子娇嫩的皮肤时会使皮肤组织神经极度的收缩，血液凝固不动，受到寒冷的刺激下淤积、肿胀形成冻疮的症状，对孩子的生理和心理都会带来损害。

　　为了防止被冻伤，父母应告诉孩子关于冻伤的预防和以下自救的方法：

1. 雪天应穿上防寒的衣物

　　尽量避免孩子在寒冷的天气独自步行，或在下雪天不加防护措施，在外堆雪人、打雪仗等，应根据天气的变化让孩子及时添加衣服，注意保暖。手上可戴上手套，头上戴上帽子，脚上穿上雪地靴等，注意特别容易冻伤的部位如手、脚、脖颈、耳朵、脸等的保暖。

2. 冻伤不能在火上烤

　　发生冻伤后，可让孩子进入温暖的房间，给他喝下温暖的热开水或饮料，使体温逐渐提高，然后将冻伤的部位放入热水中浸泡，但不能过烫或过久。如果冻伤者是在野外，可将冻伤部位放入温暖者的怀中取暖，促进其血液循环，不可以在伤处涂上雪或用火烤，否则将加重伤口的腐烂。

怎样预防中暑

夏天到了,天气非常炎热,孩子跑动玩耍会大量出汗,体内的体温调节中枢也会拼命工作以适应天气的变化,但是温度持续升高、时间过久,超过了中枢的耐受程度,身体的代谢就会失调,出现中暑的症状,表现为大汗淋漓、口干、疲乏、虚脱无力、焦虑、皮肤苍白、四肢发凉、脉搏微弱、血压降低,甚至高度昏迷、休克等,严重者甚至危及生命。所以,要做好中暑的预防措施,让孩子及时应对高温酷暑天气。

7月的一天下午,太阳炙烤着大地,4岁的洋洋在幼儿园外的花园里蹓跶,他在等妈妈接,可是妈妈迟迟未到,于是他便在花园里独自玩起来,看蚂蚁搬家、螳螂爬树叶、蟋蟀鸣叫,在烈日下,他的额头很快就冒出豆大的汗珠,顺着脸颊、脖子慢慢流下去,滴在胸前。这时的气温是35℃,洋洋的背心也湿透了,忽然他觉得头很晕,胸闷难受,便倒在草丛里昏了过去。等他醒来时,看到的是幼儿园老师和妈妈焦急的脸。她们边用冷水给洋洋擦脸、擦背、边用扇子扇风,洋洋这才感觉好受一点儿,渐渐地恢复了意识。

洋洋在炎热的下午,仍然在花园里玩耍,当感到大汗淋漓、热火攻心时还继续在阳光直射下暴露全身,这说明孩子在气候炎热的天气,依然难以抵挡户外自然的玩乐兴致,仍然会流连在花草树木间,是因为孩子待在室内感到被束缚,会毫不顾忌外界的天气状况,对室外温度的感知力也较弱,不能使身体与户外气温作相应的适应和调节,而发生的中暑现象。中暑是人体受热后得不到疏解,超出了人体恒温系统中枢所能承受的极限,身体的一切生理代谢状况会发生紊乱。如果不能及时脱衣到通风口散热,就会致使人体昏迷不醒,重度休克,甚至危及生命。

为此,父母应教给孩子预防中暑的方法:

1. 备齐防晒护具

夏日出门前带好防晒用具,如在阳光下打遮阳伞,不要在10点~16点的烈日下行走,因为此时阳光最毒辣,最容易发生中暑。如果迫不得已需要出去,除了打伞外,还应擦上防晒霜、戴遮阳帽、太阳镜,穿宽松透气的衣服等。

2. 准备充足饮水和药品

在外面活动时要戴上充足的水、饮料,准备一定的防暑降温的药品,如十滴水、仁丹、风油精等,以防不时之需。

3. 穿易排汗衣服

外出的衣着最好选用棉、麻、丝质的材料,不要穿化纤质地的衣服,才容易排汗,避免引起中暑。

4. 多喝水,多吃水果降温

要多喝水,帮助身体的温度平衡,也能保证正常的生理代谢功能工作,可吃一些时令瓜果蔬菜帮助降温,如西瓜、黄瓜、番茄、桃、杏仁、甜瓜、哈密瓜、酸奶等。

5. 保证起居有度,睡眠充分

夏天出汗多,代谢旺,消耗大,易疲劳,最好充分地休息睡眠,使体能得到补充和疲劳得到缓解,并利于对抗高温,能更好地适应天气的变化。

怎样预防窒息

当孩子置身于危险环境中,如遇到溺水、火灾、被人绑架藏匿在密室、跌入深井、蒙住被子、煤气泄漏等情况都可能因为缺氧而产生窒息,也可能因为孩子在吃食物时,不慎误食了异物,哽住咽喉,或被异物蒙蔽,引起窒息。孩子的呼吸系统还很娇嫩,当没有足够的氧气供给时,因为急促害怕的心理会加速窒息的症状,引起死亡。为了防止窒息致死的惨剧发生,需要加强对孩子自我保护能力的教育,让他们懂得如何预防窒息的发生。

3 岁的芳芳在家玩耍时,在茶几上发现了妈妈撕下来后随手放在那里的一张保鲜膜。她觉得这个东西软软的还非常透明,感到十分新奇,就拿在手中反复把玩,并开始开发它的新"功能"。她一会儿双手用力押押它,一会儿把它扔向空中……然后,芳芳把保鲜膜当做一张橡胶薄膜,贴着鼻孔和嘴巴,慢慢地吐气吸气,渐渐地薄膜在空气的压缩下完全贴合在了芳芳的脸上,并形成真空状态,致使芳芳无法呼吸,在急促地喘息中,引起深度窒息而不幸身亡。这是一件儿童因为玩耍,不慎被塑料薄膜蒙住口鼻引起窒息的意外事件,给许多父母和孩子敲响了警钟。

芳芳玩保鲜膜,因为好玩,便把保鲜膜放在鼻腔嘴边贴着吸吮,最终导致吸不进氧气而引发窒息。这说明孩子视力敏锐,会将身边触手可及、一眼看到的东西拿来揉捏把玩,只去发掘东西的颜色、形状等特点,而忽略了东西的性质,如温度、有没有毒性、气味等,由于孩子是通过手脚的触摸去感知事物的特征,所以就会手脚并用通过吸吮、舔舐、吞咽、抓扯、揉搓、贴合的方式来感知,就容易将塑料薄膜等危险品当做可食用的东西来亲密接触,也就造成了窒息的发生。当窒息发生时,孩子会立刻感到缺氧难受,不能呼吸,或呼吸困难、胸口闷疼,手脚抽搐,额头冒汗等症状反应,施救者应立即采取取下遮蔽物,解开领口,到通风处换气等措施,不能任由事态发展下去。

为了防止孩子窒息事故的发生,父母还应该注意以下几点:

1. 孩子和成人不要睡同一被窝

告诫孩子不要和成人睡在一个被窝里,因为成人翻身容易压住孩子,或拖动被单裹住孩子的口鼻,引起窒息。

2. 不要被柔软的衣被掩住口鼻

告诫孩子不要睡在过于柔软或杂乱堆放在一起的被单中,以免在翻转身体时被掩住口鼻,引起窒息。

3. 不可将玩物紧贴口鼻

告诫孩子不要肆意玩弄塑料袋、气球皮、保鲜膜等危险物品,谨防因玩耍不当引发窒息。

第九章

妙解自我保护中的"疑难杂症"

孩子太有"冒险精神"怎么办

很多年幼的孩子都喜欢玩"探险"游戏。这种游戏对他们而言,是能够体会到刺激快感的好事,越是去危险的地方"探险",越是刺激有趣,例如去堆满建筑废料的危楼里寻宝;到深水河里游泳;翻越攀爬高高的树、墙壁、灯柱、屋顶,追求登高望远、高高在上的快感;坐在高处,俯瞰低处,幻想自己像只鸟儿翱翔在蓝天白云之间,等等。这样的行为在成人看来,其实就是刀尖上的"芭蕾舞",孩子稍有不慎就会使自己的人身安全陷入困境,让父母家人悲痛终生。所以,父母一定要在平时让孩子明白,"探险"是有限度的,而过度探险既不刺激也不好玩。

7岁的滔滔父母都在外交部工作,因为没有人可以帮忙照顾,他从小就跟随父母辗转各国。好在滔滔从小就个性活泼,还十分喜欢探险,这样的生活他不但不觉得辛苦,反而乐在其中。

今年春天,滔滔又随着爸爸妈妈来到了非洲某国的使馆,开始了为期3年的异国生活。滔滔这次和爸爸妈妈出国工作,心中充满了期待,兴奋至极。因为妈妈给他看的童话书里,探险家在非洲看到了野生的大狮子、犀牛和长颈鹿!他非常期待能够亲眼见到。可是,到达目的地展开新生活后,他就彻底失望了。因为他的爸爸妈妈到使馆报到后,就投入了繁忙、紧张的工作中,根本没有时间带他去野生动物园看狮子、犀牛、长颈鹿……

在使馆宿舍住了一星期,完全熟悉了环境之后,滔滔就变得不安分起来,他最后发现有个新的"探险"游戏地是使馆废弃的库房十分有趣,于是愈加乐此不疲了。一天下午,本该午睡的滔滔又偷偷溜到宿舍后面的小院去探险。他溜进小院尽头那座废弃的仓库里,寻找着他想象中的海盗珍宝。就在滔滔兴致勃勃地在库房里玩耍时,房梁上悬挂的一个旧装饰物忽然掉了下来,砸在了滔滔的头上,滔滔只觉得眼前一黑,一下儿就晕了过去……

等滔滔醒来时,他发现自己已经躺在了自己房间的床上,头疼得像要裂开一样,伸手一摸,发现头上已经裹上了厚厚的纱布,再抬头一看,发现泪流满面的妈妈就坐在他的床边。妈妈泣不成声地向他道歉,说自己和爸爸不应该只顾着工作，忽略了对他的照顾，要不他也不至于受伤，他们真是对不起滔滔，等等。滔滔听妈妈这样说，心里很难过也很内疚。从那之后，滔滔再也没有玩过过度的"探险"游戏。

滔滔的父母因为工作繁忙而对他疏于照顾，更忽略了与他的沟通，因而给了滔滔大把自由活动的时间去"探险"，而且，像故事中滔滔这样的孩子，还有一种用做危险的事情来吸引父母注意力的微妙心理。但是，当妈妈真的因为他的受伤向他表达了愧疚之情时，他又因此而感到羞愧了，因此，父母在孩子表现出强烈的"探险"欲望时，切忌一味责骂，正确的处理方法，应该是与孩子进行情感沟通，找出问题的症结所在，然后妥善解决。

为了确保孩子的安全，父母应该做到以下几点：

1.让孩子明白探险游戏的危险性

有些孩子之所以喜欢"探险"，是因为他们意识不到这种行为带来的危险后果。所以父母在平时就应该告诉孩子，到处"探险"可能会带来的严重后果。这样，许多孩子知道原因之后，就会打消"探险"的念头了。

2.注意与孩子良性沟通

有些父母在得知孩子到危险地方玩耍之后，就开始对孩子进行打骂，这并不是解决问题的好方法，不仅可能会让孩子产生叛逆心理，也会疏远亲子关系。与其打骂孩子，还不如压下心中的怒火，跟孩子说出作为父母的担心和害怕，让孩子体验到爸爸妈妈的爱，和他对爸爸妈妈的重要性。孩子的心理很单纯，很容易被父母的真情实感所感动，就会改弦易张。

孩子什么都怕怎么办

当孩子们对身边的环境缺乏安全感时，就会变得很安静。当面对父母的指责、批评时孩子会发自内心的害怕。当孩子体质弱小时，就会变得怯懦。所以要让孩子健康的成长不只是要注意身体情况，对于孩子的心理成长同样也是父母需要注意的，不要认为孩子还小说什么都是听不懂的，孩子每天都在以大人无法理解的速度在学习、了解自己生活的世界。通过观察、模仿来理解未知，孩子就是一张白纸，父母说什么、讲解什么纸上就会留下什么。父母不可一味指责、批评、打击孩子的自信心，因为他们本身可能并不明白错在什么地方，长时间在这样的环境下，孩子的胆子就会变小，很多事情都不敢尝试了。所以孩子的成长环境非常重要，一个充满家庭温馨的环境对孩子来说就是"天堂"。

3岁的瑞瑞上幼儿园已经两个星期了，在这两个星期里，他没有交到一个朋友。老师发玩具给小朋友们玩儿的时候，其他小朋友都会拿着玩具去找自己的好朋友一起玩，只有他独自抱着玩具一个人玩；小朋友们一起做游戏时，他也总是静静地坐在一边旁观，很少参加；幼儿园为了培养小朋友们的爱心，特意在院子中开辟了种满青草的兔舍，小朋友们在自由活动时间最喜欢的就是去喂可爱的小兔子，瑞瑞也从来不去。

老师注意到这个情况后，就开始注意观察瑞瑞，并与他的父母进行沟通。这样过了一段时间，老师终于发现了原因：原来，瑞瑞的爸爸性格非常暴躁，在家中对孩子的教育经常是通过斥骂和暴力来完成的；他的妈妈则正好相反，性格温顺胆子又小，每当丈夫发脾气时，她总是唯唯诺诺的缩到一边，有时瑞瑞的爸爸对他暴力相向，妈妈也不会加以阻止。在这样的环境中时间长了，瑞瑞的性格便逐渐变成了现在的样子：胆小、怯懦、冷漠、不合群。

在了解了这些情况后，老师开始与瑞瑞的父母沟通，向他们讲解了一些育儿方法，纠正了瑞瑞父母的不正当的教育方式，同时在幼儿园里给瑞瑞一些适当的特别关照，鼓励他和小朋友们一起玩儿，带着他观察可爱的小兔的生活习性……采取了一系列促进孩子性格正常发展的良性措施，随着生活环境的改变，瑞瑞果然慢慢改善了胆小怯懦的性格，变成了开朗活泼、讨人喜爱的小男孩，恢复了小孩子应有的朝气。

发生在瑞瑞身上的事情，其实一开始就可以避免，只是瑞瑞父母错误的教养方式，让瑞瑞的自信心受到了伤害，才表现出胆小、退却、懦弱的特点。因孩子们缺乏自信和对外界的接触变少，在生活中也没有知心的朋友，在遇到人多热闹的场合会有退缩和怯场的表现，不敢大胆展现自己，同时这类孩子在身体上大多是身体发育迟缓、体质较弱的群体，性格上则表现为内向敏感，不善于和他人交流，情感上很容易受到伤害。

所以，父母平时在教育孩子时还需要注意以下几点：

1. 鼓励孩子们多参加集体活动

体质虚弱的孩子很容易胆小怕事，所以在保证全面摄取营养的同时，鼓励孩子参加类似体育锻炼等集体活动,能使孩子的自信心在活动中得到一定的提升,并培养孩子们不怕困难、勇往直前、坚持到底、永不言败的勇敢无畏的精神,就会逐渐改善他们胆小怯懦的性格。

2.多些鼓励,杜绝训斥

多鼓励会让孩子的内心变得强大,孩子也会感觉到父母对他的期望,孩子们就会朝着父母所期待的方向健康的成长。太多的批评和训斥只会压抑孩子的内心,使孩子的自信受到打击,变成一个没有主见、胆小懦弱的人。父母在平时教养过程中,一定要充满耐心用爱去教育孩子,杜绝斥责,不要带着情绪教育孩子,要让孩子们生活在充满爱和美好的世界中。

孩子随时渴望"登高望远"怎么办

8岁以下的孩子,正处在从蹒跚学步逐渐到能跑能跳的成长阶段。这个年龄段中的很多孩子,都对向高处攀爬充满了成人无法理解的兴趣。无论在什么地方,他们总是喜欢努力向高处攀爬,无论父母如何制止,他们还是会趁父母不备爬上高处,然后再纵身跳下。其实,从儿童发展的规律方面来说,孩子的这种行为,是他们探索外部世界的自主行为,是值得鼓励的。可是,很多父母都会用尽方法禁止孩子这样做。因为他们担心孩子在攀爬或向下跳跃时不慎摔伤。父母的这种顾虑是出于对孩子的爱,也是可以理解的,因此,最好的折中办法,就是父母引导孩子不要随意攀爬,要在父母看得见且绝对安全的地方攀爬。

马上就要上小学的兔兔是个挺漂亮的小姑娘,可是,她那假小子的个性却叫妈妈头痛不已。兔兔平时很少和小姑娘们一起玩洋娃娃,倒是和大院里一群男孩子玩得极好,每到下午,大院里的人就能看见一个好看的小姑娘和一群淘小子一起在空地上疯跑,玩打仗游戏。

兔兔每天回家时脏兮兮的样子都很让妈妈生气,但是,比起这些,最让妈妈揪心的是她喜欢的游戏——爬到院子里那棵老树的高处,然后再一跃跳下来。兔兔最喜欢和那群男孩子玩这个游戏,谁爬得最高并且敢跳下来,谁的胆子就越大,也就赢了。所以,每次兔兔回家骄傲地向妈妈宣布她赢了的时候,妈妈都会吓出一身冷汗。对于这件事,妈妈也说过兔兔好多次,可惜她每次答应得都很好,可一转脸就又去跳了……

一天下午,妈妈正在家里整理厨房,就见邻居的李阿姨慌慌张张跑来叫她,说兔兔爬树时摔下来了！妈妈被吓坏了,扔下手里的事情就往外跑。赶到树下时,就见兔兔正在树下抱着左腿痛苦地翻滚,周围的孩子们都被吓傻了,围着兔兔谁也不敢动她。看到这种情况,妈妈赶快打电话叫来了救护车,把兔兔送到了医院。经过医生的详细检查,确认兔兔只是摔伤了踝关节,没有伤到骨头,妈妈一颗悬着的心这才放下了。

养伤的时候,妈妈问兔兔为什么那么喜欢爬高？兔兔告诉妈妈,她很喜欢爬到高处之后眺望远处的风景,每当那时,她就觉得自己非常高大、无所不能,而且,从高处跳下的一刹那,她觉得自己变成了小鸟,正在飞翔,感觉实在非常美妙！

妈妈在了解了女儿的想法后,告诉她妈妈并不是哪里都不许她爬,只是院子里那棵树周围没有任何保护,像她和小朋友那样冒冒失失地去爬,还往下跳,是很容易弄伤自己的。她这次受伤,就是一个血淋淋的教训。以后妈妈会带她去游乐场玩这种爬高然后跳跃的专门游戏,劝她一定不能再随便在不安全的地方随便爬高了。

兔兔受伤后脚踝一直很痛,没法正常行走,更不要说出去玩了。这本就让她有些不该从树上跳下来的认识了,现在妈妈再这样一说,她就更加认识到自己的错误了。从那之后,兔兔再没有做过类似的事情。

身体还在发育阶段的孩子爬高,能够促进他们脑部的发育,能够帮助孩子提高身体的平衡性和协调性,还能帮助孩子进行解决随机事件的训练,是孩子认识世界、探索世界的一项有益活动,因此,父母在教育孩子类似爬高这样具有危险性的运动时,既应该鼓励孩子安全地去"爬高",让孩子的身体更棒,头脑更聪明,又要他们认识到"爬高"的危险性和相关安全知识。

为此,父母要做到以下几点：

1. 让孩子知道,危险的地方不能爬

孩子在爬高时,是不会对地点善加选择的。他们通常是走到哪里爬到哪里,完全不考虑该地点是否存在危险。孩子的这种做法,会给他自己的人身安全带来极大隐患,因此,父母要帮助孩子学会观察周围环境,让他们明白存在危险的地方是不能爬高的,同时,父母最好能在孩子经常活动、玩耍

的地方,帮孩子划定几处可以安全爬高的位置,告诉孩子想爬高时只能在这几个地方,以确保孩子的人身安全。

2. 在家中设置各种针对孩子的保护措施

很多孩子在家中时,喜欢攀爬椅子、柜子等家具,然后再一跃而下。这种做法,很容易导致孩子因为摔倒或者磕碰而受伤,因此父母应该提前做好家中针对孩子的安全保护措施,以免孩子因此受伤。具体方法如下:给孩子房间的窗户加装防护栏;把床和椅子放在远离窗户的地方;家具的棱角要用柔软的物体包裹起来;在孩子的床边铺满软垫等。

3. 孩子爬高时,在一旁进行保护

当孩子爬到高处玩耍时,父母一定要在旁边看护,时刻提醒孩子注意安全,并做好随时过去接应孩子的准备。

孩子自我保护过度怎么办

小鸡有了蛋壳,隔绝了细菌和病毒,才可以在鸡蛋里孕育,最终破壳而出成为一只健康的小鸡,而孩子的自我保护能力正如小鸡的蛋壳,有了它孩子才能隔绝危险和诱惑,避免许多伤害。可是孩子的这层"壳"太厚了,固然保护了孩子,但也会给孩子成长带来许多障碍,不利于孩子和外部世界的交流。所以,当孩子自我保护过度时,父母一定要帮助孩子打破这层坚硬的外壳。

今天幼儿园的实验课开始了,小朋友们都坐在小圆桌旁目不转睛地看老师做演示试验。老师拿来了两盆清水,将一根系好的绳子放入清水中,让小朋友观察绳子在水中呈现的是不规则的图形。当老师滴入一些洗涤剂后,小绳子变成圆形了。5岁的小蓉观察得很认真,但是她却没有像其他小朋友一样争先恐后趴在桌子上抢着看,而是刻意和其他小朋友们保持着一定的距离。之后,老师又拿起一根针,用镊子把针放入清水中,针竟然浮在了水面上,没有沉下去,但当老师滴入洗涤剂后,针却沉到了盆子的底部。这时,老师发现这不但没有引起小蓉的兴趣,反而使小蓉面带惧色向后躲闪起来。老师觉得小蓉的表现很奇怪,就赶忙让小蓉走近观看试验,小蓉却怯怯地不肯靠近。当老师要求小朋友们自己动手操作时,小蓉却猛然地摇起头来,说什么也不肯自己动手,还告诉老师:"针是有危险的,我不想碰它。"

小蓉的表现是很典型的自我保护过度的现象,她对外界事物产生恐惧,不敢尝试和探索新鲜事物,害怕遭遇危险,对身边任何人都缺乏信任。孩子身处单亲家庭没有得到父母应有的关爱,对外界事物缺乏安全感;性格内向、敏感、过于谨慎小心、不喜欢和外界交流;曾经受过伤害,对外界事物产生恐惧心理等,都可能是孩子自我保护过度的原因。

面对孩子过度自我保护的行为,父母应该这样做:

1. 父母应该多花点时间关注孩子

有些父母因为工作原因,把大部分精力都花在工作上了,对孩子漠不关心,无论孩子做了什么都不能引起父母的注意。长此以往,孩子很可能会认为在世界上没有人会帮助他、关心他,他是弱小孤独的,于是,孩子就把自己严严实实保护起来,不能接受一点儿外来刺激。所以,父母平时应该多多和孩子沟通,无论工作多忙也应该抽一部分精力关心孩子,多多关心孩子的生活和学习,孩子在学校的表现,经常鼓励孩子参加各种活动,慢慢地孩子就会走出过度自我保护的怪圈。

2. 询问孩子是不是受到了伤害

若是孩子有过度自我保护的征兆,父母应该询问孩子近期都发生了什么事,是不是受到了什么伤害。孩子如果受到了伤害没有及时排解,很可能会给孩子的心理留下阴影,让孩子开始回避现实社会。父母应该首先创造一个轻松愉快的谈话氛围,平静地和孩子谈论相关问题,孩子在这种环境下会很有安全感,很容易形成亲子交流。

3. 父母要反省自己的言行

父母也应时时反省自己在与孩子相处、沟通时,是否有不恰当之处,如对孩子过度严厉、大声呵斥,或通过夸大事情的严重性来恐吓孩子等。这些行为都可能在孩子心中留下阴影,导致孩子因恐惧而过度自我保护。

孩子特别喜欢玩火怎么办

有的孩子眼睛很敏锐,对光、火等现象非常敏感,为解开其中的奥秘,在好奇心和冒险心的驱使下,会忍不住去玩火。这是很危险的,因为孩子缺乏自控力，也不知道火的危险性，一不小心就会烧着头发、眉毛、脸、手等，轻则烫伤、留下疤痕；重则烧伤、毁容甚至残疾、死亡，教训是惨重的。所以，要防止孩子随意玩火，那么，孩子如果特别喜欢玩火该怎么办呢？

6岁的璟希是个对光、影和色彩都很敏感的孩子。她喜欢明亮温暖的颜色，对明亮温暖、色泽红火的火焰特别感兴趣。她一个人独处时，给她一盒火柴，她就会划着一根火柴，盯着火苗一直看，直到火柴即将燃尽，马上就要烧到她的小手为止。然后，扔掉燃尽的火柴，再划着下一根……如此循环注复，直至整盒火柴全部烧完为止。

妈妈觉得女儿这种喜欢玩火的行为非常危险，稍不注意就会引发火灾，因此多次制止她这种行为。可是，每当她转身去做别的事情，小璟希就会故态复萌，继续玩火。直到有一天，璟希玩火时不慎点着了沙发上的一个靠垫，最后导致了这张沙发被烧毁，还差点烧伤了她。这件事吓坏了璟希，从那之后，她不但不玩火了，见到火还会感到害怕，马上躲得远远的。

璟希的故事说明了火对年幼孩子那种不可阻挡的吸引力，同时也说明了它的杀伤性足以吓坏年幼的孩子。所以，父母最好能在平时给孩子良性的引导，让他们明白火能够造成灾难，不能随便当做玩具，但是它也能给人们很多帮助，并不是可怕的洪水猛兽，只要善加利用，它就能给人们的日常生活提供帮助。

具体方法上，父母可以从以下几方面入手：

1. 不给火制造神秘色彩

父母不要在孩子面前欲盖弥彰，给孩子造成"火"这种东西的神秘性，如炒菜做饭时支走孩子，把存放火灶器具的厨房用锁锁起来，这样会令孩子更加感到好奇，就会趁父母外出偷偷撬开房门、或试着拨弄火灶、火机。父母及家人应该开诚布公地给孩子讲道理，不能用遮掩的方式来对待，如可以告诉孩子打火机、火柴是用来点火的，火很危险，不能乱碰。父母及家人如果乱碰，会烧着自己，父母不在，就会发生危险等。让他们一清二楚，消除了神秘感，自然也就习以为常了。

2. 让孩子意识到火的危险性

有的孩子没见过火机、火柴、火灶，看见这些稀奇好玩的东西忍不住凑近摸摸碰碰，父母及家人应该在平时就教育孩子，火是一种自然现象和燃料,在一定条件下发生的急剧燃烧,火焰温度非常高,还容易引燃别的东西,造成火灾,而一般火灾发生后,人是很难逃脱的,尤其是孩子太小,更容易发生伤亡惨剧。所以要远离火,不要随意去玩它,并且还可以给孩子看一些火灾现场的图片、视频、电视纪录片,让他们感受大火的威力,并心生敬畏,自觉远离火。

3. 尽量减少孩子独处的时间

如果孩子非常痴迷于火,父母根本无法有效制止孩子,父母就应该尽量地减少孩子一人独处在家的时间,多陪陪孩子,引导他的精力和能量释放到别处,用其他正面的事物来转移孩子的注意力,如多教孩子认字、听儿歌、做游戏,或给孩子讲调皮孩子受到惩罚的趣味故事,以此从性格上来改变孩子爱玩火的坏习惯。

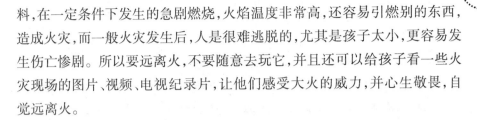

孩子什么都想尝尝怎么办

孩子们好像天生就有吃手指的习惯,老人们为此常戏称孩子出生时手上带了二两蜜,所以才舔个不停,趁父母看不到的时候去吃自己的小手指。其实,孩子会这样做,是因为婴儿4个月左右的时候就进入了乳牙发育期。这时候的孩子们大多会因为两个原因咬东西,一是因为好奇想嚼一嚼这个东西能不能吃;二是因为乳牙的发育,会让牙床发痒,就像是大人痒痒了要挠一下儿一样,咀嚼能帮助孩子们分泌更多的唾液,也能锻炼他们的牙齿功能。但是什么都往嘴里塞是很不卫生的,有一定危险性,要给孩子们提供专用的磨牙棒,按时对其进行消毒,并及时地制止孩子们的"吃手"行为,要让孩子们明白为什么不能乱吃。若是一不小心吃进有毒有害的东西,很可能会伤害到孩子们的身体健康。

3岁的阿零是个可爱的小女孩,也是一个爱美的小女生。不过,她现在不高兴了,因为正是在长牙的时候,同龄的小朋友们已经长出了很多小牙,阿零也要洁白的牙齿,这样笑起来就会更漂亮了。阿零对自己的已经长出来的小牙很是爱护,在1岁时看到妈妈和爸爸刷牙,知道刷牙的作用是为了保护牙齿就开始在妈妈的帮助下保护自己的小牙,可是阿零也有一个不好的习惯,无论拿到什么东西都先塞进嘴巴咬一咬的坏习惯。无论是爸爸妈妈的钥匙扣、铅笔,还是积木,只要是能放进嘴里的她都会放到嘴巴里嚼一嚼。爸爸妈妈为了制止阿零的这个坏习惯，想了也用了很多方法，可是都没有奏效，很是让爸爸妈妈伤脑筋。这天阿零在乐园的小沙滩上正与小朋友们玩得好好的，可是突然一阵儿腹痛，阿零痛得直在沙滩上打滚。爸爸妈妈赶紧带阿零来到了医院，经过检查是大肠杆菌引起流行性腹泄，是因为长期不注意卫生引起的，还好治疗得及时没有引发其他的病变。经历了医院事件的阿零成功改掉了坏习惯，再也不随便乱咬东西了。

学龄前的孩子正处在乳牙正常发育期，孩子们会随手拿起身边的物品咬咬、尝尝，为了解痒和好奇，品尝这个东西能不能吃，所以，品尝也是孩子们对于这个世界最初的探索。但父母们应当为孩子们讲解什么是能吃的，什么是不可以食用的，比如爸爸妈妈做的饭菜、点心、买来的零食牛奶之类是可吃的，如果牙床痒痒了还有美味的磨牙饼干，而那些尖硬的、有难闻气味的、在地上的很多东西是不能吃的。父母要经常对孩子讲解什么叫有毒有害，就是会伤害到孩子的一切物体和气体。以上说的都是常见的孩子行为，还有一种会引发孩子乱吃的行为那就是孩子体内缺乏某种微量元素，当孩子的体内缺少了某种微量元素就会对含有那种物质的物体有所敏感，就会拿来磨牙。

所以，当孩子们有乱吃乱咬东西的行为时，父母可以用下面的几个方法来帮助孩子们改掉这个坏习惯：

1. 调节孩子的饮食

保持孩子们的营养均衡，父母可以经常调剂孩子平时的膳食结构，以此来保证孩子每天所摄取的营养均衡全面，保证孩子体内微量元素处在正常的水平，这样就保证了孩子们身心的全方位发育。

2. 注意与孩子多沟通

在很多时候教育孩子是很需要耐心的，不要在看到孩子有做得不对时，就加以打骂，很多时候孩子们对于父母的打骂是不明白原因的，他们会认为爸爸妈妈不爱我了吗？为什么打我呢？所以要与孩子多沟通，给孩子们讲解这件事，这么做是不对的，乱咬东西，会让小虫虫跑到肚子里，到时候就要去医院了。教育孩子是一个浩大的工程，好习惯并不是一次养成的，父母对此应该有耐心，采用正确的诱导方式，帮助孩子改掉坏习惯。

孩子总欺负其他小朋友怎么办

有的孩子生性好动,如果身体发育健壮,看见别的孩子,有种爱以武力示威的心理,比如动手打骂别的孩子,这种表现也与家长过分宠爱孩子,让他的性格变得张扬、暴躁、不稳定有关。比如家长在孩子犯错后不及时纠正,反而任其发脾气、哭闹,他就会为所欲为,看见不顺眼的人和事就会挥拳相向,没有克制力。但孩子随便打骂别的孩子是不对的,若不制止会使他们的性格变得粗暴野蛮,没有家教,不受大家欢迎,也会使他因此失去很多朋友,那么,对于孩子总是打骂别的孩子该怎么办呢?

5岁的壮壮人如其名,长得又高又壮,看起来像是7岁的孩子。他的父母都为有一个这么壮实的儿子而高兴和自豪。不过,他们也有自己的烦恼,那就是壮壮仗着自己身体强壮,总喜欢在幼儿园里欺负其他小朋友,几乎每周幼儿园的老师和其他孩子的父母都会来找他们诉苦和告状,原因无一例外的都是壮壮欺负了其他孩子,甚至把人家打伤了。最近,幼儿园老师反映,壮壮开始有抢其他小朋友玩具、零食的行为,要求他的父母对他严加管束。

眼看着壮壮就要上小学了,父母能与他在一起的时间会更短,小学中的老师也不可能再像幼儿园老师那样亦步亦趋地跟着他了。壮壮的父母十分担心他这样发展下去,会变成一个恃强凌弱、不讲道理的坏孩子。可是,又不知道该怎样才能帮助他改掉喜欢欺负人的坏毛病,他们为此感到十分苦恼和困惑。

壮壮的故事,在生活中并不罕见。很多孩子总是喜欢欺负其他小朋友,并非是因为他们本性恶劣,只是因为现在家中多为独生子女,孩子们在家里养成了唯我独尊、说一不二的恶习,而且将这种恶习也带到了集体生活中,认为他生气时就可以随便发脾气,甚至打人,所有人都应该让着他、听他的;所有好东西也应该尽归他所有。如果问他原因,很多孩子都会很理所当然地回答:"因为我在家里也是这样的!"他们不明白,这些行为,其实是在欺负他人。这样的行为,会给孩子的集体生活带来极大的负面影响,父母应该通过教育和引导的方式帮他们改掉这些坏毛病。

父母教育此类孩子的具体方式,可以参考以下几点:

1. 初犯时严厉教育

当孩子第一次动手打人后，父母要严厉教育孩子说："这样做是不对的！打别的小朋友是坏孩子才干的事情。叔叔阿姨和小朋友们都不会喜欢你，甚至反过来还会联合起来惩罚你。要做大家欢迎和喜欢的孩子，就不要打骂别的孩子。"

2. 制止孩子的野蛮行为

当孩子在生活中表现出粗野蛮横的一面时，父母要及时制止这种行为表现，并且叫孩子去反思，或轻微责罚孩子一下，但不能过重，否则容易使孩子走向极端。应该稍微责罚一下后，更关心爱护他，跟他讲道理，并让他感受到和其他小朋友友好相处的快乐幸福感，让他的性格变得温和友善，不再具有攻击性，并且平时要多鼓励其他孩子和他玩，消除孩子之间的距离感和防御心理。